図表20 皇后（後の昭憲皇太后）のご肖像 御髪に桐・竹・鳳凰の文様の簪を着けておられる（筆者所蔵・石版画、宮野経茂・画、明治29年、本文61頁）

中立貫く赤十字

戦前の活動伝える貴重な資料

東京の古書市で発見された赤十字双六(大阪府支部発行)

昭和六年(一九三一)に大阪府支部が作成した「赤十字双六」が、このほど東京の古書市で発見され、同支部に寄贈された。縦八十、横百十五㌢のジャンボサイズで、フルカラーの美しいものである。以前から本社の図書資料室に現物が一部保存されていたので、存在は知られていたが、今回のものは昭和六年月と作成年月が明記されており、これが分かったことの意義は大きい。この年は、日中戦争の始まった年でもあるが、第一次世界大戦後、平時事業にも力を入れてきた日本赤十字社が、当時どのような活動をしていたかが明らかになる貴重な資料として、同支部では半分のサイズに縮小して複製し、全国の支部など、関係者に配布した。

●双六とは

双六は明治、大正、昭和の初めにかけて、遊び道具が少なかった時代には、子どもたちにとって最も人気のあったゲーム遊びの一つで、特に正月の遊びには欠かせないものであった。子どもたちは、双六を通じて地理や歴史など、さまざまなことを学んだ。

この双六の「振り出し」ゲームのスタート)には、赤十字の創始者アンリ・デュナンと傷病者救護の先覚者ナイチンゲールの偉人が描かれている。ここからサイコロを振って「上(あがり)」を目指して進むのであるが、その途中、赤十字事業の説明になっている。

全国に先駆け救急自動車導入

この双六(大阪府支部)に寄贈した桝居考さん(本社参与)は「当時の事業を見ると、赤十字の先見性を感じます。大阪赤十字病院を改築されることを述べてあるが、「戦争が起こったことにもなりましたが、双六を複製していただけるのはうれしいことです」と語っている。

当時まだ人々の記憶が鮮やかだった「一九二三年の関東大震災の救護、一九二七年の淀川決壊による大災害の救護活動などの様子も描かれている。現在の場所に移築新築したばかりの同支部の建物や、同じく改築されたばかりの大阪赤十字病院(当時は大阪支部病院)の偉容も描かれ、これらを拠点として行われた妊娠育児相談や看護婦家庭訪問事業、郡部への巡回診療事業の様子が紹介されている。

当時日赤は、この会議を日本で行うことを熱望していた。事実、昭和九年(一九三四)東京で、赤十字の最高意思決定機関である国際会議が開かれていた。そのような思いの下に人々が親しげに集まって、「上り」に国際看護の図を持ってきたことだろう。そこには各国の旗が飾られ、恐らく赤十字国際会議の様子ではないだろうか。

この双六の最も大きな特徴は、「上り」に国際看護の図を持ってきたことだろう。そこには各国の旗が飾られ、恐らく赤十字国際会議の様子ではないだろうか。

当時まだ人々の記憶が鮮やかだった「一九二三年の関東大震災の救護」と中立を守る赤十字の立場をはっきり説明している。少年赤十字団(青少年赤十字)の訓練も、赤十字精神によるものであることを明らかにしている。

赤十字双六 昭和6年大阪支部発行

図表24 昭和6年に大阪支部が発行 当時の平時活動がわかる(『赤十字新聞』1997年5月号より、本文68頁)

図表 42　赤十字国際委員会　　　　図表 44　国際赤十字・赤新月社連盟
　　　（本文 122 頁）　　　　　　　　　　（本文 123 頁）

図表 46　各国赤十字社
（本文 125 頁）

図表 47　国際赤十字のしくみ
（本文 126 頁）

図表91　関東大震災時の皇居前の日赤救護所前の風景（五姓田芳柳2世）
（日本赤十字社提供、本文235頁）

第二版

世界と日本の赤十字

――世界最大の人道支援機関の活動

桝居　孝
森　正尚　著

東信堂

赤十字―人道の生き証人

近衛忠煇

（日本赤十字社社長　国際赤十字・赤新月社連盟会長）

　日本赤十字社のOBで好学の士である桝居さんが、15年ぶりにこれまで広く読まれてきた『世界と日本の赤十字』の改訂版を、今度は赤十字活動の経験豊かな森正尚さんとの共著で出されることになりました。

　近年、グローバル化が一段と進む中で、人道的な課題や取り組みは大きく変わり、赤十字の活動にもさまざまな変化が生じてきています。気候変動による災害の多発化、大規模化、複雑化は我々も身近に感じるところですが、各地で続く紛争やテロでは、当事者の特定が困難なために国際人道法（ジュネーブ条約）の遵守を徹底することが出来ず、その上に戦闘の手段が無差別化し、一般市民が巻き添えになる危険性が増しています。桝居さんは、いつも歴史と真摯に向かい合われ、そこから生まれた新しい発見と、その感動を色々な機会に分かち合ってくださってきました。

　この5年間は、赤十字の歴史を振り返る上で大きな節目となっています。2012年には、明治天皇の御后であられた昭憲皇太后の思し召しで、赤十字の平時の事業を推進するために設立された昭憲皇太后基金が100周年を迎え、天皇皇后両陛下からの御下賜金を含め、特別募金の成果である3億8千5百万円が基金を増強するために送られました。また、時代に先駆けたこの基金の主旨を広く知っていただくために記念展が開かれ、両陛下や皇族の方々もお見えになりました。翌2013年は赤十字国際委員会が設立されて150年、2014年は最初のジュネーブ条約が締結されて150年、2015年は赤十字の7原則が採択されて50年に当たり、

様々な記念イベントが開催され、又予定されています。それらは、人道の生き証人である赤十字の今日的意味を問う絶好の機会と言えるでしょう。私が昨年11月に、国際赤十字・赤新月社連盟の会長に再選されたことも、日本赤十字社の国内外での活動に関心を持って頂く縁となれば、と思います。

　こうしたタイミングで桝居さん、森さんが改訂版を発刊されることは、赤十字をよりよく知っていただく上で誠に時宜を得たものであり、活動に取り組んでいる又支援して下さっている方々全てのモチベーションを一層高めることにつながるものと期待しています。

（2014年）

世界と日本の赤十字［第二版］／目次

赤十字―人道の生き証人 ········· 近衞忠煇　i

第Ⅰ部　赤十字の歴史 ········· 3

第1章　赤十字の誕生 ········· 5

1　赤十字の父 アンリー・デュナン ········· 5
2　デュナンとナイチンゲールを生んだ時代 ········· 7
3　ビジネスマンとしてのデュナン ········· 10
4　デュナン 戦争に出会う ········· 11
5　『ソルフェリーノの思い出』の出版と
　　その反響 ········· 13
6　国際負傷軍人救護委員会
　　―「五人委員会」の成立 ········· 15
7　赤十字規約とジュネーブ条約の成立 ········· 16
8　その後のデュナン ········· 18
9　日本では、なぜナイチンゲールの方が
　　デュナンより知られているのか ········· 20

第2章　博愛社の創設 ········· 24

1　適塾出身の3人の赤十字体験 ········· 24
2　高松凌雲と函館戦争 ········· 27
3　佐野常民とウイーン万博 ········· 29
4　岩倉使節団の赤十字国際委員会訪問 ········· 32

5 西南戦争と博愛社 …………………………………………… 34

6 松平一族と博愛社 …………………………………………… 38

7 博愛社の戦地での活動 …………………………………… 39

8 皇室の博愛社援助 …………………………………………… 43

第3章 日本赤十字社の誕生と発展 …………………… 44

1 博愛社のその後 ……………………………………………… 44

2 柴田承桂、橋本綱常のヨーロッパの
赤十字調査 ……………………………………………………… 48

3 日本赤十字社の創設と社則の制定 ………………… 51

4 新病院の建設 ………………………………………………… 54

5 日本赤十字社の平時事業と皇后 …………………… 56

6 明治時代の戦時救護と皇后 ………………………… 57

7 美子皇后の御下問 ………………………………………… 58

8 昭憲皇太后基金の提案 ………………………………… 59

9 その後の昭憲皇太后基金 ……………………………… 60

第4章 日本赤十字社の戦前の平時事業と
戦時救護事業 …………………………………… 64

1 平時事業の先駆的実施と
赤十字社連盟規約制定 ………………………………… 64

2 戦前の平時事業 …………………………………………… 66

1）結核撲滅事業（66）

2）救療事業（67）

3）妊産婦保護事業（69）

4）児童保護事業・救急法・家庭看護法（69）

5）路上救護事業（70）

目次　v

3　戦時救護(戦時衛生勤務の幇助_{ほうじょ}) ……………………… 71

　1）日本赤十字社条例の制定と戦時救護（71）

　2）戦時救護の歴史（73）

第5章　太平洋戦争中の国際人道活動と戦後の日本赤十字社の再建 …………… 93

1　開戦直後の状況 ………………………………………… 93

2　戦争初期の捕虜収容所などの状況、赤十字国際委員会代表の視察 ………… 95

3　船舶による外交官や民間人などの交換と海外の日本人被抑留者への援助 ……… 98

4　戦争中期の捕虜収容所・民間人抑留所の処遇 ………………………………………… 102

5　終戦直前の状況 ………………………………… 104

6　ジュノー博士の赴任と終戦 …………………… 109

7　終戦後の日本赤十字社 …………………………… 110

8　日本赤十字社法の制定 …………………………… 114

9　社法制定後の日本赤十字社 ……………………… 115

第Ⅱ部　人道活動の達成のために …………… 119

第6章　赤十字のしくみと救援活動 …………… 121

1　赤十字のしくみ ………………………………… 121

　1）はじめに―赤十字は「運動」（121）

　2）赤十字の三つの特徴（121）

　3）いろいろある赤十字（122）

　4）国も赤十字運動の一員？（125）

2 赤十字による救援活動のしくみ
（自然災害の場合）................................ 126
　1）緊急救援から災害対策まで、
　　継ぎ目のない支援活動（126）
　2）緊急対応ユニット（ERU）（127）
　3）紛争地帯で自然災害が発生した場合
　　―セビリア合意（130）
3 紛争地での活動 130
　1）捕虜や抑留者の訪問活動（131）
　2）家族の絆の回復（133）
4 災害対応の基準作りをリードする赤十字...... 133
　1）行動規範（Code of Conduct）（133）
　2）スフィア・プロジェクト（Sphere Project）（135）
　3）災害対応法（仮称）の制定に向けて（135）

第7章　赤十字の基本原則と標章................. 137

1 赤十字の基本原則............................. 137
　1）はじめに―赤十字活動の基礎をなすもの（137）
　2）なぜ基本原則が必要か（137）
　3）赤十字の目的は「人道」（138）
　4）赤十字は理想主義者であり、現実主義者（139）
　5）赤十字の基本原則（139）
　6）基本原則が誕生した経緯（140）
　7）基本原則の基礎を築いたヒューバーと
　　ピクテの思想（141）
　8）それぞれの基本原則が持つ意味（142）
　9）人道の敵（147）
　10）基本原則を守り通すことの難しさ（147）
　11）普段の活動から基本原則を使うように意識する（148）
2 赤十字の標章 148

目 次　vii

　1）二つの使用方法（148）

　2）同じ意味の標章が四つある（150）

　3）赤十字標章の間違った使い方（153）

　4）赤十字標章に関する日本の法律（154）

第8章　赤十字と国際人道法 ━━━━━ 156

1　国際人道法とは ……………………………… 156

　1）はじめに―平和な時代には適用されない
　　　国際人道法（156）

　2）世界の現状と国際人道法（157）

　3）国際人道法は、本当に必要なのか（157）

　4）国際人道法は武力紛争をなくすことを目指して
　　　いないのか（158）

　5）国際人道法の目的（159）

　6）私たちは国際人道法を知らない（160）

2　ジュネーブ諸条約 ………………………… 160

　1）ジュネーブ諸条約は国際人道法の基本文書（160）

　2）ジュネーブ諸条約の適用範囲（163）

3　国際人道法の内容 ………………………… 164

　1）国際人道法の基本原則（164）

　2）国際人道法の基本ルール（165）

　3）国際人道法で保護される人（166）

　4）国際人道法で特別に保護される対象（167）

　5）違反するとどうなるのか（167）

　6）何が罪に問われるのか（168）

　7）処罰のためのシステム（169）

　8）結局、国際人道法って……（169）

4　国際人道法の歴史 ………………………… 170

　1）1862年から1921年まで（170）

　2）国際人道法の発展（171）

5 赤十字と国際人道法 ································· 174

　1）国際人道法の中の赤十字（174）

　2）国際人道法の普及の重要性（174）

　3）日本赤十字国際人道研究センターの設立（175）

第9章　日本赤十字社のしくみ ··············· 176

　1 日本赤十字社のしくみのあらまし ··············· 176

　2 赤十字社の社員とは ················· 179

　**3 日本赤十字社の評議員、代議員、
　役員など** ················· 184

　4 日本赤十字社の職員 ··············· 185

　5 日本赤十字社の会計・活動資金募集 ·········· 190

　6 全国赤十字大会と社歌 ················ 191

第10章　日本赤十字社の病院と
　　　看護師等養成施設 ·············· 194

　1 最近の医療制度・看護制度の改革 ·············· 194

　2 博愛社病院の建設と看護婦養成までの途 ····· 195

　3 看護婦養成施設の発足 ················· 196

　4 赤十字看護婦の誕生 ················· 198

　**5 明治期の日本赤十字社看護婦養成の
　教育内容** ················· 199

　6 支部病院の設置 ················ 200

　7 大正、昭和初期の看護・助産・保健教育 ····· 201

　8 戦時中の赤十字病院 ················· 204

　9 戦後の看護婦養成制度の改正 ············· 204

　10 戦後の赤十字病院の概況 ·············· 207

　11 赤十字病院の特色と経営 ·············· 208

目 次　ix

12　現在の赤十字看護師・助産師養成施設 ……… 213

第Ⅲ部　日本赤十字社のいろいろな活動 …………………… 217

第11章　日本赤十字社の災害救護活動（1）… 219

1　なぜ日本赤十字社は災害救護を行うのか…… 219
- 1）はじめに―赤十字の使命に根ざした最も大切な仕事の一つ（219）
- 2）日本赤十字社が災害救護を行う根拠（220）
- 3）国との関係（221）
- 4）日本赤十字社は「指定公共機関」（222）

2　日本赤十字社の災害救護は、何をするのか……………………………………… 222
- 1）五つの業務（222）
- 2）医療救護（223）
- 3）救援物資の備蓄と配分（226）
- 4）災害時の血液製剤の供給（226）
- 5）義援金の受け付けおよび配分（227）
- 6）その他災害救護に必要な業務（227）

第12章　日本赤十字社の災害救護活動（2）… 232

1　救護活動の歴史 ………………………………… 232
- 1）磐梯山噴火の救護（232）
- 2）濃尾大地震の救護（233）
- 3）関東大震災の救護（234）
- 4）空襲の救護（236）
- 5）日航機墜落事故の救護（238）
- 6）阪神・淡路大震災の救護（238）
- 7）近年の主な災害救護活動（240）

2 東日本大震災における災害救護活動⋯⋯⋯⋯ 241

1）災害の概要（241）

2）日本赤十字社の救護活動（241）

3）原子力災害への対応（244）

4）義援金の募集と配分（245）

5）義援金を一刻も早くお届けするために（247）

6）海外赤十字社からの救援金（250）

7）復興支援事業（251）

8）日本赤十字社の課題（253）

9）これからの災害への備え（255）

10）新たな方向性（256）

第13章　日本赤十字社の国際活動 ⋯⋯⋯⋯⋯⋯⋯ 258

1　日本赤十字社の国際活動の特徴 ⋯⋯⋯⋯⋯⋯ 258

1）はじめに—日本赤十字社の国際活動の
基本的な考え方（258）

2）日本赤十字社の国際活動の特徴（259）

2　日本赤十字社の国際活動の歴史 ⋯⋯⋯⋯⋯⋯ 260

1）1910年代〜1920年代の主な国際活動（260）

2）1960年代〜1970年代の主な国際活動（261）

3）1980年代〜1990年代の主な国際活動（262）

4）2000年以降の主な国際活動（263）

3　日本赤十字社の国際救援活動⋯⋯⋯⋯⋯⋯⋯ 263

1）常に緊急即応体制を確立（263）

2）緊急救援アピールへの対応（263）

3）日本赤十字社の基礎保健ERU（264）

4）連盟、ICRCへのスタッフの派遣（265）

5）救援物資の備蓄（266）

6）給水・衛生災害対応キットの整備（266）

4　日本赤十字社の復興支援活動⋯⋯⋯⋯⋯⋯⋯ 267

目次　xi

　　　1）海外救援金を有効活用するために（267）
　　　2）スマトラ島沖地震・津波災害（268）
　　　3）ハイチ大地震災害（269）

5　日本赤十字社の開発協力活動 …………………… 270
　　　1）自らの手で持続可能な開発を目指して（270）
　　　2）災害対策（270）
　　　3）保健衛生（271）
　　　4）これまでの代表的な開発協力活動（273）

6　国際救援・開発協力要員の育成 ………………… 275
　　　1）海外派遣スタッフの育成（275）
　　　2）海外派遣スタッフを育成するための研修体系（276）
　　　3）海外派遣要員の安全の確保（277）

第14章　日本赤十字社の血液事業 ……………… 279

1　血液事業の歴史 ………………………………… 279
　　　1）はじめに―日本赤十字社で最も有名な事業（279）
　　　2）血液は生きている（279）
　　　3）日本赤十字社の血液事業の歴史（280）
　　　4）血液事業の三つの分野（282）

2　献血者からの採血 ……………………………… 282
　　　1）人工的に作り出せない血液（282）
　　　2）全血献血と成分献血（283）
　　　3）献血の方法（284）
　　　4）減り続ける献血者数（285）
　　　5）採血基準（288）

3　献血された血液の検査と血液製剤の調製 …… 288
　　　1）血液の検査（288）
　　　2）血液製剤（289）

4　血液製剤の医療機関などへの供給 ………… 291
　　　1）日本全国を七つのブロックに分けて
　　　広域的に対応（291）

第15章 赤十字のボランティア、青少年赤十字、安全講習、福祉事業 ……… 293

1 ボランティアとは ……………………………………… 293

2 赤十字奉仕団の結成 ……………………………… 296

3 赤十字奉仕団の発展と展望 ……………………… 297

4 赤十字奉仕団の活動例 …………………………… 300

　1）愛知万博の「国際赤十字・赤新月館」における
　　活動（300）

　2）東日本大震災直後の福島の赤十字奉仕団の活動（301）

　3）視覚障害援助赤十字奉仕団の活動（302）

　4）語学奉仕団の活動（302）

5 青少年赤十字の始まり ……………………………… 302

6 日本の青少年赤十字 ………………………………… 304

7 戦後の青少年赤十字の再建 ……………………… 306

8 現在の青少年赤十字 ………………………………… 307

9 日本赤十字社の安全講習事業と福祉事業 …… 312

　1）救急法（312）

　2）水上・雪上安全法（312）

　3）健康生活支援講習・幼児安全法（313）

　4）災害時高齢者生活支援講習（314）

10 社会福祉施設の運営 ………………………………… 315

資料編 317

日本赤十字社法(抄) 319
日本赤十字社定款(抄) 326
各国赤十字・赤新月社等一覧 337
主要参考文献 338

あとがき .... 桝居　孝／森　正尚　345

事項索引 350
人名索引 353

コラム一覧

第1章	コラム1	ハイデン紀行	23
第2章	コラム2	ジレッタ結びの莫連	42
第3章	コラム3	浅見又蔵のこと	47
	コラム4	赤十字歴史資料館と伊藤博文の漢詩	53
第4章	コラム5	日本のナイチンゲール	75
	コラム6	病院船「ぶえのすあいれす丸」の遭難と救助	91
第5章	コラム7	54年前の「赤十字通信」	101
	コラム8	『アメリカ赤十字ニュース』の謎	106
第6章	コラム9	「静かなる緊急事態」	131
第7章	コラム10	自衛隊が使っている赤十字標章	155
第8章	コラム11	国際人道法と国際人権法	164
第9章	コラム12	わたしと赤十字30年	187
	コラム13	遠くへ行かないで	188
第10章	コラム14	日本赤十字社の病院研修会	212
	コラム15	看護師に向いている人	214
	コラム16	フローレンス・ナイチンゲール記章の受章者	215
第11章	コラム17	日本赤十字社の赤い救護服	231
第12章	コラム18	日赤の強みと課題 —石井正医師からのメッセージ	243
	コラム19	原子力災害対策国際会議の開催	245
	コラム20	日本赤十字社の本社が被災した場合	257
第13章	コラム21	事業の成果は母子の笑顔	272
	コラム22	本当に必要とされる人材とは	278
第14章	コラム23	献血はいのちのリレー	285
	コラム24	1日約3,000人のいのちを救う輸血	286
第15章	コラム25	若者にHIV・エイズ予防を呼びかけ	299
	コラム26	「赤ちゃん抱っこ」	309
	コラム27	北海道の赤十字スキーパトロールの50年	314

図表一覧

第1章	図表 1	青年期のアンリー・デュナン	6
	図表 2	ナイチンゲール	9
	図表 3	ソルフェリーノの戦い	12
	図表 4	五人委員会の人々	15
	図表 5	最初のジュネーブ条約の調印	17
	図表 6	晩年のデュナン	19
第2章	図表 7	扶氏経験遺訓	25
	図表 8	高松凌雲の肖像(1912年)	28
	図表 9	明治初年の佐野常民	30
	図表 10	岩倉使節団の赤十字訪問記事	34
	図表 11	時代の先覚者・大給恒	36
	図表 12	看護長　江原益蔵日記	40
	図表 13	門柱に「博愛社救護所」の文字と標章が見える	41
第3章	図表 14	小学国語読本　高等科巻八(浅見又蔵のこと)	47
	図表 15	橋本綱常博士	49
	図表 16	飯田町の博愛社本社	50
	図表 17	林太四郎の「日赤・歴史画談」に描かれた 本社と博愛社病院	50
	図表 18	日赤長野県支部所蔵の伊藤博文漢詩	53
	図表 19	当時の日本赤十字社病院 新病院は東京の新名所になったという	55
	図表 20	皇后(後の昭憲皇太后)のご肖像	61
	図表 21	5カ国に1055万円の配分を決定 (昭憲皇太后基金支援事業)	63
第4章	図表 22	結核予防車	66
	図表 23	結核予防の歌	67
	図表 24	赤十字双六(昭和6年に大阪支部が発行)	68
	図表 25	妊産婦保護	69
	図表 26	大阪で日本最初の救急車を配備	70
	図表 27	日清戦争中の救護と清国兵の看護	74
	図表 28	博愛丸	78
	図表 29	日露戦争中の救護活動	79
	図表 30	生残り救護班員の座談会	85
	図表 31	病院船の中での重傷者看護	86
	図表 32	沈みゆく病院船「ぶえのすあいれす丸」	91
第5章	図表 33	パラヴィチーニ博士と故郷・グラルスの街	95

	図表34	捕虜と赤十字看護婦の一時の交歓風景 ……………………	96
	図表35	捕虜収容所視察 ………………………………………………	97
	図表36	『太平洋戦争中の国際人道活動の記録』表紙 ……………	99
	図表37	日赤文書「米国人捕虜に対する米国赤十字情報の 寄贈の件」………………………………………………………	106
	図表38	『The Red Cross News』第6号1面………………………	107
	図表39	マルセル・ジュノー博士とシュトレーラーさんの 俘虜情報局訪問 ………………………………………………	110
	図表40	前列右から2人目　島津忠承社長 …………………………	112
	図表41	舞鶴港に帰還した白山丸 ……………………………………	115
	図表42	赤十字国際委員会標章 ………………………………………	122
	図表43	赤十字国際委員会(スイス・ジュネーブ) ………………	123
第6章	図表44	国際赤十字・赤新月社連盟標章 ……………………………	123
	図表45	国際赤十字・赤新月社連盟(スイス・ジュネーブ) ……	124
	図表46	各国赤十字社標章 ……………………………………………	125
	図表47	国際赤十字のしくみ …………………………………………	126
	図表48	段階に応じた災害対応のイメージ …………………………	127
	図表49	緊急対応ユニット(ERU)標章 ……………………………	127
	図表50	ハイチのベースキャンプERU ……………………………	129
	図表51	捕虜の訪問(アフガニスタン) ……………………………	132
第7章	図表52	ピクテ氏の肖像とサイン ……………………………………	142
	図表53	赤十字の旗 ……………………………………………………	150
	図表54	トルコ赤新月社の旗とテント ………………………………	151
	図表55	インドネシア赤十字社西スマトラ州支部の看板 …………	151
	図表56	赤のクリスタル ………………………………………………	152
	図表57	イスラエル赤盾ダビデ社の旗 ………………………………	152
	図表58	赤獅子太陽の標章 ……………………………………………	153
	図表59	自衛隊が使っている赤十字標章 ……………………………	155
第8章	図表60	学校教育の中で国際人道法が教えられている国もある …	156
	図表61	ICRCの飛行機と車両………………………………………	159
	図表62	ネパール山間部の活動地に向かうICRCと 現地赤十字のスタッフ ………………………………………	162
	図表63	ジュネーブ諸条約の適用範囲 ………………………………	163
	図表64	ICRCの医療活動……………………………………………	165
	図表65	シリア内戦で負傷した子どもを支援する 赤十字スタッフ ………………………………………………	166
	図表66	兵士に対する国際人道法の普及 ……………………………	168
	図表67	ジュネーブ諸条約の発展と適用 ……………………………	173
	図表68	激戦で破壊し尽くされた街の中で 活動を続けるICRC…………………………………………	175
第9章	図表69	日本赤十字社本社 ……………………………………………	176

図表一覧　xvii

	図表70	日本赤十字社組織図 …………………………………	177
	図表71	いらっしゃいませ！　赤十字情報プラザ …………	182
第10章	図表72	現在の日本赤十字社医療センター …………………	197
	図表73	明治の看護教育の教室風景 …………………………	199
	図表74	看護実習をする学生 …………………………………	206
	図表75	大阪赤十字病院 災害拠点病院ロジスティクス・センター …………	209
	図表76	ドクターヘリによる患者搬送(熊本赤十字病院) ………	211
	図表77	高槻赤十字病院緩和ケア病棟　レイクサイド・ホーム…	211
	図表78	日本赤十字社の看護師等養成施設 …………………	213
	図表79	日本赤十字九州国際看護大学 ………………………	214
	図表80	ナイチンゲール記章 …………………………………	216
第11章	図表81	救護所 …………………………………………………	220
	図表82	救護所の案内 …………………………………………	223
	図表83	東日本大震災の救護活動に出動したdERU ………	225
	図表84	救援物資の搬入風景 …………………………………	226
	図表85	がれきを撤去する防災ボランティア ………………	228
	図表86	こころのケア …………………………………………	229
	図表87	近年の災害での主な活動 ……………………………	230
	図表88	日本赤十字社の救護服 ………………………………	231
第12章	図表89	磐梯山噴火の救護 ……………………………………	232
	図表90	濃尾大地震の救護 ……………………………………	233
	図表91	関東大震災時の皇居前の日赤救護所前の風景 ………	235
	図表92	被災直後の広島赤十字病院 …………………………	236
	図表93	長崎原爆救護の記録『閃光の影で』 ………………	237
	図表94	原爆被災者救護 ………………………………………	238
	図表95	阪神・淡路大震災の救護 ……………………………	239
	図表96	近年の主な災害救護活動 ……………………………	240
	図表97	東日本大震災の被災地に入った日本赤十字社の先遣隊…	241
	図表98	高齢者への支援 ………………………………………	242
	図表99	義援金ポスター ………………………………………	248
	図表100	義援金が被災者へ届くまで …………………………	249
	図表101	義援金や救援金の流れ ………………………………	250
	図表102	世界の善意を生かした日赤の復興支援事業 ………	252
	図表103	海外赤十字社向けops update…………………………	254
第13章	図表104	ポーランド孤児を大阪市立公民病院看護寄宿舎に収容…	260
	図表105	日赤救護班の告示 ……………………………………	261
	図表106	ハイチに輸送されたERU資機材 …………………	264
	図表107	地元のスタッフに指導しながらの活動 ……………	265
	図表108	ネパールに配置された給水・衛生キット …………	266
	図表109	スマトラ島沖地震・津波救援 ………………………	268

xviii

	図表110	ハイチ復興支援活動 ………………………………	269
	図表111	堤防の前面に植林されたマングローブ林 ………	271
	図表112	村の新生児と五十嵐要員 …………………………	272
第14章	図表113	赤十字の支援を受けて無事出産した女性 ………	273
	図表114	バングラデシュのサイクロンシェルター ………	274
	図表115	ネパールでの安全な飲料水の供給 ………………	274
	図表116	基礎保健ERU研修会 ………………………………	275
	図表117	海外派遣スタッフ育成研修体系 …………………	277
	図表118	東京血液銀行開設 …………………………………	281
	図表119	献血の様子 …………………………………………	283
	図表120	採血基準 ……………………………………………	287
	図表121	日本赤十字社が供給する血漿分画製剤 …………	290
	図表122	ブロック血液センターの配置 ……………………	292
	図表123	日本赤十字奉仕団標章 ……………………………	296
第15章	図表124	愛知万博の国際赤十字・赤新月館 ………………	301
	図表125	アメリカから送られてきた交換アルバム ………	305
	図表126	『少年赤十字』の表紙絵 ……………………………	306
	図表127	青少年赤十字の標章 ………………………………	307
	図表128	ドリーム・ケナフ・イン・佐保 …………………	308
	図表129	青少年赤十字加盟校数 ……………………………	311
	図表130	水上安全法 …………………………………………	313
	図表131	レクロス広尾の外観 ………………………………	316

執筆分担

桝居　孝　第1章、第2章、第3章、第4章、第5章、第9章、第10章、
第15章

森　正尚　第6章、第7章、第8章、第11章、第12章、第13章、
第14章

世界と日本の赤十字 ［第二版］
──世界最大の人道支援機関の活動──

第Ⅰ部　赤十字の歴史

第1章
赤十字の誕生

1 赤十字の父 アンリー・デュナン

　現在、世界の隅々まで知られ、至るところで活動している組織といえば、国際連合－国連と赤十字の二つがあげられましょう。しかし、国連と赤十字は、その歴史、機能、組織からいっても非常に違います。それを知ることが、赤十字を理解するための鍵の一つになるでしょう。

　赤十字は実は、一人の人物が提案して誕生したものです。それに対し国連は、1941（昭和16）年8月、大西洋上ニューファンドランド島の沖で、アメリカのルーズベルト大統領とイギリスのチャーチル首相が出会い、第二次世界大戦後の国際機構構想を話し合ったのが発端です。それにソビエト連邦、中華民国も加わり準備をし、1945（昭和20）年6月に国連憲章を定め、できたのが国連です。いわば国連は、大国の首脳の政治的な会談によって生まれた政治機構です。

　赤十字は、国連よりはるかに古く、今から150年ほど前に誕生した人道支援のための民間団体です。赤十字の誕生は、国連のように政治的な華々しいものでなく、もっと慎ましいものでした。当時、この組織ができたことが、世界史を変えるような大きな意味を持つものと考えた人は、全くといっていいほどいなかったと思います。

それがどうでしょう。今やその活動は、「運動」として全世界に広がっただけでなく、後でお話しするように、赤十字が率先して提唱した「災害救援における行動規範」や「人道的対応における最低基準（スフィア・プロジェクト）」などは、世界の非政府機関（NGO）全体の指針になっています。

また、赤十字も非政府機関に違いないのですが、各国政府や他の国際協力NGOからも、別格の扱いになっているのです。

この赤十字の生みの親ともいうべき人は、アンリー・デュナンという名前のスイスのジュネーブ生まれの男性でした。スイスは、いうまでもなくヨーロッパの中央部にある国で、国土の面積は日本の9分の1、人口では19分の1に過ぎない、いわば小国です。

ジュネーブは、そのスイスの西の端にある都市ですが、ここは16世紀の半ば、宗教改革者として有名なカルヴァンが、布教の中心にしたところです。

図表1　青年期のアンリー・デュナン（日本赤十字社提供）

デュナンは、1828年5月8日に、このジュネーブで生まれました。デュナンの生まれた家は、今でもヴェルデーヌ通り12番地に残っていますが、生後間もなく、郊外のラ・モネに移りました。彼が洗礼を受けたプチ・サコネ教会は、現在でも、国際赤十字・赤新月社連盟のすぐ近くにあります。

デュナンの生家は、堅実でカルヴァンの教えに忠実な、信仰心の篤い裕福な市民の家でした。父のジャン・ジャック・デュナンは、裁判所判事、スイス連邦の議員をも務めた実業家であり、母のアンヌ・アントワネットは、学問好き

な家系であるコラドン家に生まれ慈悲深い性格の人でした。デュナンの母方の祖父は、児童福祉施設を経営しており、母とともにデュナンに人道的精神を植えつけました。

デュナンは、少年期に再び生家に帰り、すぐ近くのカルヴァン学校に通いました。しかし、理科・数学などが苦手で、この学校を13歳の時に中退してしまいました。

それが家族などの感化により、18歳になってからは、余暇を社会的に恵まれない人々への援助に使うようになり、20歳の時は、刑務所にいる受刑囚を訪問し奉仕を行い、23歳の頃から、キリスト教青年会(YMCA)の活動の中心を担うまでになっていました。社会的な弱者に対する関心が深かったのです。

2 | デュナンとナイチンゲールを生んだ時代

近代看護の母といわれるフローレンス・ナイチンゲールは、1820年5月12日の生まれですから、デュナンよりは8つ年上です。しかし、亡くなった年は同じで、二人は同じ時代に生きた人といえましょう。

後で述べますように、二人は生涯会ったことはないといわれていますが、デュナンは、ナイチンゲールの業績を尊敬し、著書の中でも彼女の活動に触れ、直に手紙を出したりしました。お互いに影響し合ったのです。

時代が人を生み出すとしたら、なぜこの時代に、このような人物がヨーロッパに生まれたのでしょうか。それをまず、考えてみましょう。

18世紀後半、イギリスから始まった産業革命は、この頃、ヨーロッパの各国にも及んでいました。産業革命は近代科学の発展の成果が生み出したものですが、工業部門に能率の高い動力や機械を導入し、さまざまな製品を大量に生み出すようになっていました。

また、農業部門では、工業部門の発展により、農機具の改良も行われ、

生産力は飛躍的に高まり、農産物の市場は拡大し、価格の高騰も起こりました。一方、農地は、いわゆる「囲み込み」が行われた結果、大土地所有者に集中され、土地を失った農民は、工場労働者などになり、都市で貧しい暮らしを始めていました。それに従い、人々の考え方や生活が大きく変化してきました。

　特に1840年代は、「貧困問題」は、大きな社会問題となりました。デュナンもナイチンゲールも、裕福な家庭に育ちましたが、このような時代に若い時を過ごし、貧しい人々の暮らしに、大きな関心を抱いたのです。それに、18世紀のフランスに始まった啓蒙思想は、人権思想を生み出しましたが、その代表者の一人、ジャン・ジャック・ルソーを生んだジュネーブは、その人権活動の中心地でした。ここにはまた、ド・セロン伯爵のように、平和協会を創立し、世界平和や国際仲裁裁判などを唱える人も出てきていました。

　ナイチンゲールも、1838年、長い旅の途中、このジュネーブに立ち寄り、歴史家であり、経済学者でもあるイタリアからの亡命者、シスモンディに出会い、大きな思想的影響を受けたといいます。このように、デュナンを生んだジュネーブは、他国の政治的亡命者も多く、基本的人権や政治的権利が語られる街でもあったのです。

　政治的には、その頃、ヨーロッパの諸国はスイスなどを除き、ほとんどの国は、王様や皇帝や大公などが治める君主制国家でした。君主の力は今では想像つかないくらい大きかったのですが、その君主も、19世紀になると多くが「専制君主」から、憲法を制定し自らも憲法に従う「立憲君主」に変わっていました。

　一方、市民層の力も、着実に増していました。また、民族思想(ナショナリズム)が高まり、従来の君主の束縛から脱して独立し、民族国家(ネイション・ステイト)を作る機運も高まっていました。

　その上、印刷技術などの発展により、書物が大量に刊行されるようになり、新聞が定期的に発行され、多くの人々に読まれるようになっていました。これらの影響も大きかったのです。

　例えば、1853年、ロシアの南部のクリミア半島で、ロシアとトルコ

の戦争が始まりました。翌年、イギリスとフランスは、トルコを応援してロシアに戦いを挑み、軍隊を現地に派遣しました。いわゆる「クリミア戦争」です。このクリミア戦争の戦場に、イギリスの新聞『タイムス』は、世界で初めて戦場特派員を送り、生々しい戦地の様子を本国に伝えました。それまで、人々にとって戦争は、遠い他国での出来事に過ぎない場合が多かったのです。

近世以前の戦争は、王様や皇帝が、直属の家臣団を持ち、さらに傭兵といって、スイスなど

図表2　ナイチンゲール（日本赤十字社提供）

貧しい国から兵士を雇い、戦争を請け負わせていました。しかし、この頃になってくると、「国民国家」の成立により、国民の子弟が兵士となって戦場に出かけてゆく制度に変わっていました。その国民軍隊の兵士が、殺傷力を増した新鋭兵器によって多数殺され、それに比べて、衛生看護制度は昔のままであったため、戦地で兵士がどんなに悲惨な状態に置かれているか、新聞の特派員は詳しく報道しました。それが、自分の家族を戦場に送っている人々に強いショックを与えたのです。

イギリスの陸軍大臣シドニー・ハーバートが、ナイチンゲールに、クリミア半島の現地に行って兵士を看護することを依頼したのはそのためです。時代は、急激に変わっていました。もともとナイチンゲールは、貴族の娘で、当時としては異例のことですが、ドイツのカイゼルス・ヴエルト学園で、本格的に看護学を学んでいました。彼女は、38人を率いてクリミア半島に向かいましたが、看護経験者はそのうち14人に過ぎませんでした。このナイチンゲールの活動は、新聞報道によって、イ

10　第 I 部　赤十字の歴史

ギリス本国のみならず、ヨーロッパ各国にも広く知れ渡りました。

　しかし、現地では、ナイチンゲールの看護活動に対して無理解なための抵抗もあり、その上、正規に訓練を受けた看護婦がほとんどいなかったので、彼女の活動は、問題を一つひとつ忍耐強く解決しながら取り組まねばならず、大変な苦労がありました。

　しかし、当時のイギリスでは、ビクトリア女王をはじめ、多くの人が彼女を熱烈に支持しました。それらの人々から集まった激励金で、彼女は多くの活動をしましたが、その残りの金で、テームズ河畔の聖トーマス病院の中に「看護婦訓練学校」を建てました。1860 年のことです。その頃、デュナンは何をしていたのでしょうか。少し遡って、デュナンの青年時代以後のことから申し上げましょう。

3 ビジネスマンとしてのデュナン

　青年期に達したデュナンは 1849 年、地元ジュネーブのリュラ＆ソテ銀行に入り、クリミア戦争が始まった 1853 年には、銀行からフランスの植民地アルジェリアに派遣されました。そこでデュナンは、異文化社会の魅力にとりつかれたようです。

　彼は、ジュネーブ地理学会の設立メンバーになり、同じく北アフリカのチュジニアまで足を伸ばし、民族学者としての著述まで出したりしました。そのために、アラビア語まで習い、イスラム教に対し深い敬意を持つようになったといいます。

　彼はやがて銀行を辞め 1858 年、アルジェリアに製粉会社を設立しました。しかし、それがデュナンに思わぬ運命をもたらすことになります。

　デュナンの会社は、なぜかアルジェリアのフランス植民地行政府の支持が得られず、土地の取得や水利権利用の許可がなかなか下りませんでした。

　そこでスイス国内で名声の高い、同郷のデュフール将軍に援助を求め

ました。デュフール将軍は、当時、スイス軍の総司令官で、スイスでは誰でも知っている英雄でした。特に、フランスの皇帝ナポレオン3世は、スイスのテューンにあった砲兵学校で、この将軍に学んだ教え子でした。この将軍とかねてから地理学会で知り合いであったデュナンは、彼の人柄に惹かれ、最後の手段としてナポレオン3世への橋渡しを頼んだのです。

　理想主義者で夢想家のナポレオン3世は、その頃、抑圧された諸国民の独立運動の味方をし、特にイタリア半島北部のサルジニア王国のオーストリアからの独立運動を応援していました。1859年、彼はサルジニア王国と連合を組み、イタリア北部のマジェンタとソルフェリーノで、オーストリアと戦っていました。デュナンが、自分のビジネスの打開のために駆けつけたのは、そのソルフェリーノの戦場でした。

4 ┃ デュナン　戦争に出会う

　1859年の初夏の6月24日、ソルフェリーノでは、サルジニア・フランスの連合軍15万人とオーストリア軍17万人の激突により、死傷者は、1日だけで4万人を超えていました。19世紀最大の悲劇といわれるソルフェリーノの戦いです。

　前にも少し述べたように、18世紀後半から始まった産業革命は、製鉄技術や火薬製造の革新をもたらしました。武器の破壊力は高まり、残虐性を増し、1回の戦いでこのように多くの人を死傷させたのです。デュナンが行き会ったのは、このような悲惨な戦場でした。日暮れに彼はソルフェリーノの近くのカスティリオーネという街に入りました。

　そこは当時、多くの負傷者でごったがえしていました。9千人の傷ついた兵士が、街路や広場や教会に満ち溢れていました。デュナンにとって初めての戦争との出会いでした。

　その光景に圧倒されデュナンは、馬車を降り大きな教会を目指して坂

図表3　ソルフェリーノの戦い（©ICRC）

道を登ってゆきました。その教会で見た負傷者の状況は悲惨なものでした。ある人は動けずに横たわり、ある人はうめき、また別の人は苦痛のため叫び続け、本堂に横たわる負傷者には、ハエが群がっており、排泄物と脱疽の胸をつく悪臭が満ちていました。

　デュナンは、医学の知識は持っていませんでしたが、とにかく負傷者の傷口を洗い、包帯を巻き、寝場所を整え、水を与えました。そうして手を貸してくれるように、土地の婦人たちに訴えたのです。初めは躊躇していた婦人たちも、デュナンが負傷者の国籍の差別を全くしないのに心を動かされ、「皆、兄弟ではないか。」イタリア語で"Tutti Fratelli"を合言葉に動き始めました。こうして負傷者に援護の手がさし伸べられました。

　しかし、この時、カスティリオーネには、9千人の負傷者に対して、フランスの軍医は、わずか6人しかいませんでした。当時はこれが当た

第1章　赤十字の誕生　13

り前の状況だったのです。その結果、兵士たちは戦場で負傷すると、医学的な手当てを何も受けられず、死んでいく人も多かったのです。デュナンは、ここでそのことを知り、3日3晩、徹夜の看護を続けました。彼の白い服は血潮に赤黒く染まり泥だらけになりました。

5 『ソルフェリーノの思い出』の出版とその反響

　デュナンは、この時の状況を忘れることができず、ジュネーブに帰ってから、当時の状況を克明に書き綴りました。戦いから3年後に、自費出版した『ソルフェリーノの思い出』と名付けたこの本の中で、デュナンはこの戦場の負傷兵の悲惨な情況を生々しく描写するとともに、その後、人類の歴史を変えることになった二つの重要な提案を行ったのです。それは次のようなものでした。

　　無事で平穏な時代から、戦争のとき負傷兵を看護するための救護団体を、熱心で献身的なボランティアたちの手で、組織しておく方法がないものか。……いずれ遠くない将来において、戦争は避けがたいと思われるので、人道とキリスト教という2つの見地から、この重要な問題を研究すべきだ。

　　このヨーロッパ各国における《負傷兵救護団体》の設立の根拠となるような、国際的に神聖な協約として、一つの原則を定めることはできないものか。この原則が承認を受けて、各国で批准されれば、《負傷兵救護団体》の根拠として役に立つのではなかろうか。
　　一度、戦争が始まってしまえば、交戦者は、お互いに悪意を持ち、いろいろな問題を、自国民のためという観点だけでしか扱わないようになる。前もって協定をし、手段を講じておくことが大切である。

14　第Ⅰ部　赤十字の歴史

　この本は、多くの読者に大きな感銘を与えました。有名な文学者のフランスのヴィクトル・ユーゴー、イギリスの小説家ディケンズ、それに、ドイツ、ロシアなどの王家からも賛辞が寄せられました。中でも、当時、痛烈な文芸批評をすることで知られていたフランスのゴンクール兄弟までもが「この本を読み進むうちに熱中した。人間感情の最も深いところに触れており、最高の領域に達している。人々は、この本を読み終わった時には、あらゆる戦争を呪うであろう」と絶賛しています。

　デュナンは、ナイチンゲールにも、この本を送り、賛成を求めました。しかし、ナイチンゲールは、秘書役を務めていた甥のハリー・バーネー卿を通じて、デュナンの提案は、賛成できかねるとの返事を寄こしました。

　その理由としては、本来、そのような兵士の救護は政府の義務で、政府だけが適切に果たすことができるというのです。また、イギリスではクリミア戦争から既に8年たち、政府も、戦時救護の重要性を認め、有給、無給の看護人制度が確立しているから、戦時になれば、何時でもそれを拡大できるというのです。

　看護の専門職化に献身していた当時のナイチンゲールにとって、あるいは、ボランティアを主体とする救護団体という構想自体が、飽き足らなかったのかもしれません。

　しかし、そのナイチンゲールも、それからしばらくして、1870年から71年にかけて行われたフランスとプロシアの戦争の様子を見て、その考えを改めています。どれだけ看護人や救護機材や救護車両を増やしても、それが戦場で敵の攻撃を受けることになれば、それを守るのは、中立を示す赤十字の標識しかないではないか。そこに思い至ると、ナイチンゲールは、イギリス国内で世論に訴えるアピールを出し、それが契機になって、イギリスは、ジュネーブ条約へ加入し、赤十字社を創設し、救護員の派遣を行いました。ナイチンゲールは、最後まで赤十字の設立に反対したのではないのです。わかれば素早い行動に出る。これがナイチンゲールの素晴らしいところでしょう。

6 国際負傷軍人救護委員会―「五人委員会」の成立

　さて、デュナンのもとには、その後も、ヨーロッパ各地から多くの手紙が寄せられました。その時、デュナンの地元に単にデュナンの提案に同感するだけで済まず、積極的に実現のため行動を起こした男たちがいました。当時、ジュネーブ公益協会で活動していた法律家ギュスタブ・モアニエ、外科医で軍事医学の大家ルイ・アッピア、同じく外科医テオドル・モノアールの3人の男です。

　彼らは、さらに、前に述べた当時スイスの国家的英雄アンリー・デュフール将軍にも呼びかけ、デュナンの提案を受け入れ、1863年2月、戦争が起こった場合に、傷病者の救護にあたる団体「国際負傷軍人救護

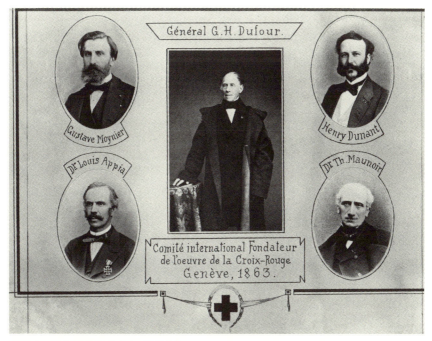

図表4　五人委員会の人々（©ICRC）

常置委員会」をジュネーブで創りました。この委員会はこの5人で構成されていたので、通常「五人委員会」と呼ばれ、初代の総裁にデュフール将軍が就任しました。この委員会が初めて開かれた1863年2月17日を、赤十字国際委員会は「赤十字の誕生の日」と呼んでいます。なお、この「国際負傷軍人救護常置委員会」は、1875年にその名称を現在の「赤十字国際委員会」に改めました。

7 | 赤十字規約とジュネーブ条約の成立

　この最初の五人委員会の時、デュナンは、負傷者の救護員の養成だけでなく、運搬手段の改良、最新の医療器具の採用などが必要であることを述べました。とりわけ「国際的に神聖な協約」を取り決めるためには、各国の君主や政府首脳の後援が必要であることを強調しました。前にも述べましたように、19世紀半ばのこの頃は、ヨーロッパのほとんどの国は君主制をとっていました。そこで会議の後、デュナンは、プロシアやフランスなど多くの国の君主や政府首脳や有識者を訪ね、傷病者救護の構想に支援を求めました。その著書によって名を広く知られたデュナンは、至るところで熱烈な歓迎を受け、具体的な提案をも得ることができました。

　一方、モアニエたちは、その間に、国際会議の準備を進めました。そうして1863年10月、ジュネーブに、ヨーロッパ14カ国から代表者36人が集まり、五人委員会が用意した原案に基づき審議をしました。

　この会議で決められた規約の主なことは三つあります。一つ目は、各国はあらかじめ、負傷者を救護するための組織・団体を設け、戦時には軍の衛生部隊と協力して負傷者の救護を行うということです。二つ目は、負傷者の救護にあたる者は、すべての国で、同じ識別のための標章「白地に赤十字」の標章を付けることです。三つ目は、これらの負傷者の救護にあたる者、救急車、戦地の病院には、「中立」－すなわち、交戦国の

第1章　赤十字の誕生　17

双方から攻撃を受けることがない「法的な身分」を授けることでした。
　それから1年もしないうちに、プロシア、フランス、デンマークなど10の国で負傷者のための救護団体ができました。同じ思いや目的を持った各国の救護団体は、この後「運動(Movement)」として発展を続け、これが現在、世界189カ国(2013年10月現在)に広がる「国際赤十字・赤新月運動」の原点となっています。
　翌年の1864年8月、今度はスイス政府が音頭をとって、再びジュネーブにおいて、16カ国の政府代表26人が集まり会議が開かれ、「国家間の協約」－すなわち「条約」の審議が行われました。
　ここで決められたのが、「戦地軍隊ニ於ケル傷者及病者ノ状態改善ニ関スル1864年8月22日のジュネーブ条約」です。これは10カ条から成っていますが、その主な内容は前年の会議で取り決めた三つの項目を、さらに具体的にし、赤十字の標章は、車両や建物にも付け、中立の立場をはっきりさせるなどが決められました。

図表5　最初のジュネーブ条約の調印（日本赤十字社提供）

18　第Ⅰ部　赤十字の歴史

　この条約の誕生は、人類の歴史の中の画期的な出来事です。それまで
もヨーロッパやアジアなどでは、多くの条約が結ばれていました。しか
し、それらは戦争が終わり、その勝者が敗者に対し、領土の割譲、権益
の取得、賠償金の支払いなどを求めるとか、大国同士が、利益を求めて
軍事連合を結び、当面の国際秩序の安定を目指すとかいうものでした。
それがスイスのような小国の主導のもとに、もっぱら人道的立場から条
約を結ぶということが行われました。それによって、人類は初めて、人
道の立場に立って人々を守る条約を結ぶことになったのです。その後は、
さらに、残虐な武器使用を規制する戦争の規則に関する協定なども結ば
れることになりました。これらをひっくるめて現在、「国際人道法」と呼
びますが、この国際人道法は、赤十字と文字通り双子で誕生したのです。

8　その後のデュナン

　赤十字とその活動を保証するジュネーブ条約は、このような経過で誕
生したのですが、それが制定されてから2年たった1866年、プロシア
とオーストリアとの間に戦争が起こりました。救護団体が設立されてい
たプロシアは、装備の整った多くの救護班が、衛生部隊の軍医と衛生兵
を援助し、そのため、死傷者の数は少なかったのですが、まだ救護団体
のなかったオーストリアは、多くの死傷者を出し、7週間の戦争が終わ
らないうちにジュネーブ条約に加入することにしました。
　しかし、ちょうどその翌年の1867年、デュナンのアルジェリアの会
社は、経営的に行き詰まり、その上、関係していた銀行までもが倒産し
ました。デュナンは、そのために大きな負債を負い、破産してジュネー
ブを去り、それ以後二度と故郷には帰らず、放浪の旅に出ました。その
間にも、デュナンは、プロシアとフランスの戦争の時など、赤十字の活
動に従事したのですが、やがて全く消息を絶ち、30年近くがたちました。
1895（明治28）年、バウムベルガーという新聞記者が、スイスの東部の

ハイデンという村の州立病院にデュナンが暮らしていることを偶然知り、地元紙に記事を載せ、それが広く世界に報道されました。

その頃は、赤十字はヨーロッパに続いてアメリカ、アジア、アフリカの37カ国に広がっていました。多くの国からデュナンのもとに、メッセージや慰問品が届けられました。翌年には、日本にも伝えられ、当時の新聞は、デュナンが赤十字を創設した経緯を詳しく報道し、功績を称えるとともに「デュナンの境遇、すこぶる哀れむべき困窮の有様にして」と報じました。

1901年、第1回のノーベル平和賞は、このデュナンに与えられました。しかし、デュナンは、そのすべてを社会福祉団体に寄付してしまったのです。そうして、昔と変らない筆致で「赤十字」、「平和」、「国際裁判」などについての論文を書き続けました。

各国赤十字の動きにも関心を持ち続け、とりわけ日本には、極東の国であるにもかかわらず、赤十字活動が盛んだということで注目したようです。

1904(明治37)年、日露戦争の最中、ハイデンの近くに住んでいたカタリナ・シュトルツェンエッカーという文筆家の女性が、デュナンの紹介状を持って日本赤十字社本社に現れました。彼女はその後、日本各地の病院などを訪れ、日赤の戦時救護活動の模様などを、スイスの新聞社に送りました。デュナンはそれを熱心に読んだようです。

その後、彼女は日本に4年も滞在し、『東京の傷病者の傍ら

図表6　晩年のデュナン(日本赤十字社提供)

で』という本まで出し、1908（明治41）年、母国に帰りました。

　さっそくハイデンにデュナンを訪ね、日本の赤十字の発展について語りましたが、これが晩年のデュナンの大きな喜びになったようです。デュナンは、1910（明治43）年10月30日に、平安のうちに亡くなりました。そのすぐ後のことですが、甥のモウリス・デュナンが遺言執行人となり、12月8日付けで、日本赤十字社宛てに、弔電のお礼の手紙を送ってきました。その中にもシュトルツェンエッカーの日本赤十字社についての著作のことが出てきています。

　この1910年には、近代看護の母ナイチンゲールも、ロンドンで90歳の波乱の多い生涯を閉じました。このことも日本では、もっと大きく報ぜられました。

9 | 日本では、なぜナイチンゲールの方がデュナンより知られているのか

　デュナンの名は、1872（明治5）年の日本の政府公文書にも記載されていますので、早くから政府部内では知られていたことがわかります。しかし、日本でその著書『ソルフェリーノの思い出』が訳されたのは、1894（明治27）年の寺家村和介の本が初めてです。

　デュナンの生存が世界に伝えられたちょうど1年前です。それまでわが国では、デュナンのことは、一般には、ほとんど知られていませんでした。その後、ハイデンでの生存を知らされても、赤十字関係者以外には、あまり関心を持たれない状況が続きました。

　1911（明治44）年になって、日本赤十字社が発刊した『救護員生徒 教育資料 全』には、第4編に「赤十字創業者の概略」という1章を設け、デュナンの業績を称え、翌年には、デュナンの写真を全国の支部病院と看護婦養成所に、ナイチンゲールの写真とともに配っています。

　また、1940（昭和15）年に日本赤十字社が刊行し、戦時中にも広く配られた『赤十字読本』でも、後編の第1章に「赤十字の先駆者」を掲げ、

デュナンとナイチンゲールのことを紹介しています。このように戦争中の日本でもデュナンたちのことは教えられていました。

戦争が終わった後は、岡山県支部の副参事であった大野潤さんが、1952（昭和27）年に『世界を繋ぐ旗』を出版し、そこでも戦前と同様、デュナンの紹介が行われました。

さらに当時の日本赤十字社外事部にいた木内利三郎さんが、デュナンの『ソルフェリーノの思い出』を訳し始め、再びデュナンのことが日赤社内では、具体的に知られるようになりました。

さらに1960（昭和35）年に、日本赤十字社本社の青少年課長に就任し活躍し、後にアンリー・デュナン記章を受章した橋本祐子さんも1978（昭和53）年には、『私のアンリー・デュナン伝』を出し、青少年赤十字の指導者たちにも愛読されました。

この頃、アンリー・デュナンのことを初めて知り、伝記に書いた人がいました。「夏の思いで」という詩を書いた江間章子さんです。「はるかな尾瀬」を歌ったこの歌は、昭和24年にNHKのラジオで放送され、国民の愛唱歌になり、尾瀬を有名な観光地にしました。

江間さんがデュナンのことを知ったのは、なんと1956（昭和31）年に、雑誌社に依頼され、日本赤十字社本社で行われた「ナイチンゲール記章」の授与式に出席してからだそうです。このデュナンの伝記は当時、大日本雄弁会講談社（現在の講談社）の「世界伝記全集」（35）に載せられました。

2005（平成17）年になって、それを底本として、㈱童話屋から復刊されたのが、江間さんの『アンリ・デュナン』です。筆者は、日赤の社内報『赤十字の動き』2005年1・2月号に、この本を紹介した日本赤十字社本社企画広報室の井上忠男さんの文章によって初めてそのことを知りました。この本の巻頭には江間さんの「平和の父 アンリ・デュナン」という詩も載っています。

またこの伝記の「あとがき」にあたる「略伝」の中で、江間さんは「戦争」と結びつけて「赤十字」を考えていた日本人が、初めて本当の赤十字を知ったのは、戦後、外地からの同胞の引揚げ問題だと書いておられます。デュナンのことも、その時代になってようやく日本でも一般に知られる

22　第Ⅰ部　赤十字の歴史

ようになったのです。

　それと比べると、ナイチンゲールは、1875（明治8）年から5年間も、彼女の作った看護婦訓練学校の姉妹校である聖トーマス医学校で学んだ西洋医学の先覚者高木兼寛によって、その業績が詳しく、わが国に紹介されました。

　また、その看護婦訓練学校で学んだ、アメリカ人メリンダ・リチャーズなどによって、ナイチンゲール方式の教育方法のがわが国に導入され、1884年から1886年にかけて、慈恵病院の有志共立東京看護婦教育所、同志社病院の京都看病婦学校、東京の桜井女学校の看護婦養成所がナイチンゲール方式による看護婦養成を始めたので、彼女の名は一挙に広く知られるようになりました。

　戦前の小学校教科書でも、彼女の業績は大きく取り上げられ、戦前から日本で最も知られた外国人女性でした。その理由は、やはり当時の日本では、専門職としての看護婦の養成が急務であり、その元祖と見なされていたことです。

　また、ナイチンゲールは、イギリス陸軍の衛生改革とか、インド駐留のイギリス軍の衛生改革のような国家的事業に取り組んでいました。こういう点からも、近代国家になることを目指した当時の日本では、デュナンより評価が高かったのでしょう。

　戦前の教科書の中には、赤十字の創始者もナイチンゲールであるような記述もあったといわれています。デュナンが日本の国語教科書で、取り上げられるようになったのは、戦後のことです。それも現在では、残念ながら学校の教科書から消えてしまい、一部の副読本で紹介されているに過ぎません。幸い青少年赤十字の加盟校では、熱心な先生方によって教えられていますが、もっと多くの青少年に、デュナンのこと、赤十字のことを知ってもらいたいものです。

コラム1　ハイデン紀行

　スイスの東北部にザンクトガレンという都市がある。7世紀にアイルランドの聖ガルスが創った大修道院とその付属図書館がある、文化と宗教と織物で有名な古い街である。

　そこから郵便バスが出ていて、霧雨の中を35分ほど走り、アンリー・デュナンが晩年に過ごしたハイデンに着いた。到着した町は、もっと鄙びた処かと思っていたが、意外にもスポーツ施設、レジャー施設の多い、美しいリゾート地であった。

　ヨーロッパの先進地には、どこの都市にもインフォメーションセンターがあり、行き届いた対応を旅行者にしてくれるが、ハイデンのセンターは、とりわけ親切であった。ここでデュナン関係の資料や街の地図をもらい、旧公立福祉病院に直行した。

　ここの3階の右端にデュナンが18年余を過ごした部屋があった。部屋には、当時のデュナンの使った椅子と机が置かれていて、デュナンの写真が飾られ、机上には、2、3のデュナンの著作も見えた。

　またその建物の1階が、現在は「デュナン博物館」になっていて、デュナンの遺品がたくさん飾られていた。写真でおなじみのトルコ帽や杖、第1回ノーベル平和賞の賞状などもあった。中でも印象が強かったのが日本人の訪問団の土産や寄書きなどの展示物が多かったことである。日本人に対し特別の思いを持っていたデュナンなればこそ、青少年赤十字加盟校などの日本人の来訪者が多いのであろう。

　デュナンの生涯の中で、ここでの暮らしは自然と人情に恵まれ、穏やかで満ち足りたものであったことを実感できた。

　帰りは、登山電車の駅がここにあることに気づき、アプト式の車輛でボーデン湖畔の町・ロールシャッハまで下って、そこからザンクトガレンまで鉄道で戻った。訪問は20年以上も前のことであるが、退職して初めてのスイス旅行の忘れられない一齣である。

（桝居　孝）

第2章
博愛社の創設

1 | 適塾出身の3人の赤十字体験

　ヨーロッパで赤十字が誕生した1863年は、明治維新のわずか5年前のことです。しかし、この幕末に、赤十字のことを既に知っていた日本人が何人かいました。その人たちのことを、まず述べましょう。

　維新の前年にあたる1867（慶応3）年、大阪の適塾でオランダ医学を学んだことのある2人の男性が、長崎からヨーロッパに旅立ちました。

　45歳の佐賀藩の三重津海軍学寮の監督・佐野栄寿左衛門、後の初代日赤社長佐野常民と26歳の備前岡山藩出身の花房義質、後の第三代日本赤十字社社長です。

　3月8日夜、佐野は、佐賀の4人の同行者とともにイギリス船フィーロン号に乗船し、長崎港を出港しましたが、翌日、同船に前夜送別会で別れを惜しんでくれた花房が乗っているのを知り驚きました。聞けばどうしても外国留学がしたいので、夜のうちに久留米藩の友人とともに、この船に乗りこんだというのです。どうやら備前岡山藩の内意を受けての渡航らしく、花房などは下船を求められることもなく、その後も、佐野たちと寝食をともにしながら航海を続け、スエズ経由で5月5日、フランスのマルセイユに着きました。そこで、佐野だけは一行に先立って、

すぐパリに行きました。
　パリには2月ばかり前に、フランス船アルフェー号で、将軍徳川慶喜の弟、徳川昭武の一行が、幕府のヨーロッパ派遣使節として着いていました。この使節の目的の一つは、パリ万博に日本の物産を出品することでしたが、佐野の任務の一つも、佐賀の陶器などの物産を万博に出品することであり、幕府の一行に挨拶に出向いたのです。
　ここで佐野は、32歳の幕府の奥詰医師（将軍の侍医）髙松凌雲に出会います。髙松も適塾の出身者でした。やがてそこへ、佐賀の同行者とともに花房もパリに着き、ここに適塾出身の3人が揃いました。
　3人の学んだ適塾は、医師の緒方洪庵が経営した蘭学塾でした。洪庵は、この医学教育の場で、「西洋医学」や「医の倫理」を教えていました。すなわち、洪庵はドイツのベルリン大学教授のフーフェランドという人が、数十年にわたる臨床経験を基礎にして書き上げ、それをオランダの医師がオランダ語に訳した書物を、1842（天保13）年から10数年かけて日本語に訳し『扶氏経験遺訓』として出版しました。この書物の内容を、翻訳中から講義に用いて、ヨーロッパの最新医学を教えていたのです。
　またこの頃、杉田玄白の孫にあたる杉田成卿も、1849（嘉永2）年に

図表7　扶氏経験遺訓（佐野常民記念館発行図録から転載）

26　第Ⅰ部　赤十字の歴史

フーフェランドの医書の一つを『済世三方』という表題で訳し、その附録に「医戒」という「医の倫理」というべきものを付けていました。緒方洪庵がこれを参考に、12カ条にまとめたのが、『扶氏医戒之略』です。その中には「不治の病にある人であっても、その苦痛をやわらげ命を保つよう努力することは、医師の務めである。棄てて省みないのは、人道に反する」との言葉があります。パリで出会った3人、いずれも、このような医学教育を適塾で受けていたのです。

　パリ万博には当時、赤十字国際委員会が赤十字の活動を紹介する展示館を建てていました。特に外科手術の器具などは、彼らの興味をひきましたが、それ以上に感銘を与えたのは「戦場で傷ついた兵士には敵、味方の区別なく救護の手をさしのべる」という赤十字の理念でした。赤十字の創設者アンリー・デュナンは、このパリ万博に出席していましたが、後年スイス赤十字社のある支部に宛てた手紙の中で、昔、パリで日本人に会ったことがあると述べています。3人をはじめ、当時万国博に出席した誰もが、デュナンに会ったとはいっていないのですが、当時、それと知らずに会った人もいたのでしょう。デュナンは前にも述べたように、この年に、失意のうちに放浪の旅に出て、人々の前から姿を消したのですから、この時以外のチャンスは考えられません。

　万博終了後、高松凌雲は、徳川昭武一行とともにスイス、オランダ、ベルギー、イタリア、マルタ島を回り、再びパリに戻ってきました。パリには中世以来続いている「オテル・デュー」という福祉病院があります。凌雲はそこに毎日のように通い、診療方法や外科手術など西洋医学を実地に学んだといいます。

　そこに1868（慶応4）年1月、幕府軍が鳥羽伏見の戦いで大敗を喫したとの報せが入ります。そこで凌雲は、先発の一行とともに、同年5月、日本に帰ってきました。

　また、佐野常民も万博終了後、オランダに行き軍艦（後の日進丸）を注文し、その後イギリスに行き、ここでも日本の状況を聞き、凌雲と相前後して帰国しました。

　また花房義質も、万博開催中イギリスに渡り、その後、大西洋を越え

て、6月15日アメリカに着き、ボストンで英語などを学び、1868（明治元）年9月、日本に帰国しました。この3人は、いずれも当時の最先進国の状況を見て、明治維新後の後の変革の中で、それぞれ大きな役割を果たしました。

2 | 高松凌雲と函館戦争

　高松凌雲が帰国したのは、上野の山に立てこもった幕府の彰義隊が、新政府軍に敗れた1868（慶応4）年5月のことでした。当時の江戸の混乱は想像以上のものがあり、凌雲は一時茫然としましたが、やがて旧知の榎本武揚が品川沖の軍艦「開陽」にいると聞き訪れました。榎本は徳川家臣の救済を蝦夷地に求めるとして、品川脱出を決意し凌雲に協力を求めました。凌雲はこれを承知して同年8月、「開陽」に乗りこみ、函館に行くことになりました。

　しかし新政府は、このような榎本らの行動を許さなかったのです。函館はやがて、新政府軍によって、激しく攻撃を受けることになりました。その時凌雲は、榎本軍の函館病院の頭取に任ぜられていました。病院頭取を引き受けるにあたり、凌雲は、病院運営について全権を任されることを条件にしました。

　凌雲はこの函館病院に、榎本軍のみならず新政府軍の負傷者をも収容し、手当てを加えました。これはもちろん前年見聞した赤十字の精神を実地に移したものです。

　長州藩や備後福山藩などの新政府軍兵士は、治療の後は便船で津軽に送られました。1869（明治2）年1月のことです。

　やがて政府軍の進攻作戦が進み、入院中の患者も増え、函館市内の高龍寺という寺に分院も作りましたが、戦局が不利になるにつれ、患者の間に不安が広がりました。凌雲は不安を静めるとともに、兵士の所持していた武器を預かり、一切を整理保管することにしました。

5月11日、新政府軍がどやどやと病院に進入してきて、銃を構えて「賊がいた、賊がいた」と叫びました。殺気だった兵士の前に、凌雲は進み出て「お控えなさい。ここは病院だ。自分は医者だ」と述べました。しかしながら兵士らは、今にも襲いかかろうとしています。凌雲は、なおも醇醇（じゅんじゅん）と負傷して入院した患者は、政府軍に敵対するものでない、傷の治療に今は専念させるべきであること、抵抗できない病人を切るのは、武士の恥辱になるなどを説きました。

政府軍の隊長に凌雲の言葉に耳を傾ける者がいました。この隊長は、薩州隊の山下喜次郎と名乗り、凌雲が預かった武器を検分し、深く感じ入り、凌雲の求めに応じて、「薩州隊改め」の大看板を病院の門前に張り出し、それ以後、病院は無事であったそうです。

山下薩州隊長は、当時、イギリスの日本公使館の医官であったウイリアム・ウイリスが、江戸、越後、会津などの戦場で、新政府軍・幕府軍の区別なく、負傷者の救護に努めたことを知っていたからかもしれません。

しかし、同じ日に高龍寺分院は悲惨な状況にありました。政府軍の他の部隊は、院内があまりに静かなのに不審を抱き、突然乱入し、医師の1人を殺し、1人を捕縛しました。しかも、無抵抗の傷病人を殺害し、高龍寺分院に火をかけて退去したのです。

このように、函館戦争はわが国の赤十字の先駆としての輝かしい業績をあげましたが、その同じ日に、このような悲劇の歴史をも残したのです。この二つの事例は、赤十字精神の普及と実践にあたって今に至るまで貴重な教訓

図表8　高松凌雲の肖像（1912年）（筆者蔵）

を残しています。

　また函館の榎本軍の本拠・五稜郭（ごりょうかく）は、その後、凌雲と薩摩藩士・池田次郎兵衛（貞賢）との話し合いで開城しますが、この池田も5月11日の凌雲説得の場に居合わせた人で、開城後、人道に基づき病院を庇護してくれた救世主であったと、凌雲自身が1910（明治42）年に述べています。

　凌雲は明治政府からも、たびたび仕官を勧められましたがそれを断り、浅草区向柳原町、下谷区上野で開業し、1879（明治12）年には、同志と図ってパリのオテル・デューを模範に「同愛社」という福祉病院を創設して、貧困者の救済に努め、人々の尊敬のうちに、1916（大正5）年81歳で、その生涯を終えました。

3 ｜ 佐野常民とウイーン万博

　ここで改めて佐野常民について述べましょう。彼は、1822（文政5）年12月28日、佐賀藩士・下村家の五男として生まれ、9歳の時、親類の佐野家の養子になった人です。養父の常徴は、藩医で外科を専門としていました。日本の外科医は、中世には「金瘡医（きんそうい）」と呼ばれ時宗や禅宗の僧侶などでなる者があり、特に時宗僧は、戦場では中立的立場に立ち、武士の最後をみとり、念佛を十辺唱えて往生を願い、遺族との通信連絡を行うなどの役割を果たしてきました。太平が長く続いた幕末では、このような役割は一般には忘れられていましたが、外科医の家にはまだ精神的伝統は残っていたのでしょう。

　少年の頃から秀才の誉れが高かった彼は、15歳の時、江戸に行き、佐賀藩出身の古賀洞庵（とうあん）の門に入り、その後京都の蘭学者・広瀬元恭（もとやす）、大阪の緒方洪庵、和歌山の華岡青洲（はなおかせいしゅう）、江戸の蘭方医・伊東玄朴（げんぼく）らのもとで、当時の最新の医学を学んだのです．

　彼はその後長崎に出て家塾を開き、そこで花房義質と知り合いました。しかし1853（嘉永6）年には、藩主鍋島直正の命令で、藩の軍事力と殖産

興業の振興を図る精錬方主任に命じられて医学から離れます。

パリから帰った佐野は、藩主の推挙により、新政府の兵部省に出仕し、日本海軍の基礎を築くことになります。しかし間もなく、今度は工部省に転じ、殖産興業に尽くしました。また灯台頭(とうだいのかみ)として暗黒の日本の海に、文字通り灯りを点す仕事に取り組んだのです。当時の外国人顧問イギリス人のブラントンは、佐野のことを「彼は常に温和で思慮ある態度と、高い理想と寛容な情操の持ち主であった。この真のサムライと交際した月日は、喜びを抜きにして回想することはできない」と記しています。ブラントンは、仕事一途の技術者であり、このような手放しの礼賛は他の誰にもしていないので、佐野の人柄の一端がわかるような気がします。

1873 (明治6) 年、新政府は、オーストリアの首都ウイーンで開かれる万博に参加することになり、佐野は、その前年から博覧会御用掛に任ぜられ、さらに博覧会副総裁になり出展の準備に没頭します。さらに開会前に、オーストリア、イタリアの弁理公使となり、ウイーンに赴任しました。この時、18歳の青年平山成信(ひらやましげのぶ)が随行しました。後の第五代日本赤十字社社長です。平山は幕臣の家に生まれ、当時の最高の教育機関である湯島の聖堂を出た後、横浜の仏蘭西語伝習所の後身の語学所でデュ・ブスケなどについて洋学を学び、フランス語に堪能でした。

ウイーンの万博には、日本は日本庭園を設け、神殿造りのパビリオンを建て、物産を出品し、好評を博しましたが、もう一つの目的として、派遣団71人の中から技

図表9　明治初年の佐野常民 (日本赤十字社提供)

術伝習生が選ばれ、ヨーロッパ先進諸国の技術を研修しました。ここにも佐野の技術官僚（テクノクラート）としての見識が窺えます。

　このウイーン万博には、赤十字国際委員会も出展していました。佐野は、それを見て、パリ万博の際と比較し、わずかの間に、赤十字事業が盛大になったことに心を打たれました。ジュネーブ条約加入国の増加も知りました。これは「各国の有志がふるってこの事業に参加し、政府もそれを認めて条約加入した結果」であると述べています。当時の印象がよほど強かったのでしょう。佐野は1882（明治15）年、博愛社の総会において、この時の感想を次のように述べています。

　　　当時人々は文明開化というと、法律が整備されていることとか、機械が精良であることをもって、その証拠としていたが、私は赤十字のような組織がわずかの間に盛大になったことこそ、文明の証拠として感じ入ったものである。

　同行の平山成信も繰り返しそのことを聞かされたのでしょう。万博終了後の1874（明治7）年1月、佐野は赴任地ローマに平山を同行しました。ところがローマで平山は、にわかに熱病にかかり、佐野は、ホテルの自室に平山を移し看病しました。ところが今度は、佐野が肝臓病を病み、平山が看病に回り、その年の暮れ、ようやく日本に帰り着くことができました。以後、平山は生涯にわたって佐野とともに赤十字のため献身的に尽くすようになります。

　佐野は、帰国後直ちに「澳国（オーストリア）博覧会報告書」を書き、博覧会の十数部門ごとに詳細に自分の意見を述べました。1875（明治8）年、佐野は元老院議官に任ぜられました。

4 | 岩倉使節団の赤十字国際委員会訪問

　佐野がウイーン万博の日本政府博覧会事務局副総裁として全力を尽くしていた頃、日本から大型の使節団がこの地を訪れました。岩倉具視を大使とし、伊藤博文、山口尚芳を副使(大久保利通、木戸孝允の2人の副使は既に帰国していた)とするいわゆる岩倉使節団です。

　彼らは、1871(明治4)年の暮れ日本を出発し、アメリカで条約改正交渉などに手間取り、イギリス、フランス、ドイツ、ロシアなどを経て、明治6年6月ウイーンに到着しました。

　一行は万博会場の各国のパビリオンを丹念に見学しました。ヨーロッパ諸国は、フランス革命を契機に「国民は自由の理を知り、国家は立憲体制になって以来、文明の精華は、工芸の産物となり、利の源はこんこんと湧き出た」との認識を示し、詳細な見学の記録を残しています。

　このような彼らが、赤十字国際委員会の展示まで見たかどうかは、膨大な視察記録『特命全権大使米欧回覧実記』(久米邦武編)にも出てこないのでわかりませんが、佐野のことですから、熱意を込めて案内したことは、まず間違いないことだと思います。それは次の視察地であるスイスのジュネーブで、一行が、赤十字国際委員会を訪れていることからも推察できます。一行のジュネーブ滞在は、1873(明治6)年6月29日から7月15日迄の17日間ですから、比較的日程にも余裕があった故でもありましょう。この訪問は『回覧実記』には、記述はありませんが、赤十字国際委員会の記録に残されていたのです。1873年10月の「国際委員会紀要17号」(原文34頁)には次のような記述があります。

　　極東から赤十字の導入を目指して、大使節団が国際委員会を訪れた。使節団のメンバーは、我々に対して好意的で、理性的な人が揃っており、我々の人道的努力に対して共感を示している。使節団の団長は、全権大使正二位岩倉具視で、副使は従四位伊藤博文であ

第 2 章　博愛社の創設　33

る。2 人は、何回かの会合に際し、我々の説明を真剣に聴き、出版物の内容に対して関心を示した。2 人が我々に質問した内容を見ると、どうやら我々は日本に赤十字の種を蒔いたことになったらしい。しかし彼らは、ジュネーブ条約への加入については、時期早尚と考えているらしい。それでも彼らは、これからも連絡を密にしたいとの意向を明らかにしているので、この訪問は赤十字国際委員会にとっても大きな収穫である。

　この後、赤十字国際委員会は 8 月 16 日付けで、ヌーシャテルのエーメ・アンベールに対し、日本について情報を求めています。日本の戦時法規はどのようなものかなどについての質問です。エーメ・アンベールは、スイスの連邦議会議員でしたが、1863（文久 3）年、日本への特派使節団長として 5 人のスイス人とともに長崎から江戸に入り、幕府と修交条約を結んだ人です。帰国後、彼は『日本図絵』を出版しスイスでは日本通として知られていました。特に岩倉使節団のスイス訪問にあたってはベルンまで出迎え、ジュネーブまでも同行し、一行を歓待しました。岩倉使節団の中には、塩田三郎、福地源一郎のように旧幕臣でフランス語も堪能な人もいましたので、日本についての新情報も聴いていたのでしょう。9 月 20 日、赤十字国際委員会宛に、詳しい内容の手紙を送っています。

　その中で彼は、中世からの日本の歴史について述べ、日本人は総じて温和で、人道的で平和愛好的民族であるとの判断を示しています。また 1865 年から 1868 年までのミカドと幕府との戦争の際も、将軍は処刑されることなく引退で済ませ、人道的な汚点を残すことはなかったと述べています。そして「赤十字国際委員会が行っているような活動についても、日本は受け入れる準備ができているものと思う。日本は確かに他の国と違うが、文明諸国と同じ地盤に立ちたいとの希望を持っている」とさえいっています。このアンベールの書簡は、とかく欧米以外の国を未開人扱いする風潮が強かった当時のヨーロッパの人々に、感銘を与えたものと思います。これが後に、日本の赤十字加盟の大きな布石になりました。

34 第Ⅰ部 赤十字の歴史

Nous avons eu la bonne fortune de trouver dans les membres de l'ambassade des auditeurs on ne peut plus bienveillants, en même temps que des hommes éclairés, qui se sont montrés tout à fait sympathiques à nos efforts. LL.EE. Sionii Tomomi Iwakura, chef de la mission, et Jushii Hiroboumi Itô, ambassadeur-adjoint, ont daigné prêter une sérieuse attention aux explications que nous leur avons fournies dans plusieurs entretiens successifs, et agréer l'hommage de nos publications. Les questions que LL. EE. nous ont fait l'honneur de nous adresser à leur tour témoignent de leur très-vif désir de pouvoir importer au Japon le germe tout au moins de la Croix rouge. Elles ont été les premières à reconnaître qu'une adhésion du gouvernement japonais à la Convention de Genève serait prématurée, tant que le peuple lui-même n'aura pas été façonné à son observation, et qu'avant d'appeler l'assistance volontaire à compléter le service de santé militaire officiel, il y a beaucoup à faire pour établir ce service lui-même sur un pied convenable dans l'armée japonaise; mais LL. EE. ont bien voulu nous promettre de travailler à ces réformes, après leur retour à Yeddo, et nous autoriser à entretenir avec elles des rapports suivis pour cet objet.

図表10 岩倉使節団の赤十字訪問記事　正二位・岩倉具視、従四位・伊藤博文の名が見える

5 ｜ 西南戦争と博愛社

　佐野がヨーロッパから帰国した頃、日本は不平士族の反乱で騒然としていました。特に彼の故郷である佐賀は、1874（明治7）年、前参議の江藤新平が反乱を起こし戦争状態でした。これが鎮圧された後も、1876（明治9）年には、山口県の萩で反乱が起こり、次いで熊本で神風連の乱、福岡の秋月の乱が起こり、士族が次々と決起しました。その翌年の1877（明治10）年2月15日、30年ぶりの大雪の中、西郷隆盛の率いる軍は、鹿児島を出発しました。その知らせを聞き、九州各地から不平士族が参加し、その数は3万人にも及びました。この政府軍と西郷の軍との6カ月に及ぶ戦闘が、「西南戦争」と呼ばれています。

第2章　博愛社の創設　35

　この近代日本最大の反乱の最中に、日本赤十字社の前身である博愛社が生まれたのです。

　政府軍は、初め熊本県の植木、木葉などで敗退しましたが、体制を立て直し、3月に入って田原坂で行われた激戦で、ようやく優位に立ったものの、死傷者は双方とも激増しました。これらの死傷者の中には、民家を借りて作った収容所にも入れられず、路上で死ぬ人々もありました。政府軍は、現地に軍団病院を作りましたが、それでも足りず、長崎、大阪にまで、傷病者が送られてきました。一方、西郷軍の死傷者は、もっと悲惨な状況でした。

　この状況は、東京にも逐一伝えられました。東京にいた佐野常民は、その報せを聞き、今こそヨーロッパで見聞した赤十字活動を、わが国でも始める時と判断しました。当時太政大臣の三条実美は、天皇とともに京都に行っており、右大臣の岩倉が在京していました。佐野は、まず岩倉に自分の考えを伝えました。

　岩倉は欧米視察から帰った後、ヨーロッパでは貴族が王室を助けて、政治的に大きな役割を果たしていることに感銘していました。そこで1874（明治7）年、それまでばらばらだった公家、武家を統合して華族の団体である通款社という団体を作りました。それを機会に、拠点として華族会館を作り、その館長となり、次いで宮内省の華族督部長という職に就いていたのです。西南の役の際、華族がどのようにすべきかが岩倉の関心事でした。

　この時岩倉を訪問し、戦場における死傷者の救護の急務を訴えたのが、華族の一員であり、松平14家の宗族長でもあった大給恒（初代日本赤十字社副社長）です。

　大給は初め、ヨーロッパにあるような私立の病院を華族会館の資金で建てることを提案しました。それに対し岩倉は、同じく元老院議官である佐野常民に話すようにといいました。岩倉は華族会館の資金は、銀行設立などに当てることを考えていたのです。また、ヨーロッパで赤十字の活動を見てきた岩倉は、華族だけでなくもう少し幅広い層の結集を考えていたのかもしれません。

図表11 時代の先覚者・大給恒(日本赤十字社提供)

そこでさっそく、3月、佐野常民と大給恒の会談が行われました。ヨーロッパから持ち帰った資料は、当時外務省にいた平山成信が呼ばれ訳され、大給も佐野の考えを納得しました。大給は幕末に異例の抜擢を受けて、幕府の老中格、陸軍総裁になった逸材であり、外国事情にも詳しかったのです。

2人は、新しく作る傷病者の救護のための組織を「博愛社」と呼ぶことにしました。この「博愛」という言葉は、9世紀の唐の詩人韓愈の書いた『原道』という本の冒頭に出てくる「博愛之謂仁」(博く愛する、これを仁という)からとったものです。仁とは、今でいう人道主義のことです。この『原道』は、『唐宋八家文』という、当時の武士階級が少年時代に習う文集の第1巻の最初にあった文章のため、多くの人が知っていました。佐野、大給の2人は、さっそく、博愛社の社則と設立願書を起草し、設立の願書を政府に提出しました。この社則は、5ヵ条からなる簡潔なものです。それは次のようなものでした。

《博愛社社則》
第1条　本社ノ目的ハ戦場ノ創者ヲ救フニ在リ、一切ノ戦事ハ曽テ之ニ干(かん)セス
第2条　本社ノ資本金ハ社員ノ出金ト有志者ノ寄付金トヨリ成ル
第3条　本社使用スル所ノ医員看病人等ハ衣上ニ特別ノ標章ヲ着シ、以(もっ)テ遠方ヨリ識別スルニ便ス
第4条　敵人ノ傷者ト雖モ、救ヒ得ヘキ者ハ之ヲ収ムヘシ

第5条　官府ノ法則ニ謹 遵 スルハ勿論、進退共ニ海陸軍醫長官ノ指
　　　　揮ヲ奉スヘシ

また、その願書の大要は次のようなものでした。

　　このたびの事件は、開戦以来40日を過ぎているが、政府軍の死
　傷者は大変多いと聞いている。悲惨な有様を聞くと傍観できない。
　特に死者は、気の毒だが今さら、生き返るものでもないが、傷者は
　苦痛のうちに生死の間をさまよっていると聞く。そこで「博愛社」な
　るものを作って、有志の協賛を乞い、社員を戦地に派遣して、軍医
　長官の指揮のもとに傷者の救護をいたしたい。また西郷軍の死傷者
　は、政府軍の倍もある上、救護の方法も整っていないため、人々は、
　野ざらしになっていると聞く。しかしこれらの大義を誤って、政府
　に敵対している人も、同国人ではないか。棄てて省みないのは、人
　情として忍びない。聞くところによると、西欧の文明国では、敵、
　味方の区別なく負傷者を救済する組織があるとのことである。こと
　人命に関わることなのでよろしくお願いしたい。

　この文中、「敵、味方の区別なく」というところは、原文では「彼此ノ
別ナク」と表現されていますが、この表現は、後で述べるようにその後
「彼我ノ別ナク」と改められ、それ以来、太平洋戦争の最中まで、日赤の
基本理念を説明する際使われました。
　しかし条理を尽くしたこの願書も、東京にいた陸軍の首脳部は認めま
せんでした。明治10年4月19日付けの西郷従道・陸軍大輔から岩倉宛
の文書を見ると、認めない理由の第一は、現地では、確かに多数の死傷
者が出ているが、今のところ医師や看護人が足りているというものであ
り、第二は、欧米の戦場での死傷者救済の例は聞いているが、これは他
国との戦争の時のことであり、内戦まで及ぶのかは確認していないとい
うものでした。そして結論としては、社則の考え方は素晴らしいもので
あると理解を示しながらも、このような組織の設立はにわかに決めるの

ではなく、平時に十分検討すべきとされました。

　この意見に基づき、4月23日、岩倉名で博愛社の設立は認め難いとの指令が佐野、大給の両人に対して出されました。しかしその時、岩倉か西郷かが、現地の征討軍の首脳に話してみたらとの示唆を与えたともいいます。現地の情勢が変われば、第一の理由も消滅すると考えたのかもしれません。

　この時、佐野は既に政府の出張命令を受けて京都にいました。大給と連絡をとりながら佐野は、5月1日熊本に行き、参軍・山県有朋、高級参謀・小沢武雄(第3代日本赤十字社副社長)に会いました。現地の状況は厳しさを加えていて、2人は佐野の意見に賛成し、征討軍総督の有栖川宮熾仁親王に、博愛社創立の願書を取り次ぎました。親王は、その日のうちに「願いの趣は聞き届けたので、細かいことは、熊本の軍団軍医部長と打合せるように」と認められました。時の軍医部長は佐野と長崎時代から親しかった林紀でした。その2日後の5月3日、正式に許可が下りました。なお5月1日は、日本赤十字社の創立記念日となっています。

　佐野は現地で、直ちに林軍医部長と打ち合わせ、医員・看護員などを雇い入れ、熊本、長崎の軍団病院に救護班を送りました。しかし佐野は、公務出張の用務があったので、博愛社の設立事務は、主として東京にいた大給に任されることになりました。なおこの時、従事した医員・看護員は全員男子で、その標章には、○の下に−を付けたものを使いました。

6 ｜ 松平一族と博愛社

　大給は岩倉に有栖川宮の許可を伝え、承認を得て博愛社の看板を掲げて活動しようとしました。しかし一旦不許可にした経緯もあり、実際に太政官政府の承認を得て、事務所を一族の桜井忠興の邸(東京府麹町区富士見町11現在の千代田区富士見町)に置いて、社員の募集や活動資金の

公募を始めたのは6月に入ってからでした。

まず松平の宗族13人が、社業資金や事業用品を持ちより、救護の準備を始めました。これに陸軍軍医総監・戸塚文海、博覧会御用係・山高信離等も加わりました。戸塚は、適塾出身で旧幕府奥医師、山高は遣欧使節徳川昭武の首席随員を務めた人で、ともに幕臣でした。

また、博愛社の事務方を務めた、笠原光雄、高塚友義は、それぞれ、松平一族の松平乗承(第4代日赤副社長)、同じく桜井忠興の家臣であった人です。このように博愛社は幕末に西欧の知識を吸収した人々によって創られたのです。

しかし、当時の人々の多くは敵、味方の区別なく救護を行うという趣旨を理解できず、博愛社に理解を示す人は少なかったのです。そこで残念に思った大給は「博愛社述書」という解説書を書いて世人に訴えました。それは問答体、今でいうQ&Aの形式を取るものでした。その中で大給は「博愛社を創ったのは、傷病者の悲愴な状況を見て、忍びないからである。敵といえども同胞ではないか。また天皇の赤子ではないか。この博愛社は、決して資金は十分でないが、利益を求める会社と違って、わが身を労して利益を図らず、財産を拠出して名誉を求めず、その根源は、天然所稟の至性(人道主義)に基づくものである」と堂々と説きました。7月4日、松平乗承は長崎に行き佐野常民に会い、戦地での救護の方針を打ち合せ、その結果を岩倉にも報告しています。

7 博愛社の戦地での活動

先に述べたように、佐野は林・軍医部長と相談し、佐賀の小川良益、深町享の2人を医員として、さらに津田一蔵を医員助手として、江原益蔵を看護長として雇い、熊本、長崎の病院に派遣しました。5月下旬、松本順・軍医総監、石黒忠悳・軍医正(第4代日本赤十字社社長)も現地に来て、博愛社の趣旨に賛成し、共同して救護を進めることとし応援を

約束しました。

また、6月に熊本の旧藩主細川護久も、医員助手として三浦斉、竹崎季薫を熊本、長崎の軍団病院に派遣し、さらに7月には、官軍のみならず薩摩兵患者の救護も行ったようです。また、松平乗承も熊本に来て、佐野と協議し、持永精斎、吉木謙三を医員助手として、鹿児島に派遣しました。

このように、現地では実際に博愛社の活動が既に始まっていました。しかし東京で公然と博愛社の救護活動が認められるようになったのは、はるかに遅れて、政府の先の指令の取り消しがあった8月に入ってからでした。8月15日、藤田圭甫を医員長とし、郡豊、大波治卿、高松隆金を医員とする救護班がようやく長崎に到着ました。

当時の長崎軍団病院の院長は、緒方洪庵の子息である緒方惟準(これよし)でしたが、緒方院長の意見により、長崎出島にあった長崎軍団病院第11病舎が博愛社に提供され、それまでに政府軍の医員・看病夫は、改めて博愛社に採用され、従来の博愛社採用の医員・看護人とともに医療・看護に

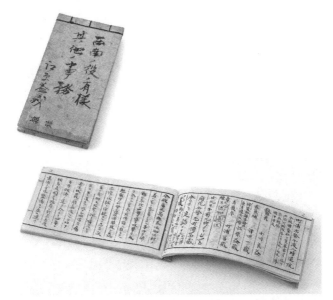

図表12　看護長　江原益蔵日記(石井倫平氏所蔵)(佐野常民記念館図録より転載)

図表13　門柱に「博愛社救護所」の文字と標章が見える（日本赤十字社提供）

従事しました。当時、長崎では、コレラが蔓延し、多数の患者が出ていましたが、これらの人々の働きにより、博愛社のこの病舎からは一名の患者も出さなかったそうです。

　このようにして、博愛社は10月31日迄に戦場救護を終えましたが、この間に従事した人数は、監督・桜井忠興、医員長・藤田圭甫以下129人でした。また、これに要した費用は、5,870余円、救護した人員は780余人、うち傷者455人、コレラ患者333人と、博愛社の『博愛社略記』は伝えています。

　明治の末に編纂された『日本赤十字社社史稿』では、もっと多い推定の数字を掲げています。それは、社員の拠出による社費のほか、現物寄付者の寄付額になども算定したからでしょう。当時の寄付者は、皇族、三条、岩倉、鍋島直大のような華族、陸奥宗光、大久保一翁など元老院議官、花房義質、西周のような官吏だけでなく、各層の人々にも及んでいます。

42　第Ⅰ部　赤十字の歴史

　またこの西南戦争の最中には、博愛社所属の医師・看護者以外でも、熊本の鳩野宋巴のように、敵味方の区別なく負傷者を救護した医師や、同じく鹿児島の加世田さとのような優れた女性看護者もいたのです。

　実は「戊辰戦争」と呼ばれる上野・函館・会津などの戦争直後から、東京などでは、看護の仕事をする女性が現れ始めていましたが、それが女性の看護力の高さを実証するとともに、思わぬ「偏見」をも生み出して

コラム2　ジレッタ結びの莫連

　御維新の当時、東北地方の戦い（注・9カ月に及ぶ戊辰戦争の後期）が終わりました時に、官軍の傷病者は、下谷和泉橋の藤堂屋敷に収容致されました。多くは薩長（注・薩摩、長州の2藩）のお方で、……自分たちが負傷したから戦争に勝てたというので、とても鼻息が荒く、我儘一杯で、お医者様の仰せになることなど、てんで聞かれませんで、気に入らぬと煙草盆を投げる、枕は蹴飛ばす、癇癪が起これば看護人を殴ると云う有様で、手が付けられなかったそうでございます。

　そこでこれでは困ると、色々御相談の結果、試みに女子に看護さしてみたらどうであろう、柔よく剛を制すというから、却ってよくはなかろうかと云うことになり、看護に従事する女性を募集されました。藤堂屋敷の患者が乱暴だということは、もう、世間に知れ渡っており募集に応ずるものが殆どなく、やっと集まった婦人たちは、大変な莫連者（注・おてんばな女性）で、制服は白と紺の弁慶縞の単衣で、髪はジレッタ結び（注・洗髪後に無造作に束ねた江戸庶民の髪型）、黄楊の横櫛というような姿で、男を男と思わないような人であったそうでございます。……ところが思いのほか、患者さんは従順となられて乱暴もせられなくなり、一方これら婦人方も案外勤勉で、中には繃帯なども上手にできる方も出てきて、看護という仕事は、女性でなければということになったと承りました。

　しかし、これが後々まで、看護という仕事を理解して頂きますのに、大きな妨げになったのでございます。

（日本赤十字社病院看護婦監督　稲田ユキ）

いたようです。その様子を 1937（昭和 12）年 9 月、日赤病院看護婦監督・稲田ユキは、当時の日本放送協会のラジオ番組（JOAK）で、「戦時看護婦の思い出」と題して、前頁のように生き生きと語っています。

8 皇室の博愛社援助

太政官政府がようやく博愛社の活動を認めたのは 1887（明治 10）年 8 月 1 日ですが、佐野等は同日直ちに社員総会を開き、「博愛社社則附言」を制定するとともに、皇族の東伏見宮嘉彰親王（後の小松宮彰仁親王）を総長に戴くことを決議しました。

また、7 日には皇室から博愛社に対して千円の援助金が出されました。これは博愛社の関係者を勇気づけたことは間違いありません。博愛社のいう「賊と雖も天皇の赤子」という主張が、ようやく認められたと感じたからです。9 月 13 日には、東伏見宮から総裁就任の承諾も得られました。佐野と大給の 2 人は、副総裁に就任しました。

この後、欧化政策に反対する風潮が強まった中でも、後述するように引き続き皇室の日本赤十字社援助が拡大されたのは、この時期、既に援助方針が確立されていたことと、当時の関係者の努力によるものでしょう。前にも述べたようにアンリー・デュナンの時代から、ヨーロッパの君主、はいずれも赤十字の育成に力を入れていました。日本の皇室もそれにならったのでしょうが、それの持つ意味は西欧よりも一層大きかったように思います。

第3章
日本赤十字社の誕生と発展

1 博愛社のその後

　西南戦争の後、博愛社を引き続き残すかどうかは、当時さまざまな意見がありました。前章の最後にお話しした「博愛社社則附言」の中では、「今回ノ戦役ヲ終フル後モ、本社永設ノ基礎ヲ立テ、其結構ヲ盛大ニセンコトヲ期ス」という表現で、博愛社を恒久的な組織とすることを明らかにしていましたが、50人足らずの社員の中でさえも、いろいろな意見もあったようです。このような状況の中では、社員はなかなか増えなかったのです。

　その原因としては、当時の人々にとっては、戦場において、敵、味方の区別なく救護をするという人道的な考え自体、なかなか理解し難いものでした。また、そのようなことをいうのは、キリスト教の布教のためではないかという誤解もありました。そのため、西南戦争の最中においても、誤解を招きやすい赤十字の使用を控え、丸に一の字の標章を使ったりしました。それでも博愛社は、「ヤソ」すなわちキリスト教ではないかとする誤解も根強くありました。そこで、仏教会の有力者であった島地黙雷や神道の指導者であった平山省斎などに社員に加入してもらい誤解を解くのに努めました。

しかし、敵味方の区別なく救護することについての無理解が根強くあり、前述の「社則附言」では、「該社ノ主旨ハ、戦時ニ方リ、報国慈愛ノ赤心ヲ以テ軍医部ヲ補助シ、博ク創者患者ヲ救済スル」ことである旨を強調し、「博ク」というやや曖昧な表現に留めました。

しかしそれでも社員の理解がなかなか得られない状況の中で、1879(明治12)年10月の社員総会の席上、佐野は初めてヨーロッパの赤十字との連係を願っていることを明らかにしました。また、ここで大給恒は、ハインリッヒ・シーボルトの演説を代読する形で、ヨーロッパの赤十字の活動を紹介しました。このハインリッヒは、幕末に長崎のオランダ商館付きの医師として来日したドイツ人、フィリップ・フランツ・フォン・シーボルトの次男です。兄のアレキサンダーとともに博愛社の創設に関わっていました。

また、翌明治13年の総会の後、佐野は在京の知事を招待し、そこには総裁の小松宮も出席して、博愛社の創設の主旨を説明しています。

そうして1881(明治14)年1月に「博愛社社則」を改定し、その第1条において「博愛社ハ報国恤兵ノ義心ヲ以テ、戦場ノ負傷者疾病者ヲ看護シ、力メテ其苦患ヲ減スルヲ主意トス」という表現で、戦場の負傷兵士を救うことは、日頃から世話になっている国家の大恩に報いることになるという趣旨の「報国恤兵」を強調する姿勢を明らかにしました。

もちろん戦場の負傷者、疾病者の救護は、敵の兵士でも行うという赤十字の精神も明らかにしていますが、それは第61条においてようやく「敵人ト雖モ救ヒ得ヘキ者ハ之ヲ収メ、救フコト能ハサル者モ情誼ヲ尽スヘシ」という遠慮気味の表現になっています。

ウイーン万博の実質的な責任者でもあり、イタリアの弁理公使も務めた国際経験の深い佐野が、なぜこのような回り道のような手法で、博愛社社員の説得に努めたのでしょうか。

その背後には、幕末から明治初年にかけての国際情勢や国内情勢がありました。まず、わが国をめぐる国際情勢は、どのようなものだったのでしょうか。

既に、1840年の阿片戦争の頃から、欧米列強のアジア進出は始まっ

46　第Ⅰ部　赤十字の歴史

ていました。例えば、クリミア戦争というと我々は、ナイチンゲールの活動を連想し、遠い国の出来事としか考えない傾向にあります。しかし、当時、イギリス、フランス連合とロシアの対立は、世界的規模で起こっていました。『函館市史』によりますと、1855（嘉永8）年から56年にかけて、月に3、4回もイギリス、フランスの軍艦が、ロシア軍艦探索のために北海道の函館に入港していたといいます。日本北方海域はこの時、列強の戦争水域になっていたのです。

　1858年には、イギリスはインドを併合し、ロシアはアムール河以北を領有していました。横浜にはイギリス・フランス両国の軍隊が駐屯し、長崎の稲佐にはロシア海軍専用の停泊地もありました。1862（万延3）年には、フランスがコーチシナ（ベトナム・カンボジア等）を領有しました。

　明治維新直前のアジア情勢は、このようなものでした。したがって当時の日本の指導者の最大の関心事は、開国したものの、いかに日本の独立を維持するかにありました。

　明治新政府は、「富国強兵」を目指し、1873（明治6）年、徴兵令の布告によって「国民皆兵制度」を定めました。しかしこの制度や士族の特権の剥奪には、士族側から激しい抵抗があり、萩、秋月、佐賀などで反乱が起こりました。西南戦争は、最終の士族反乱ですが、その際、「官軍」として戦闘に参加した兵士の多くが、この制度によって徴兵された一般民衆でした。

　一方、一般民衆、特にその主体を占める農民の声を無視できないような状況も出てきました。当時の税制の負担者は、主として富裕な農民や商人だったからです。博愛社社員の中にも、このような人々も入ってきました。

　博愛社の「報国恤兵」の強調は、このような中で華族や士族のみならず、一般民衆の人々の理解を得るためにも有効なものでした。その反面、その後久しく、日本赤十字社の性格を特色づけるものともなりました。

　このような中で、佐野常民は1882（明治15）年の博愛社総会において、ヨーロッパの赤十字の活動が、短期間に活動が盛大になった背景を説明したのです（第2章31頁）。

コラム3　浅見又蔵のこと

　浅見又蔵(1858 〜 1900)という人が、明治34年に秀英堂が発行した「小学国語読本巻8」に、赤十字に貢献した人物として紹介されています。この人のことは、当時の佐野常民日赤社長も、各地の講演などで頻繁に触れているそうです。

　1887(明治20)年10月に初めて日本赤十字社に有功章制度ができた時にも、赤十字の発展に特別の功労があったとして、第1回受章者の24人の中に選ばれています。何しろ明治17年に博愛社社員になり、その後、明治33年に亡くなるまで、一家をあげて赤十字社員になり、献身的に赤十字事業を支えました。明治28年に滋賀支部が設置された時は、日本赤十字社本社から支部幹事(支部代表)を嘱託されています。

　浅見又蔵は、近江(滋賀県)の商人でした。明治の初めに当地の伝統産業であった「縮緬」を再生し、それをアメリカに輸出したのが当たって、事業は大きく伸び、収益も大きかったそうです。ところがその生活は質実で派手でなく、利益を教育、公共事業など地元の発展に使うことにもっぱら志したそうです。

　これは近年、近江商人の経営理念として有名になった「3方よし」の精神にも通じるものがあります。「3方よし」とは、「売り手よし」「買い手よし」それに「世間よし」のことです。「世間よし」とは、今でいう「企業の社会的責任」を自覚することでしょう。

　浅見又蔵の公共に尽くすという精神は、彼の没後にも引き継がれ、ご家族やご子孫も、地元の発展などのために、多大な貢献されたといいます。
（桝居　孝）

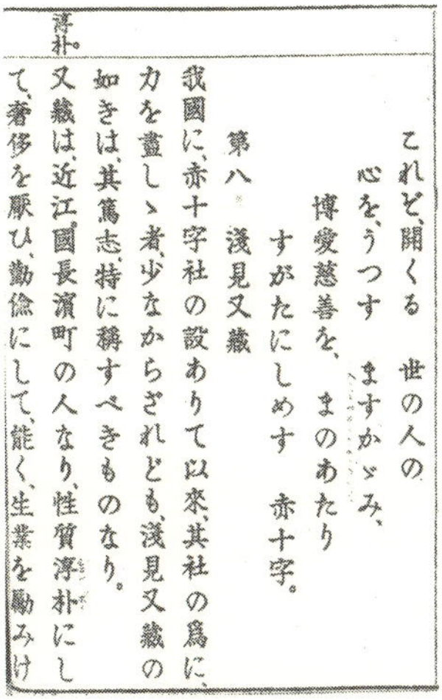

第八　浅見又蔵

　我國に赤十字社の設ありて以來其社の為に力を盡しし者少なからざれども浅見又蔵の如きは其篤志特に稱すべきものなり。
　又蔵は近江國長濱町の人なり性質淳朴にして着侈を厭ひ、勤倹にして、能く生業を励みけり。
　これぞ聞くる　世の人の　心をうつす　ますかゞみ、博愛慈善を、まのあたり　すがたにしめす　赤十字。

図表14　小学国語読本(高等科巻八　明治34年発行の高等科教科書、赤十字の記述に続く)

48　第Ⅰ部　赤十字の歴史

　佐野常民は、博愛社はもっと国際的に通用する組織でなければならないという信念を持っていました。しかし、博愛社の社員の増加は、なかなか達成できず、1885（明治18）年までには、社員数は200人台が続きました。

　このような時期に入社した一人の人物のことが、小学国語読本に紹介されたのは、もっと後のことですが、博愛社の社員としては、当時は異色の人だったからでしょう（前頁のコラム3参照）。

2 ｜ 柴田承桂、橋本綱常のヨーロッパの赤十字調査

　このような情勢の中で、1879（明治12）年8月、再び皇室は、東京市麻布の宮内省所有の家屋内に、博愛社の事務所を置くことを許可しました。次いで、1883（明治16）年3月、美子皇后（後の昭憲皇太后）は博愛社に毎年300円のお手許金を下賜することを決められました。お手許金というのは、皇后の私的なお金です。

　この年の4月、ドイツに留学し、化学を学んだ内務省御用係・柴田承桂がドイツに出張するというので、博愛社は、彼を調査員に嘱託し、ヨーロッパの赤十字の状況などを調査することを委嘱しました。柴田はドイツやオーストリアで看護婦養成施設を見学し、翌年の6月、博愛社社員総会で報告を行い、特に、女性救護員の養成の必要性を述べました。

　また、翌年の1884（明治17）年2月には、博愛社の社員であった陸軍軍医監の橋本綱常が、大山巌陸軍卿とともに、ヨーロッパ視察に出かけることになり、今度は、国際赤十字に加盟する具体的な手続きなどの調査を依頼しました。橋本がドイツに着いて間もなく、幸いなことに第3回赤十字国際会議がジュネーブで開かれることになり、大山に招請状が届きました。大山は良いチャンスとばかり、橋本を出席させることにして了解を得ました。

　橋本は、ドイツにいたアレキサンダー・シーボルトとともにジュネー

ブに行き、国際会議に参加していた長崎時代の恩師ポンペ・メールデフォルトや、留学時代の恩師ゲンベックなどにも会い、さらに赤十字国際委員会総裁のギュスタブ・モアニエにも面会することができました。

アレキサンダー・シーボルトは、これに先立ち、モアニエと手紙で連絡を取り合っていました。現在、その時の手紙も残っていますが、モアニエは、会議の前月に「1873年に、岩倉使節団に会った時に勧告したことが、ようやく実現しそうだ」とシーボルトのそれまでの尽力に感謝を表明しています。その根回しが効いたのでしょう。橋本は、オブザーバーという資格で会議に終始出席できました。

図表15　橋本綱常博士（日本赤十字社提供）

その時の橋本の会談で、モアニエは、国際赤十字加盟の条件は四つあると述べました。その第一の道徳面においては、日本人は優れていて問題はないだろう。第二の法律面でも近年、日本の法律整備が進んでいると聞いているのでこれも問題はないであろう。第三の医学の面においても、最近、大いに進歩していると聞いているので、これも問題はないだろう。第四の問題は、赤十字のマーク、すなわち標章のことだが、最近では、日本人は、この標章を嫌うということはないだろうかと念押しを行いました。そして国際赤十字への参加を希望するのなら、外務卿か陸軍卿より内々赤十字国際委員会に協議して、その後に政府の公文書がほしいと述べたのです。

橋本は1885（明治18）年帰国するとすぐに、博愛社は将来、国際赤十字に加盟すべきだとの意見を政府に提出し、モアニエとの会談内容も詳

しく報告しました。同様な報告は、先に柴田承桂からもありました。
　そこで政府は翌年、パリの蜂須賀茂韶フランス公使に訓令し、イギリスの弁護士フレデリック・マーシャルの助力も得て、6月5日、ジュネーブ条約に調印、加入しました。そうして11月15日には、ジュネーブ条約加入の勅令が出されたのです。政府が、このようにさっそく対応したのも、当時の日本は、幕末に結ばれた条約の改正問題が最大の課題で、欧米諸国に文明国として認められることが必要だった側面もあります。しかし、当時の人々にとっても、赤十字の掲げる理想が輝かしいものに見えたことも確かでしょう。

図表16　飯田町の博愛社本社、その奥に病院があった（日本赤十字社提供）

図表17　林太四郎の「日赤・歴史画談」（木版画）に描かれた本社と博愛社病院（日本赤十字社提供）

　橋本はまた政府に対する意見書の中で、博愛社が戦時傷病兵の救護を行うためには、平時において救護員、特に看護婦の養成をしておかねばならず、そのため救護員養成機関として病院建設の必要性があることを説きました。
　1886（明治19）年5月14日、博愛社の臨時議員会で病院建設の方針は決まり、東京の麹町区飯田町4丁目にあった陸軍省用地を借用し、ここに博愛社の事務所と病院を建設することになりました。
　やがてこの土地に、

橋本綱常自身を院長とする病床数62床の博愛社病院が建設され、同時にそれまで転々としてきた博愛社事務所もここに開設されました。

　同年の11月17日に行われた開院式には、美子皇后ご自身が出席され、盛大に行なわれました。当日皇后は、院内を巡視されましたが、開院式後、橋本院長より看護婦の養成の必要性を聞かれ、深く印象に留められたようです。この看護婦の養成は、この病院で1890（明治23）年4月1日から行われましたが、このことは後で述べましょう。

3 ｜ 日本赤十字社の創設と社則の制定

　博愛社病院開設の直後、博愛社議員会は名称を日本赤十字社に改めることを決定しました。また、それと同時に社則改正委員を設けることにしました。この時の委員長は、後の日本赤十字社3代目社長花房義質であり、また委員は4人で、後の5代目社長平山成信、柴田承桂、幹事・清水俊、それにアレキサンダー・シーボルトも外国人として加わりました。7回にわたる審議を経て、この「日本赤十字社社則」は、1887（明治20）年3月、臨時社員総会で可決されました。

　この時、社則第2条で赤十字社は天皇、皇后（皇帝陛下、皇后陛下と表現）の保護を受けることを定められました。これは当時のオーストリアの赤十字社の社則第2条にならったものです。なお、この平山成信は、先に述べたように1873年ウイーンで開かれた万博に佐野常民とともに出張し、その後終始、佐野と行動をともにしていましたが、語学に優れ、博愛社創設の頃から、外国の赤十字文献のほとんどを彼が訳していたようです。この条文も、佐野が天皇、皇后の御内意を得て平山が訳文を作ったものでしょう。

　日本赤十字社の社則は、宮内省・陸軍省・海軍省の認可を得て、1887年5月20日に発効しました。この日、日本赤十字社は、第1回社員総会を開き、佐野常民を社長に大給恒、花房義質を副社長に選任し、併せて、

52　第Ⅰ部　赤十字の歴史

桜井忠興や松平乗承など7人が幹事に、小沢武雄、石黒忠悳、福地源一郎など20人が常議員に決まりました。また、5月25日、天皇、皇后の御下賜金として毎年5千円が、日本赤十字社に補助されることが決定されました。その前日には、佐野社長、大給、花房両副社長の就任が、勅許されました。

　この社則の第1条では「本社ハ戦時ノ傷病者ヲ救療愛護シ、力メテ其苦患ヲ軽減スルヲ目的トス」とされ、第3条では「本社ハ一八六三年十月ジュネーブ府ニ開設セル万国会議ノ議決及ビ一八六四年八月同府ニ於テ、欧州諸政府ノ間ニ締結セル条約ノ主義ニ従フモノトス」とされました。

　これも回りくどい表現のように見えますが、要は戦場において敵、味方の区別なく救護するというジュネーブ条約に加入したので、赤十字の原則を守り、各国の赤十字社と友誼を結ぶことを明らかにしたのです。

　博愛社の創設時と違い、日本赤十字社が発足した明治中期のこの時代は、通称「鹿鳴館時代」とも呼ばれる時代でした。1885（明治18）年暮れに太政官制が廃止され、近代的な内閣制度が発足し、初代の内閣総理大臣・伊藤博文が先頭に立ち、「欧化主義」を進めていた時代です。この時代であればこそ、赤十字の原則を前提にしたこのような社則もスムーズに認可されたのです。

　この社則の第3条の条文は、それ以後、1901（明治34）年に制定された「日本赤十字社定款」にも引き継がれましたし、その後の社則・定款の改正でも、変わることなく、日中の戦争の間、さらには太平洋戦争中でも、変わることがなかったのです。そのため「日本赤十字社戦時救護規則」第1条は、「ジュネーヴ条約の主義に従う」と表現されていました。

　いずれ述べますように、日本赤十字社が、第二次世界大戦中の困難な事態の中で、赤十字国際委員会の駐日代表に協力し、国際赤十字の一員としての責務を辛うじて果たすことができたのも、この社則・定款・規則があったからこそといえましょう。

　その意味でも、この時点で外国人のシーボルトを社則の起草委員に入れ、従来の国内向けの「報国恤兵路線」を社則の上でも変更し、国際的な「人道博愛路線」を歩む姿勢を明らかにしたことの意味は大きいと思いま

コラム4　赤十字歴史資料館と伊藤博文の漢詩

　長野市の日本赤十字社長野県支部の旧館は、1899(明治32)年に建てられたもので、日本赤十字社支部の建物としては最古のものだそうだ。

　この建物は、支部新館の新築に際しても、貴重なものとして一部が改修され残された。2008(平成20)年4月からは、ここは「長野県赤十字歴史資料館」となり、日本赤十字社の貴重な資料や遺品が展示されている。

　その中に、創立時にこの地を訪れた伊藤博文の書も残されている。漢詩人としても優れた伊藤博文が、赤十字に対する思いを吐露した、次のような七言絶句である。

　　十字赤章無敵讐　千軍萬馬接矛秋
　　如今誰問華夷別　一視同仁通五州

(意味)
　赤十字の記章は敵から攻撃を受けない。千軍萬馬が接する激戦の時に、先進国と後進国とは、どう違うのかと問われれば、これからは一視同仁、すなわち、すべての人々に人道原則を適用するかどうかだと答えよう。これが世界の五大州を通じての人類普遍の原理である。

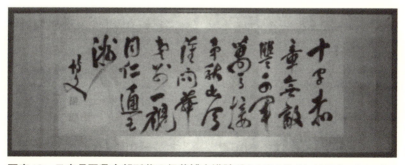

図表18　日赤長野県支部所蔵の伊藤博文漢詩(『赤十字の動き』2007年1-2 No.352より)

54 第Ⅰ部 赤十字の歴史

> 岩倉使節団の一員としてジュネーブに赤十字国際委員会を訪ねた伊藤博文は、このように赤十字について格別の思いを抱いていたのであろう。明治20年3月19日、在京の地方長官（現在の知事）を日赤本社に招請し、内閣総理大臣兼宮内大臣の立場で、「赤十字の事業は頗る重大なものであり、広く有志の協力が必要である。そのためには善を勧め、義を励ます地位にある皆さまの主唱に頼らざるを得ない」という演説をしたという。またその演説の内容は、『赤十字一班』という題名の冊子にまとめられ広く配られたという。
>
> （桝居　孝）

す。この頃、大山巌陸軍大臣は、石黒忠悳に命じ、シーボルト兄弟と相談の上、兵卒にもわかりやすい赤十字についてのテキスト「赤十字条約解釈」を作って軍隊に配布しました。

　この社則ができた1887年9月、ドイツのバーデン公国の首都カールスルーエで第4回赤十字国際会議が開かれました。この会議には、幹事の松平乗承が日赤代表として、石黒忠悳が政府代表として出席しました。

　この会議の際に「ヨーロッパの赤十字社は、ヨーロッパ以外の土地で戦争が起こった際にも、傷病者の救護にあたるべきか」という議案が出されようとしました。

　日本の代表は、赤十字の理念からして、これではヨーロッパに限定することもあり得るような議案の提出自体がおかしいと反対し、通訳の任にあたった森林太郎（森鴎外）がその理由を詳細に説明し、結局その議案は取り下げることになりました。初めて出席した日本の代表の理のある言葉に出席者が同意したのです。

4 新病院の建設

　日本赤十字社の発足とともに、「博愛社病院」も、名称を「日本赤十字

社病院」と改めました。しかし、この病院は間もなく手狭になり、もっと大規模な病院に改築することに決めました。しかし、これを行うには多額の費用が要ることは明らかでした。

　1888(明治21)年になると、社員数も一挙に増え、1万人を超すようになります。この年、国際赤十字の創設25周年の式典が日本でも開かれましたが、この日、皇后は式典に臨席され、日本赤十字社に対し病院建設資金として8万円を賜りました。次いで、病院の敷地として、宮内省所有の土地(現在の日本赤十字社医療センターの敷地)をも下賜されました。翌年の1889(明治22)年、新病院の建設は始まりましたが、資金も敷地も不足とわかり、さらに2万円の資金と敷地が下賜されました。

　このようにして、ようやく1891(明治24)年5月1日、病床数111床の新病院ができあがりました。この病院に対しては、その上同年8月、運

図表19　当時の日本赤十字社病院　新病院は東京の新名所になったという(筆者所蔵・石版画、宮野経茂・画、明治29年)

営費として年々5千円が天皇、皇后から補助されることに決まりました。

5 | 日本赤十字社の平時事業と皇后

　これより先、1888（明治21）年7月、東京の北200キロにある福島県の磐梯山が爆発し、多数の死傷者が出た大災害がありました。皇后は、すぐ日本赤十字社に対し、医師を派遣するようご指示をされ、翌日、医師3人が現地に急行しました。これが日本赤十字社の「平時救護」の始まりです。

　次いで、1891（明治24）年10月、名古屋市のすぐ北で、マグニチュード8.0の大地震が起こり、死者6千人を超える大被害が出ました。地震の翌日、佐野常民社長が参内すると、皇后は、社長を待っていたご様子で、すぐ現地に医者、看護婦を派遣するようにとのことでした。佐野社長は、病院と連絡をとり、その日のうちに医師、看護婦を派遣しました。この時には、養成を終えたばかりの第1回生全員10人が参加し、従来の看護婦とともに、1月余にわたって各地の救護所で働いたのです。その翌年、日本赤十字社は社則を改正し、社業の中に天災救護を加えました。これらの災害救護の内容については、また別の機会に述べることにしましょう。

　ちょうどその頃、ドイツ人で日本の宮廷の顧問になった人物がいました。オットマール・フォン・モールです。彼は、1873年から6年間、ドイツ帝国のアウグスタ皇后の秘書をしており、彼の妻もプロイセン王室の女官をしていました。彼は、日本政府の要請により、1887年4月から1889年3月までの2年間、日本の宮廷のあり方についてさまざまな点について意見を述べました。

　1904年になって、彼は当時のことを回想録 "Am Japanischen Hofe" にまとめましたが、この中で美子皇后について多くの記述があります。

　例えば「皇后はヨーロッパ事情ばかりか、そもそも世間一般のことが

らに極めて鋭い精神的な興味を示された。」

「皇后はこよない愛想のよさを、高い知性と結びつけられており、皇后すなわち女性の支配者の名の通り宮中のたましいである。」

というのです。また、こういう記述もあります。

「ドイツ皇后アウグスタの実例が、日本の皇后にとって模範となった。国民教育制度への関与、看護制度への援助、日本赤十字社のパトロンの座につくこと、外交団、外国王室との応接、それに時代の精神的なすべての働きに関心を寄せること等が日常の御生活の中で、皇后が最も心にかけられたことである。」

モールの経歴から見て、ドイツ皇后アウグスタがここに登場するのは自然であり、彼自身ドイツの宮廷に模範を求めていたのでしょう。しかし、美子皇后は、ドイツ皇后のみならず、イギリスのビクトリア女王、フランスのユージニー皇后、ロシアのマリア・フョードロヴナ皇后など多くのヨーロッパの皇族、王族にも学ぼうとされていました。

モールは、また当時、皇后の周囲に英語やフランス語が達者な北島以登子や山川操等の女官がいて、皇后に必ず同伴し、忠実な通訳の仕事を果たしたことも伝えています。

6 | 明治時代の戦時救護と皇后

国際赤十字に加盟した日本赤十字社は、1890 (明治23) 年頃から、その基盤を堅くするため、さまざまな広報活動を始め、事務整理をしました。皇室の援助とこれらの対応が功を奏して、日本赤十字社の社員は、この年あたりから激増し始めました。

1894 (明治27) 年には、日本は清国と戦火を交えることになりました。この戦争には、日本赤十字社は、医師、看護婦らから成る救護班を戦地や病院に派遣し、国民の熱狂的な支持を得ました。またこの際、敵国兵である清国兵の救護も行いました。

58　第 I 部　赤十字の歴史

　1904(明治37)年には、日本はロシアと戦争を行いました。その際も
日本赤十字社は、同様に救護班を送り、敵、味方の区別なく救護を行い
ました。これらについては、また後に述べることにいたします。
　1895(明治28)年、美子皇后は兵士の中で戦傷により手足を失った者
が多いことを聞かれ、義手、義足を兵士に賜りましたが、その際、清国
兵にも同様に支給するよう、時の軍医総監石黒忠悳に指示されました。
　1904(明治37)年のロシアとの戦争の際も同様で、義手、義足、義眼
等が、ロシア兵にも下賜されました。これらの二つの戦争で、報国恤兵
思想は、再び強調されるようになりましたが、国際協調を大事にする博
愛慈善思想の理念は、それでもなお、重んぜられていたことは確かで
しょう。

7 ｜ 美子皇后の御下問

　1908(明治41)年美子皇后は、ロンドンで開かれる第8回赤十字国際
会議へ出席するのに先立って、挨拶に訪れた日本赤十字社副社長小沢武
雄に対し、次のようにいわれました。

　　　イギリスのアレキサンドラ女王陛下は、多年にわたり慈善事業に
　　尽力され、殊に赤十字事業の保護者としてご熱心であると伺ってい
　　る。女王陛下によろしく申し上げてほしい。
　　　また、他のヨーロッパ諸国の皇室、王室が、赤十字の活動に対し、
　　どのような保護を与えているかも確かめてきてほしい。

　小沢副社長は帰国後、再度、皇后にお目にかかり、イギリスの女王の
伝言をお伝えするとともに、次のようにお答え申し上げました。

　　　ヨーロッパ各国の皇室、王室は、いずれも赤十字事業に対して厚

い保護を与えております。その中でも、ドイツのアウグスタ皇后とロシアのマリア・フョードロヴナ皇太后は赤十字国際委員会に対して特別の基金を賜っております。

　皇后からは、「それは誠に結構なことである。そのことについてよく調べるように」とのご指示がありました。そこで、皇后のご質問に答えるため、二つの資金について調査をしたところ、アウグスタ皇后基金は1887年にできたもので、各国の赤十字社が看護婦学校の設置のような有益な事業を行う際に充てるものであり、マリア・フョードロヴナ資金は1902年にできたものであり、戦場の傷病兵の苦痛を和らげるための考案者に賞金を出すためのものであることがわかり、その旨のご報告をしました。
　それに対し、皇后は、基金創設のご意志を明らかにされるとともに、その使途について各国赤十字社の平時事業の奨励に使えないかということを示唆されたのです。

8 | 昭憲皇太后基金の提案

　日本赤十字社では、もとより異存のあるはずはなく、1912（大正元）年4月、アメリカのワシントンで開かれた第9回赤十字国際会議の席上で、日本赤十字社代表の小沢副社長は、皇后のご了解を得て、次のような要旨を発表しました。

　　日本の皇后陛下は、赤十字の人道精神は、戦時の傷病者に対するだけでなく、平時の不幸なる罹災者に対しても発揮さるべきものであるというお考えである。それによって、人々は赤十字の目的や原則を容易に知ることになるし、また、そのような事業は国境がなく、各国がこのような事業を通じて、お互いに助け合えば、国々の親睦

を深め、赤十字の精神にかなうことになろうといわれるのである。

このところ、赤十字国際会議では、たびたび平時事業の必要性を決議しておられるが、皇后陛下は、10万円の基金を日本赤十字社を通じて赤十字国際委員会に贈り、これを各国赤十字社の平時事業に役立てていただきたいというご意志をお持ちである。もし皆様のご賛同をいただければ、次回の赤十字国際会議で、基金の規則を制定していただきたい。それまでは、日本赤十字社が、年4%の利子を付けてこの基金をお預かりする。しかし日本赤十字社は、この規則については、なんらの特別の注文を付けない。規則の内容は、挙げて赤十字国際会議の決議に任せたい。

これは、日本の伝統的な婦人の美徳と近代的な人道感覚を兼ね備えられた皇后らしいご意志の表明であったといえましょう。この提案は、満場一致で同意されました。また議長を務めたギュスタブ・アドール赤十字国際委員会副総裁は、この基金に、皇后陛下のお名を冠すること、次回の国際会議に日本が規則の発案をしてもらいたいと発言して、各国の同意を得ました。

9 その後の昭憲皇太后基金

ところがその3月後、天皇が崩御され、明治天皇の御名が追贈され、皇后は皇太后になられました。それも束の間、1914（大正3）年4月11日には、今度は皇太后も崩御され、昭憲皇太后の御名を追贈されました。世界大戦が始まったのは、その年の6月28日です。そのため基金の規則の制定は、大戦が終わり、平和が回復した1919（大正8）年6月28日になりました。

基金は、「昭憲皇太后基金」と名づけられ、管理は赤十字国際委員会が行うことになったのです。日本赤十字社は、その年の9月29日、預かっ

第3章　日本赤十字社の誕生と発展　61

図表20　皇后（後の昭憲皇太后）のご肖像　御髪に桐・竹・鳳凰の文様の簪を着けておられる（筆者所蔵・石版画、宮野経茂・画、明治29年）

ていた基金元利合計159,710円68銭を赤十字国際委員会に引き渡しました。

第1回の基金利子の配分は、1921年11月4日赤十字国際委員会によって行われ、その後、毎年のように各国赤十字社に配分されています。また、その後規則の一部が改正され、1919年に創設された赤十字社連盟（現在の国際赤十字・赤新月社連盟）も加わり基金の管理、配分を行うようになっています。

日本の皇室と日本政府は、その後もたびたび基金の増額を行い、日本赤十字社もまた、基金の増額を日本赤十字社の社員に呼びかけました。

2012（平成24）年は、この基金創設からちょうど100年の記念すべき年でした。日本赤十字社では、基金の増額募金を行いましたが、約2億円の募金が寄せられ、ジュネーブに送られました。そのため、2013年3月31日時点での基金の総額は約1,073万スイス・フラン（約11億4千6百万円）となっています。

この配分の対象となる事業は、災害救護、保健衛生、血液事業、青少年活動などさまざまです。第二次世界大戦中でも、配分は行われました。特に、1943（昭和18）年、1945（昭和20）年には、当時、わが国と交戦中のオランダの結核療養施設にも配分されたのは、この基金の性質をよく表しています。

最近では、世界の赤十字社の数が急増するにつれ、配分を希望する赤十字社も多くなっているのが実情です。2013年に配分を受けたのは5カ国ですが、中東のイラン、アフリカのエリトリア、大洋州の赤道直下の国・キルバス、それにベラルーシ（白ロシア）、南米のボリビアと、多彩な国の赤十字社・赤新月社の活動がこの基金の対象になり、昭憲皇太后が希望されたように、世界の赤十字の活動の強化と平和のために役立っているのです。

第3章 日本赤十字社の誕生と発展

第92回 昭憲皇太后基金支援事業
5カ国に 1055万円の配分を決定

第92回の配分先と対象事業

1. **イラン赤新月社（中東）約235万円**
   刑務所に収容されている若い囚人に対して、いのちと健康を守る支援を行います。
2. **エリトリア赤十字社（アフリカ）約226万円**
   交通事故死傷者の減少へ、交通安全訓練や救急法の普及、救急車サービスを実施します。
3. **キリバス赤十字社（大洋州）約200万円**
   医療機関へのアクセスが悪いクリスマス島の学校などに救急法講習を行います。
4. **ベラルーシ赤十字社（ヨーロッパ）約189万円**
   障がいのある子どもと家族を対象にサマーキャンプを行い、自立を支援します。
5. **ボリビア赤十字社（中南米）約205万円**
   一昨年の豪雨災害で被災した子どもなどを対象に、救急法講習と防災教育を行います。

赤十字国際委員会（ICRC）と国際赤十字・赤新月社連盟（IFRC）で構成する昭憲皇太后基金管理合同委員会は4月11日、イランなど5カ国の赤十字・赤新月社の事業に対し、総額約1055万円を今年度分として配分することを発表しました。

各国赤十字社の活動を支援する昭憲皇太后基金は昨年、創設100周年。これを記念

基金増額へのご協力ありがとうございました

した特別増額募金（平成24年1月1日～平成25年4月11日）に際しては、天皇皇后両陛下からご下賜金を賜りました。また多くの国民の皆さまより感謝申しあげます。募金総額については次号でご報告します。

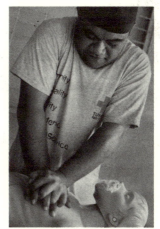

保健衛生と救急法の普及事業
（ツバル赤十字社・2010年）

図表21 （『赤十字NEWS』2013年5月号より）

第4章
日本赤十字社の戦前の平時事業と戦時救護事業

1 平時事業の先駆的実施と赤十字社連盟規約制定

　平時というのは、もちろん戦時ではない平和な時代を指す言葉です。赤十字は、戦場から生まれたというので誤解する向きもありますが、デュナンも『ソルフェリーノの思い出』の中に「戦争を防止し、少なくともその恐ろしさを緩和しようと根気よく努力することが緊要」と書いています。

　また、後述するように「赤十字の基本原則」を作るにあたって大きな業績があった赤十字国際委員会副総裁のジャン・ピクテ氏も、その著書『赤十字の諸原則』の中で次のように述べています。

　　　戦争の恐怖を身近に体験してきた赤十字は、戦争が非人道的なものであり、博愛にも正義にも反していることを熟知している。……赤十字の国際的相互援助活動は、人間を相互に近付け、平和精神を普及するのに役立っている。……赤十字固有の道を通じて、平和建設事業に参加している。

この平和建設事業の中には、もちろん災害救護、医療・福祉事業も含

まれます。前章でお話したように日本赤十字社は、設立当初の1888（明治21）年の磐梯山爆発、1891（明治24）年の濃尾大地震、さらに1896（明治29）年の三陸大津波の三つの大災害以来、災害に見舞われた人々の救援に取り組んできました。当時の国内の医療・福祉の状況からして、赤十字に勝る救援機関はなかったのです。ところがそれは、世界の赤十字活動の中でも異例な先駆的な活動でした。

　そのことが影響を及ぼしたのか、1907（明治40）年、ロンドンで開かれた第8回赤十字国際会議では、赤十字も平時事業に取り組むという姿勢に大きく変わり、その事業として当時最も恐れられていた災厄であった結核の予防、撲滅事業を赤十字が行うという決議をしました。これには日本赤十字社として異存はなく、次節に述べるように「結核予防事業」に取り組んだのです。

　しかし、間もなく起こった世界の第一次世界大戦のために、世界的には、赤十字が平時事業に本格的に取り組むことになったのは、大戦が終わった後になってしまいました。

　1919（大正8）年4月、フランスのカンヌで開かれた日本、イギリス、アメリカ、フランス、イタリアの赤十字代表委員会議の際のことです。フランスのパスツール研究所のエミール・ルー氏が議長となり、医療、福祉の専門家がまとめた報告書に基づき、赤十字の平時事業の内容検討が行われ、決議がされました。

　またこの時、日本赤十字社外事顧問として蜷川新博士が、専門家会議に列席していました。蜷川博士は、かねてからアメリカのヘンリー・デビソン代表や赤十字国際委員会のクラメル女史にも、赤十字の平和活動を推進するための国際機関の設立の必要性を訴えていました。

　赤十字社連盟が発足したのは、このカンヌ会議の直後の5月5日のことです。この赤十字社連盟規約の第1条で、「全世界を通じて健康の増進、疾病の予防、苦痛の軽減を目的とする活動」に赤十字が取り組むことが明らかにされました。

　それまでも日本赤十字社は、災害救護に引き続き、医療福祉の面でも先駆的な事業を行っていたのですが、赤十字連盟の設立にも大きな役割

を果たしたのです。

　日本赤十字社の戦前の平時事業のうち、災害救護については、後ほどお話しするのでそれ以外のものをここで紹介しましょう。

2│戦前の平時事業

1) 結核撲滅事業

　災害救護を除く最初の平時事業は、結核に対する戦いでした。1911 (明治44)年8月、日本赤十字社は、当時の伝染病研究所長の北里柴三郎博士に依頼し、『肺結核病の予防と撲滅に関する注意書』というわかりやすい小冊子を作り、全国に配りました。また、1913 (大正3)年には、「結核予防撲滅準則」を制定し、結核の早期発見に努め、保養所も作ることにしました。

　1922 (大正11)年には、その結果、17の赤十字病院に結核病床ができ、また姫路、愛知の八事などに五つの療養所ができました。その後、療養所は、さらに横浜の根岸などにもでき、最終的には13カ所になり、ほかに支部診療所が11カ所も開設されました。このように赤十字は、結核予防事業でも日本の先駆けとなったのです。実はこれらの結核療養所から発展し、一般診療を果たすようになった赤十字病院も多いのです。

図表22　結核予防車（日本赤十字社提供）

第4章　日本赤十字社の戦前の平時事業と戦時救護事業　67

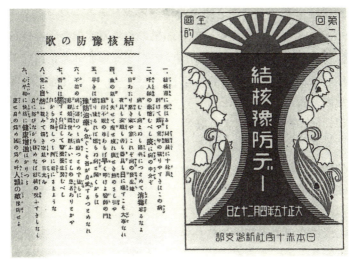

図表23　結核予防の歌(筆者所蔵)

2) 救療事業

　医療福祉制度が、まだ整っていなかった戦前、日赤中央病院、33の支部病院、55カ所の診療所、18カ所の巡廻診療班で、貧困層の患者の無料診療を行っていました。

　その先駆けとなったのは、なんと1886(明治19)年10月に広島に開院した「広島博愛病院」の活動だったといいます。これら無料診療を受ける患者は、「施療患者」と呼ばれましたが、その数は、1941(昭和16)年に延べ576万人に達したといいます。

　例えば大阪支部病院(現在の大阪赤十字病院)の例を見てみましょう。当時の大阪支部病院では、地域の方面委員(現在の民生委員の前身)や社会福祉施設長が発行する「救療証明書」を持ってきた患者を無料診療していました。しかも、同病院では創設以来、患者を「病客」と呼んでいたので、施療患者は「無料病客」と呼ばれていました。

　その数は、昭和9年度だけで、外来施療患者は実人員1万6千人を超え、受診総数20万回、延べ人員55万人、入院患者は、実人員1,735人、延べ6万人近くに及んだといいます。

　大阪支部が、昭和6年に発行した次頁の「赤十字双六」記載の施療患者

68　第Ⅰ部　赤十字の歴史

図表24　昭和6年に大阪支部が発行　当時の平時活動がわかる（『赤十字新聞』1997年5月号より）

数と比べてみますと、その数は、わずかの間に2倍にもなっています。
　医療保健制度が発足する前に、大阪赤十字病院がどのような役割を果たしていたかは、昭和初期の大改築に際し、一般府民から多額の寄付が寄せられたことでも明らかでしょう。

図表25　妊産婦保護（日本赤十字社提供）

3）妊産婦保護事業

　1920年の赤十字社連盟の決議を受けて、日本赤十字社は、妊産婦保護事業にも力を入れました。すなわち、1921（大正10）年東京に本社産院を開設し、次いで熊本、大分など地方支部にも産院を作りました。さらに、京都、愛媛など4カ所にも産婦保護所を作ったのです。
　また、1920年大阪に産婆養成所ができ、これに続いて東京、兵庫など6カ所にも同じく助産の施設ができました。これらの施設は、積極的に巡回産婆など妊産婦と乳児のための保護事業を行いました。1923（大正12）年から1935（昭和10）年まで、この事業によって保護された妊産婦の実数は30万人、乳児の実数は8万人にも及びました。

4）児童保護事業・救急法・家庭看護法

　1914（大正3）年、京都支部で虚弱児のため夏季保養所を作ったところ好評で、すぐに、この事業は全国に広がり、1922（大正11）年には、その数は17カ所になりました。この年の5月、母体と乳幼児の保護、児童の養育の必要を国民に知らせ、保健・育児に対する知識と実技の普及を図るために、衛生講習会を開くことにしました。この中で、早くも救急法を講義することにしたのです。

また1933（昭和8）年には、アメリカ赤十字社の技術を取り入れた水上安全法も導入され、1935年から、講習も行われるようになりました。

さらに1921（大正10）年に長野支部で始まった児童健康相談所も、全国68カ所に広がりました。1926（大正15）年には、衛生講習会は、その対象を広げ、その中で、家庭看護法も取り入れることにしました。これらが現行の救急法、水上安全法、健康生活支援講習や幼児安全法の始まりです。さらに、1934（昭和9）年には、東北地方の冷害で、乳幼児の死亡が続出したため、岩手に乳児院を作りました。

5）路上救護事業

1930年の第14回赤十字国際会議の決議を受けて、1932（昭和7）年、大阪支部で路上救護という事業が始まりました。これは道路上の交通災害に備えて、大阪市内4カ所に救急所を設け、事故者を救急車で運び治療するもので、わが国の交通事故による救急事業の始まりです。次いで1934年東京支部でも、この路上救護が始まりました。

以上のように、日本赤十字社は、大正から昭和初期にかけて、多くの支部が本社の指導と支部職員の発想によりパイオニア的事業を手がけてきた歴史があります。これらの事業は、戦争中も続けられ、終戦間際には、一部中断されましたが、後ほど述べますように、戦後間もなくアメリカ赤十字社の支援も得て、復活したものが多いのです。

図表26　大阪で日本最初の救急車を配備（日本赤十字社提供）

3 | 戦時救護(戦時衛生勤務の幇助)

1)日本赤十字社条例の制定と戦時救護

　既にたびたび述べたように、赤十字は、もともと戦場における負傷兵を救護する目的で創られました。1887(明治20)年5月に社名を日本赤十字社と改め、新社則を定めましたが、その中でも、第1条の設置目的のところでは、「本社ハ戦時ノ傷者病者ヲ救療愛護シ、力メテ其苦患ヲ軽減スルヲ目的トス」と書かれていました。また社則の前文では「彼我ノ別ナク」すなわち敵、味方の区別なく救うことを明らかにしたことも、既にご承知の通りです。

　また、皇室の庇護のもと、その後、社員数も大幅に増え、地方組織の整備も進みました。

　しかし日本赤十字社の法的性格は、博愛社という民間団体から出発したこともあり、まだ必ずしも明確ではありませんでした。

　さらに、西南戦争のような内乱の場合には、日本赤十字社の社員がボランティアとして戦地の負傷者を救護するのは、仁道に基づく倫理的行為として認められましたが、対外戦争となると、状況は自然と違ってきます。

　そこで対外戦争も予想されるようになった1894(明治27)年6月、陸軍省は、「戦時衛生勤務令」という「軍令」を定めました。そこで日赤救護員の派遣は、陸軍大臣が赤十字社に命ずることとされ、救護員も軍の規律に従う義務があるとされようになりました。

　その後、次節で述べるように直後に日清戦争が起こりました。また、1900(明治33)年には、北清事変も起こり戦時救護の体験を積みました。

　1901(明治34)年12月になって、勅令223号「日本赤十字社条例」が制定され、日本赤十字社の地位も法令上も明らかになりました。

　それに伴い、日本赤十字社も、民法の「社団法人」ということになり、民法に基づく定款を作成しました。この定款にも、前文が付いて「彼我

72　第Ⅰ部　赤十字の歴史

の(敵と味方の)区別なく傷病兵を救う」ことを明らかにし、また第4条では「国際赤十字の決議とジュネーブ条約の精神を守る」ことを述べていました。

　この「日本赤十字社条例」の制定理由は、いくつかありますが、日本赤十字社のような団体が、民法の公益法人の規定のみで運営されるのは実情に合わないこと、日本赤十字社の使命が「国家的なもの」であることなどによるものでした。

　そこで条例第3条で戦時に陸海軍の衛生部隊を助ける業務(その頃は「戦時衛生勤務の幇助」といいました)については、日本赤十字社は、陸軍大臣、海軍大臣の監督を受けることになったのです。また第4条では、日本赤十字社の救護員は、戦時衛生勤務の幇助については、陸海軍の規律を守り、命令に服する義務があるとされました。

　これらの規定は、あくまで戦時救護についてであり、国際赤十字関連事業や災害救助などの平時事業にはこれらの監督は及ばず、赤十字の独立性は維持されていたものと解するはずのものでしょうが、これを機会に軍の影響力が大きく増したことは事実です。

　特にその後、陸軍大臣が、戦時救護の編成要員として配置された日赤救護員を、宣誓の上、軍属とする制度を定めて通達しました。この制度は、さらに30年後の1933(昭和8)年には、海軍にも及ぶことになりました。

　日赤救護員に軍の職員の身分を併任して与えるこの制度は、結果的には、重大な影響を日赤救護員に及ぼしました。またその後、再三にわたり、この勅令が改正され、そのたびごとに、この陸軍大臣や海軍大臣の日赤に対する監督規定が詳細になりました。

　また1920年代の頃は、まだそれほどではありませんでしたが、1930年代に入ると、それまで強調されてきた「博愛慈善」よりも、博愛社の創設以来唱えられてきた「報国恤兵」が、再び強調されようになりました。

　しかし、1940年代に入っても、当時の他の公的組織のように、軍人が、日赤内部の主要な役職を占めたり、看護教育などの場で、博愛慈善などの赤十字の思想が、真っ向から否定されるようなことはなかったのです。

勅令や定款で「ジュネーブ条約の趣旨に従う」とされていたので、その趣旨に反することは、当時の軍としてもできなかったのでしょう。

日本赤十字社が、後ほど申し上げるように、太平洋戦争中においても、国際赤十字の一員としての立場を辛くも守ることができたのはそのためです。

しかし、陸海軍省など中央の統制が効かなくなった現地軍の指揮下にあった戦地では、後にお話しするように、1930年代後半から多くの悲劇が起こったことは事実です。

次に、明治以来の数次にわたる対外戦争に際して行った日本赤十字社の戦時救護活動について、少しお話をしましょう。

2）戦時救護の歴史

①日清戦争

1894（明治27）年8月、清国との戦争が始まりますと、日本赤十字社は直ちに、30人編成の救護班（うち医員4人、看護婦20人、看護婦監督・高山盈）を陸軍広島予備病院に出動させました。

さらに同年9月には、第2回の救護班59人（うち医員5人、看護婦30人、看護婦取締・仁礼寿賀子）を同病院に派遣しました。

その後、患者の戦地からの急送などあって、11月には日赤京都支部の救護班30人（医員4人、看護婦20人、看護婦取締・新島八重）が派遣され、戦地からの傷病者（コレラ患者など）を救助しました。その後も広島支部、岡山支部、徳島支部からの救護班も同病院に勤務し救護にあたりました。

また、東京の赤十字病院は、東京陸軍予備病院第3分院となり、従来の建物のほか、多くの仮病舎を建て、戦傷者のほか、清国人捕虜の傷病者の救護も行いました。これは大阪、松山、名古屋、豊橋、熊本、仙台など10の陸軍予備病院でも同じような状況でした。

また、国内ばかりでなく9月からは、医長をはじめ40人より成る3組の救護員を朝鮮半島、台湾、中国大陸に派遣しました。医師、看護人（男性の救護員）などから成るこれら救護班214人が、17カ所の戦地兵站病院で勤務しました。また、患者輸送のためには、陸軍輸送船百余隻に、

74　第Ⅰ部　赤十字の歴史

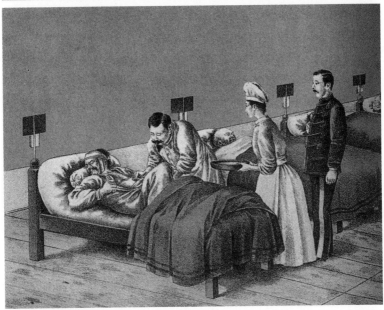

図表27　日清戦争中の救護と清国兵の看護　上は「報国恤兵」、下は「博愛慈善」を表すの意味か(筆者所蔵・石版画、宮野経茂・画、明治29年)

医師、看護人230人余が乗り組みました。これらの救護員は、戦地からの患者輸送船の中でも救護に従事しました。

このように17カ月の間に、日本赤十字社の派遣した救護員の総数は1,553人、診療患者数は約6万4千人、輸送患者数は約3万8千人に及びました。

この時、清国兵1,449人の捕虜患者を東京、大阪、名古屋、豊橋の予備病院に収容し救護しました。この間、捕虜患者にほとんど死亡者が出なかったことが、誇りをもって今に伝えられています。

このような中で、看護婦の活動は、当時のジャーナリズムが注目し、社会的事件として大きく報道されました。例えば、当時の『女学雑誌』には、広島英和女学校の教師・粟屋七郎が「日本の黄鶯嬢」という題で、広島陸軍予備病院における看護婦の活動状況を詳しく伝えました。

コラム5　日本のナイチンゲール

日清戦争の際に、広島の英和女学校の英語教師であった粟屋七郎は、広島陸軍予備病院に行き、看護婦取締詰処で高山盈取締に面会し、さらに1町ほど離れた民家で、京都支部の看護婦取締の新島八重にも会い、その時のインタビュー記事を、『女学雑誌』第407号に「日本の黄鶯（ナイチンゲール）嬢」という題で発表した（吉川龍子『高山盈の生涯』蒼生書房）。

ここでいう「日本のナイチンゲール」が、江戸の藤堂家の下屋敷に生まれ、備後福山藩の上士に嫁し、維新後は華族女学校の教師から日本赤十字社病院の初代看護婦監督になった高山盈、京都支部救護班の看護婦取締・新島八重などの個人を指すのか、それとも当時、広島予備病院に勤務していた看護婦全体を指すのかは明らかでない。

しかしここではむしろ、当時の日赤の理事・清水俊の「看護婦になろうとする者は、看護学と技術を少なくとも2年以上、修練することが必要」との言葉を、雑誌の女性読者に伝えていることが重要であろう。

ところで、後に世界の人々から「日本のナイチンゲール」と呼ばれ

76　第Ⅰ部　赤十字の歴史

た人物は確かにいた。それが東京府西多摩郡五日市（現在の東京都あきる野市）に生まれた萩原タケである。

　昭和12年6月、「日本赤十字社看護婦同方会」の機関紙『同方』は、「萩原タケ子記念号」を発刊し、その功績を称えた。萩原タケは、明治43年に高山盈監督から数えて四代目の日本赤十字社病院看護婦監督になった人であり、28年間もそのポストに留まり、国際的にも活躍した。その間、大正9年には日本で最初のナイチンゲール記章を授与された。

　昭和9年に東京で開かれた第15回国際会議に出席したイギリス人のノラ・ヒル嬢は、「萩原監督は、今より40年前に看護婦となった率先者で、日本のナイチンゲールと呼ばれている。不屈不撓の気性を抱ける日本武士の娘である。体躯小なりと雖も、博識聡明勇気凛烈、功労少なからざるものがある」といわれたと、国際会議の記録にある。

（桝居　孝）

　それらの記事が当時は、まだ根強くあった看護婦に対する社会的偏見を払拭する結果になりました。

　また、軍楽隊の一員であった菊間義清（後に加藤姓になり、御歌所寄人）は、東京の新橋駅で赤十字看護婦が広島に出かけるのに出会い、感銘を受けて一夜にして「婦人従軍歌」を作りました。それがヒットして、その後、長く歌い続けられたことの影響も大きかったのです。ただ、この唱歌の「火筒の響遠ざかる」という歌詞を見ると、人々に看護婦も砲火の飛び交う戦場に出たように錯覚させました。この当時は、未だ戦場に出るのは男子の救護人だけでした。ただ、ここで注目すべきは、その歌詞に見られる国際的、人道的性格です。「味方の兵の上のみか　言も通わぬ敵までも　いと懇ろに看護する　心の色は赤十字」という歌詞は、当時の人々に感銘を与えました。そして赤十字の国際主義・人道主義は、「博愛」という言葉で人々に知られ、清国兵の救護にも支持が集まりました。

　しかし一方、旅順では占領後、非戦闘員の清国人の日本軍による殺害事件が起こり、国際問題になり、日本の外交交渉にも支障をきたし、当

時の内閣を窮地に追い込むようなことも起こりました。

　もう一つ重要なことは、当時の戦争の際の救護員の地位が、それ以降と大きく異なっていたことです。当時は救護員に関わる経費は、患者の食費以外は、すべて日本赤十字社の費用で賄い、軍に対し救護員は、軍医長の命令は受けるが独立した地位にあったのです。

　また、「陸軍ノ編制ニ対スル本社事業ノ地位ニ関スル訓令」という16カ条にわたる野戦衛生長官・石黒忠悳の訓令が出されました。この石黒は、後に日本赤十字社の4代社長になりますが、当時は、日本赤十字社の常議員でもありました。その訓令の中で、彼は具体的に赤十字活動を尊重すべきことを示しました。例えば訓令第12条は、次のようなものでした。

　　　陸軍病院ノ看護ニ婦人ヲ用フルハ今回ヲ初メトス故ニ最モ注意ヲ要ス……
　　　患者ト看護婦人ノ間ニ敬意ヲ忘レシムベカラズ殊ニ将校ノ患者タル者コノ看護婦人ニ対シテ互ニ恭敬ノ実ヲ表シ……

　これも赤十字の人気を一挙に高める一つの契機ともなり、赤十字社員数は、日清戦争中に激増しました。

②病院船の建造と北清事変

　日清戦争の経験から、患者輸送のために病院船の必要性を痛感した佐野常民社長は、1897（明治31）年、日本郵船を通じ、イギリスに2,636トン級の船2隻を注文しました。博愛丸、弘済丸と名づけられたこの2隻は、1899年に横浜港に回港してきましたが、1900年の北清事変の際に、さっそく、活躍しました。赤十字の救護班2個班が、この船に乗り組み救護にあたったのです。

　その結果、博愛丸は1,536人の兵士（うちフランス人98人）、弘済丸は1,319人の兵士（うちフランス人25人、オーストリア人2人）を船内で救護しました。また、他の救護班5班は、太沽、天津などに、7班は、広島

図表28　博愛丸（日本赤十字社提供）

陸軍予備病院に派遣され、591人の救護員が、戦地から輸送されてきた1万人を超す患者を救護しました。看護婦が海上勤務に就いたのは、この時が初めてです。

広島陸軍予備病院には、フランス人兵士も入院し、当時、東京帝国大学を出たばかりの上田敏（詩人・『海潮音』の訳者）などが通訳として勤務し、看護婦にフランス語を教えたりしました。

この北清事変における日本赤十字社の活躍は、イギリス、フランス、ドイツ、ロシア、アメリカ、イタリアなど北京にいた各国の人々にも、また、太沽に停泊していた各国艦船の上にいた軍人にも、強い印象を与えました。

③日露戦争

日清戦争後、日本赤十字社は、看護婦の養成、救護班の編成、救護資材などの準備に最大の力点を置きました。当時の国際情勢がそれだけ厳しかったからです。

1902（明治35）年1月、日本はイギリスと同盟協約を結びますが、ロシアはフランス、ドイツ、オーストリアと同盟関係にあり、両者は緊張した関係にありました。

その年の12月7日に、佐野社長が逝去した後に、2代社長に就任した松方正義は、新たに「社業整理の根本方針」を立て、赤十字社の事務処理方式や会計規則を改正し、本社、支部を一体のものとしました。

また、10カ年計画で「根基資金」を積み立て大災害、戦争などの非常事態に備えることにしました。この資金が、その後の日本赤十字社の活動に大きな役割を果たしました。

1904（明治37）年5月、日露開戦が決まると、直ちに、日本赤十字社は臨時救護部を設置し、仙台予備病院に救護班2班、函館予備病院に1班、韓国の仁川に2班を送りました。さらに博愛丸、弘済丸の2船も出港し、ジュネーブ条約により船名がロシア側に通知されました。仁川で、一番初めに行った救護は、ロシアの軍艦ワリアーク号の乗組員に対するもので、彼らは、博愛丸により松山に移送されました。

さらに、順次、国内の陸軍予備病院に計74班、海軍病院に4班が派遣されました。当時も朝鮮半島、中国大陸に救護班が派遣されましたが、これらはすべて男子の救護人から成る救護班でした。

また当時、赤十字の2船のほかに、軍の病院船も18隻ありましたが、これにも赤十字の看護人または看護婦などで編成された38班が乗り組み、救護にあたりました。この時、博愛丸の看護婦長は周防てふ、弘済丸の看護婦長は萩原タケ子でした。

これらの船は、玄界灘往復の間には暴風に遭うこともあり、船酔いに苦しみながら懸命に患者の救護に努めました。

また、この時はイギリスよりリチャードソン夫人一行、アメリカからはマギー夫人一行が来て、東京や広島の予備病院で病室看護に協力しました。

このようにして、終戦までの1年11カ月の間に、日本赤十字社は、中国大陸、朝鮮半島の前線、病院船、日本の陸海軍病院へ152班、総員5,170人（うち看護婦は、2,874人）の救護員を派遣しました。これらの救護班によって、救護された戦傷病者の数は、約64万人、そのうちロシア兵捕虜は約3万人もいました。

戦争が始まったばかりの1904年5月、日

図表29　日露戦争中の救護活動（日本赤十字社提供）

本赤十字社外事顧問の有賀長雄は『文明戦争法規』という大部の著書を出し、その最初に次のように述べました。

　　此度の戦争は、我が国にとって空前絶後の大事件である……文明
　国民の戦争に於て守るべき法規慣例を守り、独り軍人のみならず、
　一般国民も、これを良く順奉して、外より悪評を受けず、却って列
　国の同情を博し、東洋将来の為めに良い模範を残すことが必要であ
　る。

　戦争が終わって1907年、ロンドンで開かれた赤十字国際会議で有賀
長雄は、今度は日本赤十字代表として出席し、各国代表を前にして次の
ような演説を行いました。

　　日本赤十字社は、半官半民の団体でなく、130万人の社員の資金
　をもって維持する私的な団体であり、国から独立した団体である。
　……また、陸海軍の衛生部隊に編入されて救護を行うが、陸海軍の
　ためにのみ勤務するのではない。敵の傷病者をも、併せて救護する。
　……本社は、国家的、愛国的な事業に従事しながら、同時に敵国の
　傷病者にも救護を及ぼし、日本に輸送された捕虜患者だけでも、17
　カ月間に5,900人を救護して、大いに彼等の信頼を受けた。この事
　実を、この国際会議で報告できるのは幸福である。

　このように日露戦争の赤十字活動は、世界の赤十字の模範ともいわれ
たのです。前に触れたように、美子皇后がロシア兵にも義手・義足を下
賜されたのもこの時でした。
　また、戦後間もなく、アメリカのポーツマスで講和会議が開かれ、日
本は遼東半島の租借権や南満州鉄道ならびにその付属地の権益を得るこ
とになりました。
　日本赤十字社の病院が奉天（現在の瀋陽）にできたのは、1909（明治42）
年のことですが、ここでも救護員の養成が行われました。

④青島戦役、第一次世界大戦、シベリア出兵

　1914（大正3）年8月、日本は日英同盟を理由に参戦し、ドイツと青島において戦いますが、この戦いにも病院船博愛丸、弘済丸が派遣され、患者や捕虜の輸送にあたるとともに、青島にも6班の看護婦を派遣し、約2万5千人の救護を行いました。また、佐世保の海軍病院でも救護にあたりました。

　さらに政府の要請により、イギリスに鈴木次郎医長など26人の救護班を、フランスに塩田広重医長など29人の救護班を、ロシアに上野信四郎医長以下22人の救護班を派遣し、1年数カ月の間、約12万人の人々を救護しました。

　この派遣はヨーロッパの人々の関心を呼んだようです。塩田広重博士の著書『メスと鋏』によれば、例えばスイスの日刊紙『ノイエ・チュルヘル・ツァイツング』は、1915（大正4）年5月6日、次のようにパリでの日赤の救護班の活動の様子を伝えたといいます。

　　医師と看護婦は、既に大戦（日露戦争）の経験を持っている。手術室及び包帯室を見ると、消毒無菌が徹底しており、滅菌水は手をもってせずとも、足を踏めば出てくる。手術台も器用に細工して出来ていた。それに一切の外科機械がアルミの箱に入っていた。担架は折りたたむことができ、X線の設備も完全であった。……日本人医師の手術の優秀なことは評判だ。日本人の看護婦は、小鳥のように柔らかく手を触れる。話しをすると鳥の囀るのを聞く心持がする。……

　この時は、ロシアのペトログラードにも救護班が派遣されました。その救護が1916（大正5）年に完了後、ロシア革命が起こり、1918（大正7）年8月、シベリア出兵が行われ、さらに1920年5月、東シベリアで日本人の殺害事件が起こりました。この数年の間、日赤からは、救護班4班が引き続き派遣されました。この時は、チェコの兵士の救護も併せて行いました。

82　第Ⅰ部　赤十字の歴史

後にお話しする「ポーランド孤児救済」の場合に、大阪赤十字病院の看護婦の中にロシア語が話せる者がいて、孤児やその家族と意思疎通ができたのは、その時の経験によるものだったのでしょう。

⑤日華事変と特別救護班の派遣

昭和に入って間もなく、日本国内では軍備縮小問題をめぐって政党・軍の意見が、二つに割れました。それでも「国家の政策の手段としての戦争を放棄すること」を謳う「パリ不戦条約」は、1929（昭和4）年6月、辛くも日本の帝国議会で批准されました。

そこに世界的な金融恐慌が起こり、日本国内にも影響が及び、世情も大きく変わり、軍の一部の暴走が始まりました。

1931（昭和6）年には、旧満州（現在の中国の東北三省）で、現地の日本軍が戦闘を起こし、それが押さえられないまま、日中両国間で戦火が交えられました。また、上海にも飛び火し戦闘が行われました。

この間、26の救護班が中国大陸や日本の陸軍病院に派遣されました。その主力になったのは、奉天赤十字病院の救護員だったようです。

日本の各地からの救護員を含め、その数は、685人（うち看護婦580人）でした。これによって52万人の人々の救護が行われました。

その後、日本では国内的には、農村の不況の深刻化、テロ事件の頻発などが起こり、対外的には、国際連盟からの脱退もあり、孤立状況が進みました。この時代の状況を、近代史家・加藤陽子さんは、『それでも日本人は「戦争」を選んだ』という本に書いておられます。

日本赤十字社の当時の社長・徳川家達が、ベルギーで開かれる第14回赤十字国際会議の前後6カ月もかけて、アメリカ、イギリス、カナダ、ドイツ、フランス、スイス、スペインなど10カ国を訪ね、ようやく1934（昭和9）年10月に東京でアジア初めての「第15回赤十字国際会議」を開くことができたのは、そういう時代でした。国際会議そのものは、赤十字の歴史に残る成功を収めましたが、その足元には、戦争がしのび寄っていました。

1937（昭和12）年7月から、北京郊外の盧溝橋を発火点に、日中両国

間でまたもや戦闘が始まりました。日本の政府の不拡大方針は、現地の日本軍によって反故にされ、戦火は一気に広がり、日中の全面戦争に発展しました。

日本赤十字社は軍の要請により、大阪、広島の二つの陸軍病院に199人（うち看護婦185人）の救護班を派遣し、さらに8月中に、第2次派遣の336人が病院船勤務に就きました。この後、年末までに、これらの数を含めて国内の陸海軍病院に55班、病院船に50班、中国大陸に49班を派遣しました。

この日中間の戦争が、やがて太平洋戦争につながり、日本赤十字社の救護班の運命を狂わせることになりました。しかし、日本赤十字社は手を拱いていたのではありません。

ここで少し、このことについて触れましょう。初め北京周辺で行われていた日中両軍の衝突は、8月中旬、上海、南京などに飛び火しました。

その際、両軍ともに戦時国際法の違反が行われているとの情報が、ジュネーブの赤十字国際委員会に入り、8月20日、赤十字国際委員会は、スペイン内乱の例にならい、上海に代表を派遣して、ジュネーブ条約の適用状況などを調査させることになり、スイス人のシャルル・ワットヴィル氏が代表に任命されました。

日本赤十字社が、軍の要請によらず独自に上海に特別救護班を派遣することを決めたのは、その直後のことです。当時、上海には大勢の日本人居留民がいて、その保護が重要な問題になっていました。

救護班の班長にはドイツ留学の経験のある日赤中央病院の外科主幹の陰山衆がなり、中国語に堪能な成毛侃爾医員、産婦人科医の鈴木武徳医師も入りました。また、看護婦長も後にナイチンゲール記章の受章者となった阿部八重、同じく牧田きせ、それに後に捕虜の救護にあった桑原かをりなどの4人、看護婦は、後に高知女子大の看護学教授になった山崎近衛など20人。通訳として後に太平洋戦争中に、本社外事課長として捕虜の救護の責任者となった渥美鉄三も参加しました。

この特別救護班は、在留日本人の保護と地元住民の救護にあたるとともに、赤十字国際委員会の代表との折衝を目的としていましたので、こ

のようなメンバーになったのです。

　しかし、この特別救護班が、上海に着いた時は、現地の戦況は予想以上に厳しいものでした。中国の抗戦能力や民族意識を過小評価していた日本軍は苦戦し、多数の傷病者を出していました。特別救護班は、この事態を見過ごすことはできず、結果的には、弾丸が飛びかう中で、これら傷病者の救護にあたることになりました。コレラ患者も当時多かったのです。

　そのような状況のもとに、ワットヴィル代表が上海に到着しました。彼は特別救護班に、日本赤十字社と中国紅十字会とが協力して、病院を開設することを提案し、もし、それに賛成なら南市の中山病院を協力病院に充てるというのです。既に中国側の賛成は得ていたのでしょう。この案に対し、陰山班長は、「軍が了解すれば、救護班は、異存がない」旨の返事をしました。海軍は、これに賛成しましたが、陸軍は反対し、この案は遂に幻になりました。この時点では、まだこのような両国の赤十字レベルでの協力も、実現の可能性はあったのでしょう。

　この時、特別救護班は11月14日から、上海市内で罹災住民の検診を行い、1日700人〜800人を診ましたが、このような検診は1月も続き、1万人以上の現地住民が受診したといいます。あの南京攻略に伴う中国人に対するいわゆる「大虐殺事件」は、11月下旬から12月中旬にかけて起こったといいます。ちょうど、その時期に、赤十字では、このような活動も行われていたのです。しかし残念ながら、このような組織的な国際的な救護活動が行われたのも、これが最後になってしまいました。

　この戦闘は、当時「支那事変」と呼ばれていました。事変当初は、正式な戦争の宣言である宣戦布告をするかどうかが政府で検討されましたが、結局は、それは行われず、11月17日になって、本来、戦争の時に置かれるはずの戦争の最高指導機関「大本営」だけが設置されました。

　したがって、この戦闘は、「戦争」でなく「事変」だからジュネーブ条約の適用はないという主張が軍にはありました。当時の日本赤十字社の社長徳川家達や調査部外事係主任の島津忠承（第八代社長）などは、事変当初から、現地で国籍を超えて罹災難民の救護にあたりたいとの意向を

図表30 (『赤十字新聞』1970年2月号より)

持っていました。それが、特別救護班を送った理由の一つですが、この救護班が、結果的には戦火にさらされたことが、その後の日本赤十字社、さらには日赤救護班の運命を暗示していました。

　特別救護班が、まだ上海にいた11月25日に、陸軍大臣から日本赤十字社徳川社長のもとに一通の文書が届きました。それは日本赤十字社戦時救護規則に基づき、日赤病院は順次、一般患者の入院を停止し、陸海軍の傷病兵患者を収容するようにという要請でした。日赤病院は、その後、名実ともに軍の病院になっていきました。また、日本赤十字社の救護班も、中国の各地に転じ、陸海軍病院や病院船で傷病兵の看護にあたりました。

　その後の日本と中国との戦争は、上海から南京へと及び、さらに長江を遡って武漢一帯にまで広がり、文字通り泥沼に入ったような展開になっていきました。

　1939（昭和14）年には、中国を支援するアメリカが、航空機など戦略物資の対日輸出を禁止し、さらに通商条約を打ち切るなど対日強硬政策を採りました。一方、同じ頃、ヨーロッパでは、ナチス・ドイツがポーランドに侵入し、第二次世界大戦が始まりました。翌年9月には、日本はドイツ、イタリアと三国同盟を結び、当時のフランス領インドシナ（現在のベトナム地域）に軍隊を進めました。

　このような状況の中で、日本赤十字社では、1940（昭和15）年6月、強力なリーダーであった徳川家達社長が亡くなりました。そのようなタイミングの中で、日本赤十字社は、太平洋戦争を迎える事態になったのです。

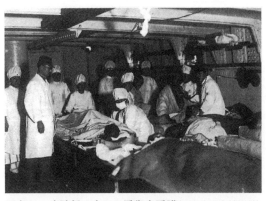

図表31　病院船の中での重傷者看護（日本赤十字社提供）

⑥ **太平洋戦争**

　1941（昭和16）年12

月8日、日本はアメリカ、イギリス、オランダなどの諸国とも戦争を始めました。当時、この戦争は「大東亜戦争」と呼ばれていました。

日本赤十字社の救護班は、中国大陸から一挙に拡大された太平洋の諸地域まで、病院船や軍の輸送船で運ばれていき、フィリピン、マレー半島、オランダ領インドシナ(現在のインドネシア地域)、ビルマ(現在のミャンマー)、ニューギニア、さらには南太平洋のマリアナ諸島、ソロモン諸島のような激戦地でも救護にあたりました。

その規模は、1945(昭和20)年8月の終戦まで派遣された救護班の数が960班、救護員の数は、33,156人に達しました。その大半は、看護婦で31,450人の多きにのぼりました。これらの人々が献身的に看護した患者の数は、おそらく延べ数千万人を超すと思われますが、当時の記録も少なく、今になっては、詳しく知る術はありません。

これらの救護員の多くは「戦時召集令」によって召集された救護看護婦でした。その中には、年老いた親や子どもを残して出かけた人もいましたし、十代の少女もいました。これらの救護員は、いずれも戦争の過酷な条件の中で、ひたすら傷病者の救護に努めましたが、疫病に冒されたり、敵の攻撃を受けたり、あるいはジャングルにさまよって倒れたり、急流に呑まれて亡くなった者も多かったのです。

このようにして実に1,187人の救護員が、痛ましくも殉職されました。そのうち1,120人が看護婦でした。また、終戦後も、中国、ソ連に抑留され、昭和30年代になって、やっと帰国できた看護婦も350人もいました。

この太平洋戦争中は、ジュネーブ条約の遵守という点から見て、各国ともいろいろな問題がありました。日本でも以前のように戦時国際法を守るという姿勢に欠け、結果的には、赤十字活動そのものに対する認識も薄れていました。それがこのような多くの悲劇を生んだのです。

これらの戦地で救護にあたった人々は、生きて還ってきた後も長らく、戦地での体験を語りたがりませんでした。特にフィリピン、ビルマ(ミャンマー)、旧満州などで悲惨な体験をされた人々ほどそうでした。

例えば、フィリピンの山中で悲惨な体験をされた302救護班大阪班の

88　第Ⅰ部　赤十字の歴史

人々にとっては、長い間、沈黙だけが悲しみや怒りを伝える唯一のものでした。戦争が終わって30年もたった頃からようやく、当時の思い出を語り始めました。いくら辛くても真実を明らかにするのが、体験者の務めであり、犠牲者を弔うことになるのだと思い始めたのです。

　1981（昭和56）年に出された『遥かなりプログ山』は、そのような手記の一つです。そこに載っている1945（昭和20）年12月に書かれた横田末子婦長の「総報告書」の一節を、現代文に直してあらましを紹介しましょう。

　　マニラの南にあった南方第12陸軍病院では、各地から送られてきたチフス・パラチフス・デング熱・赤痢患者などが溢れ、大忙しであった。昭和19年9月21日からは、連日、アメリカ軍の大空襲があり外傷患者が激増した。状況の悪化に伴い、バギオ高原地区に移ったが、ここでも昭和20年1月30日より、空襲が日毎に増え、食糧も医療材料もないため、餓死者も一日数十人も出る有様だった。

　　看護婦の中にも下痢、マラリア熱で倒れるものが多数出てきた。看護婦は鍬やシャベルをとり自ら防空壕を作り、空襲のたびごとに患者を壕に移して看護にあたった。

　　熱帯特有の土砂降りの雨の中、患者を担ぎともに涙を流しながら、壕と壊れかかった病室の間を行き来し、診療・看護の任を全うした。

　　やがて4月22日になって、アメリカ軍がバギオ市に上陸してきたので、最小限の荷物と一人当たり米3合、乾パン5袋、缶詰め1個、塩3グラムを10日分の食料として持って、歩ける患者だけを同行して山中に入った。雨の季節で、衣類はびしょ濡れになったが、乾かす間もなく、また、マラリアにかかり、山蛭に吸われ、これの駆除に一睡もできないまま、また翌日も転々として、100キロほど歩き、ようやくプログ山の北、7キロ地点に辿りついた。

　　それから半年の間、昆虫や木の根を食べて命をつないだ。その間に、38人の救護員のうち、小野ゆき婦長をはじめ看護婦11人使丁

（用務員）1人が亡くなった。

次は、1996（平成8）年に出された広島の福田哲子婦長の『ビルマの風鐸』を紹介しましょう。

　　空襲が激しい昭和20年7月には、1日中爆音のしない時の方が少なくなった。部隊長から「空襲時、看護婦は患者に関わらず、直ちに避難せよ」と命令された。この上、衛生兵は、前線に出ていったので、この上、看護婦を失っては、病院の運営に支障をきたすと思われたらしい。しかし、我々としては患者を見捨てて逃げるわけに行かない。
　　重症は捨てて逃げろとの命令を聞きつつ背負いき足なき兵を

この福田婦長は、50年近くたっても、戦争末期にビルマで住民から受けた親切が忘れられず、お礼をいうために地元の交流集会に出たそうです。その時、「戦争中にビルマで」といいかけると、一人の出席者から、小声で「侵略」といわれ、彼女は絶句します。その時のことを彼女は、こう書いています。

　　私は軍人ではない。傷つくものは彼我の別なく救護しなければならない使命を持った日本赤十字社の、いや、国際赤十字の一員であると自負していた。この公の場所で「侵略」といわれようとは意外で返す言葉もなかった。創立百年余を経過した日赤もまだ理解されていないと残念に思った。

この無念さは彼女一人のものでなく、当時極限の状況の中で救護活動を行った多くの救護員に、共通のものであると思います。因みに、日赤では明治以来、「救護員」という言葉を使い、「従軍看護婦」とはいいませんでした。「従軍看護婦」といわれるだけで傷つく人もいることも忘れてはなりません。

90　第Ⅰ部　赤十字の歴史

　ところでこれらは陸上における出来事ですが、次に海上に目を転じて
みましょう。

　当時、病院船も安全ではなかったのです。特に1943（昭和18）年11月
には、赤十字旗を掲げて、ジュネーブ条約により標識を付け、船名も通
告している病院船「ぶえのすあいれす丸」が撃沈されました。また、翌年
になると、赤十字看護婦になじみの深い「龍興丸」をはじめ、10数隻の
病院船が爆撃などで沈められました。そうして、多くの看護婦が船と運
命をともにしました。これについては、日本赤十字社は、赤十字国際委
員会を通じて抗議を行いました。

　その反面、終戦末期の病院船「高砂丸」のように、ニューギニアやウ
エーク島から大勢の傷病兵を輸送中に、臨検（船に乗り込んでする検査）
を受け、その惨状に驚いた敵の軍艦が、護衛するように付き添い、故国
に帰った例もあります。

　また、戦時中、3年にわたり南方で救護班の書記として活躍した柏木
太助さん（元神奈川県支部事務局次長）は、昭和19年にジャワ島のスラ
バヤに入港した「氷川丸」を訪ねた時、事務長の安藤大尉から「この船は、
軍からの要求を拒否しているので攻撃されることがない」と断言したの
を、戦後、横浜に係留されている「氷川丸」を見るたびに思い出したそう
です。このように、ジュネーブ条約についての敵・味方双方の乗組員の
認識度の差や人権感覚や人種的偏見のあるなしの差が、人々の生死を分
けたのです。

　それにしても何故、このような痛ましいことが、赤十字活動に起こっ
たのでしょうか。太平洋戦争中の日本赤十字社と赤十字国際委員会の関
係、あるいは敵国を含めて外国赤十字社との関係、戦時中の日本におけ
る政府や軍や国民のジュネーブ条約に対する認識は、どのようなもの
だったのでしょうか。これらについては次に章を改めてお話しましょう。

コラム6　病院船「ぶえのすあいれす丸」の遭難と救助

　1943(昭和18)年11月26日、病院船「ぶえのすあいれす丸」(9,627トン)は、南太平洋のニューアイルランド島の沖で、アメリカのB24哨戒機の爆撃により沈没した。
　当時、同船の白塗りの船腹には、病院船であることを示すための赤十字マークが付けられ、夜はそれをライトで煌々と照らし、どこからでも病院船であることを明示し、護衛艦も付いていなかった。
　同船には、ラバウルなどの戦場で負傷した傷病兵1,129人、船員128人のほか、医師、看護婦など165人も乗っていた。
　爆撃直後から船内は浸水が激しく、船体が大きく傾いた10分後に、船長は医長に乗艇用意を告げ、やがて総員離船退避を命令した。救命艇、救命筏(いかだ)などに移乗した人々は、その後7日間、南太平洋の海上をさまよった。ところが偶然にも、日本の駆潜艇・第3利丸(としまる)(船長・篠田不可止)に漂流するところを発見され、その情報が日本の他船にも伝わって、救助船が集まり、実に1,264人の方々が、尊い命を救われた。
　その時の話。一隻のボートが近づいた時、そこに異様な黒ずくめの人たちを認めたという。それが赤十字の救護看護婦さんたちであった。彼女たちは爆撃の直後から、沈没間際まで、患者を病室からボートへ肩を支え、腕を貸すなどして次々に移動させたという。
　いよいよ沈没の寸前、重油の海に飛び込み、顔から体まで油がべっとり付き、喉を痛めて声も出ない人も多かった様子だったが、

図表32　沈みゆく病院船「ぶえのすあいれす丸」

作業中に亡くなった1人を除いて、49人が必死に助け合い、あきらめることがなかったという。

　この病院船「ぶえのすあいれす丸」の場合は、乗船していた人の9割が助かった稀有のケースだった。しかも篠田船長は、その後日本海事広報協会の常務理事となり、この出来事の仔細を、後世に残すために手記を書かれた。その偶然が重なり、今もって当時のことが、語り継がれているのである。

（桝居　孝）

第5章
太平洋戦争中の国際人道活動と
戦後の日本赤十字社の再建

1 開戦直後の状況

　1941 (昭和16) 年12月8日、太平洋戦争が始まりましたが、その翌日の9日、当時の赤十字国際委員会のマックス・ヒューバー総裁から、一通の電報が日本の外務大臣・東郷茂徳に届きました。突然の開戦であり、当時の通信事情からすると、いかに素早い対応であったかがわかります。電報の内容は次のようなものでした。

　　赤十字国際委員会は、長年かけて培った伝統に従い、この度の戦争でも捕虜や抑留された民間人の個人情報——姓名、生年月日、収容所の名称と所在地、本人の健康状態、家族の住所などの情報収集を行い、家族などからの問い合わせがあった場合に備えたい。
　　これらの人道的事業の利用は、日本政府の意向に従って行うことにしたいので、何かこれについての提案があれば考慮する用意がある。
　　日本政府が「捕虜の待遇に関するジュネーブ条約」を批准していないことは承知しているが、日本政府が同条約を事実上適用すると声明するのであれば、このような人道的事業を行うのに支障はないも

のと思う。この内容は、同時に米英などの連合国政府にも伝えているし、日本の赤十字社にも伝えるつもりである。

その後12月11日付けの、これと同じ内容の電報が、日本赤十字社社長・徳川圀順にも届きました。その電報には、末尾にこのような言葉が付け加えられていました。

　　　赤十字国際委員会は、現在の状況のもとで、日本赤十字社を同じ赤十字の仲間として信頼し、あらゆる援助を惜しまない。

この電報を受けて日本政府は、捕虜や被抑留民間人についての情報収集や通知を行うことを決め、その旨、翌年の1942（昭和17）年の1月29日になって、日本の利益保護国になっていたスイス国の駐日公使・カミーユ・ゴルジュを通じて、関係各国政府に通知しました。

この時、「捕虜の待遇に関するジュネーブ条約」の適用の問題については、日本の外務省は、陸軍省、海軍省と話し合い、「条約を準用する」という返事を出しました。この「準用する」——英文では、apply mutatis mutandis（必要な変更を加えて適用する）の返事を得て、赤十字国際委員会も、敵国であったアメリカ、イギリスなどの政府も一安心したようです。しかし、この「必要な変更を加えて」という曖昧な語句をめぐって、後に大きな問題が生じました。

一方、この赤十字国際委員会の電報を受けて、日本赤十字社が、まず行ったのも、「俘虜救恤委員部」という組織を作ることでした。戦争中の捕虜の救護については、既に1912年の第9回赤十字国際会議の決議を受けて、日本赤十字社も、第一次大戦中の1914（大正3）年に「捕虜救恤規程」を制定していました。これは文字通り「捕虜」だけを対象にする組織でした。しかし、太平洋戦争の場合は、開戦直後に日本でも国内にいた大勢の敵国国籍の外国人が抑留所に入れられましたし、またその後、アメリカ、カナダ、南米、インドなどでも、日系人や在留日本人が大勢抑留されましたので、俘虜救恤委員部は、捕虜だけでなく民間の被抑留

者も対象にする組織となりました。

　救恤委員部の委員長には、副社長・兼調査部長の島津忠承が就任し、事務委員には、上海特別救護班の通訳を務めた渥美鉄三が就任しました。なお、ほかに嘱託された２人がいましたが、その人数は、後に仕事の量が膨大になっても少ないままでした。

図表33　パラヴィチーニ博士と故郷・グラルスの街
（筆者蔵）

　一方、赤十字国際委員会の日本駐在の代表には、フリッツ・パラヴィチーニ博士が、日本政府の同意を得て任命されました。パラヴィチーニ博士は、1874年にスイスのグラルスに生まれ、ジュネーブ大学やチューリッヒ大学で医学を学び、1899年学位をとった後に、1904年、日本に来て40年近く横浜で医院を開業していました。第一次大戦中には、駐日代表を務めた経験もあり、日本人にはパラさんの名で親しまれ、赤十字の活動や日本の事情にも詳しく、この仕事には、ピタリの適任者のはずでした。

2　戦争初期の捕虜収容所などの状況、赤十字国際委員会代表の視察

　開戦の日の午前７時、日本の警察は一斉に敵国の外交官を公館に閉じ込め、民間人の一部を連行し、抑留所に入れました。
　また日本の軍も同日、マレー半島に上陸するなどの進攻を始め、年内には香港をはじめ多くの地域で多数の捕虜を得るに至りました。

図表34 捕虜と赤十字看護婦の一時の交歓風景（日本赤十字社提供）

陸軍ではそのため、急いで「俘虜収容所令」を定めましたが、香港、マレー半島、シンガポール、ジャワ島などでの緒戦の勝利により、捕らえた捕虜の数は25万人にも達し、1941年12月から翌年2月にかけて、上海、香港、ジャワなどに収容所を設け、多くの軍人を収容しました。また、それらの収容所を管理するため、3月末には陸軍省軍務局に「俘虜管理部」を置きました。

ところがこれほどの数の捕虜を収容するとなると、適切な処遇が困難な収容所も出てきました。そこでインド系の人々などを宣誓の上「解放」し、「労働」に就かせることにしました。白人系の人々などが収容所に残されたのです。また、日本の本土の香川県・善通寺などにも、捕虜収容所が設けられました。

パラヴィチーニ代表が、まず行ったことは、これらの民間人抑留所や捕虜収容所を視察して、人道的立場から、その処遇状態を調べることでした。日本赤十字社の俘虜救恤委員部の職員が、このような時には必ず同行しました。また、その視察費用も負担しました。

1942年3月から始まったパラヴィチーニ代表の視察の報告によると、戦争初期の頃の日本本土の収容所の処遇状態は、それほど悪くはなかったようです。島津忠承委員長は、1942年11月に善通寺、大阪、東京、川崎、横浜の俘虜収容所の視察に同行し、救恤金を支給し、陸軍省俘虜情報局に頼まれて聖書や賛美歌集、新聞、雑誌、タイプライターなども届けています。また、捕虜の一人（歯科医）からパラヴィチーニ代表に対し書簡で要望した、歯科治療のための電動機械なども無事に俘虜収容所

に届いています。

また、民間人抑留者の中には、明治時代に来日し、日本にすっかりなじんだ商人とその家族、同じくキリスト教の宣教師・修道女、さらには長年、日本の学校に外国語教師などとして勤め、多くの学生・生徒から慕われた

図表35　捕虜収容所視察　中央右はICRC駐日事務所マックス・ペスタロッチ氏、その左が島津副社長（日本赤十字社提供）

ような人々までもが含まれていました。後には、南方戦線から送られてきた外国人看護婦なども、抑留所生活に加わったといいます。

日本政府は、1942（昭和17）年3月、民間人で抑留されたため生活に困っている外国人のために、生活費などを援助することとし、日本赤十字社の俘虜救恤委員部を通じて支給を行いました。生業を奪われたため、援助が必要な人々も多かったのでしょう。

戦争初期の状況は、このようなもので、視察に来たパラヴィチーニ博士も一安心をしたようです。しかし、ジュネーブの赤十字国際委員会に残されている同博士の同年5月の書簡によると「戦争は日本国民にとりただ一つの関心事であり、それに役立たないものは見向きもされません。……日本赤十字社や外務省では、気持ちよく迎えてくれますが、安否情報、救恤品、占領地の赤十字国際委員会代表任命と彼らへの援助の情報は微々たるものです。……戦前の日本を知るものにとって信じ難いことですが」とあります。

この時期、フィリピンのマニラ、オランダ領インドシナのジャワ、タイのバンコクなど占拠地域に駐在していた赤十字国際委員会の代表は、現地の日本軍によって、その活動を厳しく制限されたようです。特にボルネオ島に駐在していたマテウス・ヴィッシャー博士のように、日本軍に対する陰謀容疑で捕らえられ、夫人ともども処刑されたケースもあり

98　第Ⅰ部　赤十字の歴史

ました。

3 船舶による外交官や民間人などの交換と海外の日本人被抑留者への援助

　開戦当時から、アメリカやイギリスから抑留されている双方の外交官や民間人を、交換船を出して帰国させようという申し出がアメリカ政府から日本の外務省にありました

　しかし、日本の海軍は、作戦地域を通るからとの理由で難色を示していましたが、天皇の意を体した宮内省の催促もあり、ようやく実現したのは、1942年6月になってからでした。交換地は、当時、ポルトガルの植民地であったアフリカ東海岸（現在のモザンビーク）のロレンソ・マルケス（現在のマプート）と決められました。

　この時、横浜からアメリカのグルー大使等を乗せ出港した船は、当時日本を代表する豪華客船である浅間丸（16,975トン）でした。船は香港などを通りシンガポールでイタリア船コンテベルデと落ち合い、2船ともに乗客と在外邦人に対する救援物資などを載せ、ロレンソ・マルケスに着きました。ここには既に、アメリカ在住者を乗せ、ニューヨークを出航し、途中、リオ・デ・ジャネイロに寄航し、中米在住者を乗せたスウェーデン船籍のグリップスホルムが着いていました。

　このロレンソ・マルケスで乗船者の交換と併せて、双方の捕虜や民間人被抑留者に対する救恤物資の交換も行われました。これに引き続き、浅間丸と同じ型の豪華客船、龍田丸、同鎌倉丸も、同じ経路を通り、ロレンソ・マルケスに行き、1942年の秋までに無事交換船の役割を果たしました。

　その頃、外国で抑留された日系人や在留日本人の数は、アメリカだけでも12万人を超し、カナダでも2万5千人ほどいました。これらの人々も、一挙に、長年築いた生活の基盤を奪われ苦難の生活を送っていたのです。

第5章　太平洋戦争中の国際人道活動と戦後の日本赤十字社の再建　99

　日本赤十字社は、外国にいるこれら被抑留者たちに、緑茶や慰問品を、これらの船に積み送ったのです。日本にいる外国人捕虜や被抑留者にも、本国からの品物が送られてきました。

　しかしこれらの船で帰国できた外交官や民間人は、数が限られていました。そこで日本政府は、交換船をさらに出そうとしましたが、なかなか実現できませんでした。

　1943（昭和18）年9月になって、ようやくもう一回、交換船を出すことになりました。

　今度は帝亜丸（17,530トン）という船でした。この船には、島津忠承日赤副社長が日赤の桑原かをり婦長、大嶽康子婦長など8人の救護看護婦とともに乗り組みました。これらの救護看護婦は、敵国人の高齢者などを日本人と同様に看護し、交換場所であるインド半島の西海岸のポルトガルの植民地・ゴアまで送り、ここで再びグリップスホルムに乗ってきた人々や救恤物資の交換を行い、赤十字の救護活動の模範を身をもって示しました。

　また、この船に積まれていた味噌、醤油などの救援物資は、はるばるアメリカやカナダの被抑留日系人の手元まで、各地の赤十字国際委員会代表の尽力により送り届けられました。

　1993（平成5）年に日本赤十字社が発刊した『太平洋戦争中の国際人道活動の記録』には、その詳細が記されていますが、その表紙

図表36　『太平洋戦争中の国際人道活動の記録』
　　　　表紙（日本赤十字社刊、桝居孝著）

を飾ったのは、この時のアメリカのアーカンソー州のジェローム収容所の救援物資受領の光景を描いた絵でした。ここに収容されていたヘンリー・杉本という画家が、わずか3本の筆と少量の絵具で、シーツをキャンバス代わりに、この絵を描いたのです。

　当時、アメリカ・アイダホ州のミネドカ収容所にいた小平尚道さん（後に玉川大学教授）は、『アメリカ強制収容所』という本の中で、当時の模様をこう書いています。

　　　1944年5月26日、日本赤十字社から、日本茶と醤油と日本の書籍が、収容所に送られてきた。……一家族ほんの少しのお茶だが、その意味するところは大きい。その他に、私は日本からハガキ6枚、手紙1通を受け取った。一番嬉しかったのは、母の方言丸出しの手紙だった。日本の本は、約150冊あった。全部、日本語図書館に入れた。

　この時はまた、日本にいた捕虜への救援物資もゴアから持って帰りました。これらの物資も、当時、日本の捕虜収容所にいた人々へ配られました。しかし、これら日本にいた捕虜への救援物資の配分にあたっては、これらの物資が、赤十字を通じて行われている以上、赤十字国際委員会の代表や日本赤十字社の職員が立ち合うのが当然でしたが、これがなかなか実現しませんでした。

　そのため当時、捕虜であった人々の手記や回想録を見ると、せっかく海を越えて送られてきた物資が、適切に配分されなかったという不満が多かったことが窺われます。

　後にお話しするように、戦後、これらのことが戦争犯罪として問われる結果になりました。また、このように人道的役割を果たしたこれらの豪華客船も、その後は軍の輸送船として徴用され、輸送船などに使われ、終戦直前にかけて、ほとんどの船がアメリカの潜水艦や航空機の攻撃を受けて、多くの船員とともに沈んでしまったことも痛ましい限りです。

　なお、1942（昭和17）年10月から、「赤十字通信」という事業も行われ

第5章　太平洋戦争中の国際人道活動と戦後の日本赤十字社の再建　101

コラム7　54年前の「赤十字通信」

　日赤徳島県支部に、上勝町から年配のご夫婦が訪れた。2002（平成14）年11月のことである。「今日は54年前に捕虜から解放されて、初めて日本の大地を踏んだ日。私にとって記念の日です。これは今まで、誰にも見せたことがない、私の宝物です」と、持参された古く色あせた、赤十字マークのついた1葉のはがきを差し出された。それはシベリア抑留中に家族に宛てた「赤十字通信」で、そこには一行だけ「元気です。」と家族を気遣う精一杯の文字が記されていた。

　清井好一さんというそのお方は、酷寒の地での壮絶、悲惨な捕虜生活を語られた後に「日本に帰ってから40年間、節約を重ねて貯めたお金です。私の一生は赤十字のマークだけが心の支えでした」と大金を差し出された。やっと思いがかなったという話す清井さんに、十川事務局長は「今日ほど赤十字マークの持つ意味の重さと人道について教えられたことはありません。浄財は赤十字活動に有効に活用させて頂きます」とお礼をいい、ご夫妻を見送る支部職員も涙をにじませていたという。

（『赤十字新聞』2003年5月号より）

ました。日本の捕虜収容所、民間人抑留所にいる人々と本国の家族との手紙のやりとり、それに在外日系人や被抑留者とその日本にいる家族などとのやりとりが、赤十字国際委員会を通じて、戦中、戦後を通じて行われたのです。

　小平さんの手記にあるように、長い月日と経路を経て、待ち焦がれる本人の手元に、便りが届きました。その総取扱件数は、戦争中を通じ約45万通近くになりました。

4 戦争中期の捕虜収容所・民間人抑留所の処遇

　1942年の夏頃から、太平洋の戦争の状況も大きく変わってきました。東太平洋や南太平洋の海戦で日本軍は手痛い打撃を受けるようになっていたのです。

　そのことがやがて日本にいた捕虜や被抑留者の処遇にも大きな影響を与えるようになってきました。

　また、同年の7月7日に東条首相が出した訓示に基づき、捕虜の労働力を積極的に活用するという政策に変わり、香港、マレー半島、オランダ領インドシナなどから、捕虜約5万人が船で、日本に送られることになったのです。

　悲劇は、この時起こりました。捕虜を満載した船が、それとは知らずに攻撃したアメリカの飛行機や潜水艦によって沈められ、大勢の死者を出しました。例えば、輸送船「リスボン丸」（7,053トン）は、1942年9月27日、1,816人の捕虜を乗せて香港を出航しました。10月1日、上海沖で魚雷の攻撃を受けて沈没し、845人の捕虜と3人の日本兵が亡くなりました。しかし、この船の生存者の中に今度は赤痢患者が発生し、門司入港後、86人を小倉や広島の陸軍病院に入院させることになりました。

　さらに、それでも患者が続出するので初めの予定を変更し大阪の俘虜収容所に930人を収容しました。しかしここでも患者の発生は止まりませんでした。陸軍省の捕虜管理部の通報を受けた島津俘虜救恤委員長は、パラヴィチーニ代表に依頼し、交換船で送られてきた薬品を、日本赤十字社大阪支部を通じてこの収容所に届けました。

　このようなことが捕虜輸送中、次々と起こり結局1万人を超す捕虜が海上で亡くなりました。日本本土に来た3万2千人を超す捕虜も、厳しい状況に置かれました。

　終戦の時、日本には、本所、分所を合わせ100を超す捕虜収容所があり、捕虜が収容され、働かされていました。「捕虜の労働」自体は、ジュ

第5章　太平洋戦争中の国際人道活動と戦後の日本赤十字社の再建　103

ネーブ条約でも認められています。

　しかし、当時の日本では、捕虜に対する考え方が、日露戦争、日独戦争当時と比べて、すっかり変わってきていました。既に1941（昭和16）年1月、陸軍大臣東条英機の名をもって軍人に与えられた「戦陣訓」（軍人の戦場おける心得）には、有名な「生きて虜囚の辱めを受けず」という言葉があり、日本の軍人は、捕虜になる位なら死ななければいけないと教えられていました。

　このことが軍の中で「捕虜蔑視」につながりました。また、捕虜の待遇に関するジュネーブ条約についても、兵士だけでなく、大部分の将校・士官が教えられていませんでした。

　収容所職員の中には、捕虜を殴ったり、またそれとは知らずに、捕虜虐待をする者も出てきました。それに南方から来た捕虜には、日本の気象条件も苛酷でした。また、食物の種類、日常用品の種類も当時の貧しい日本では、彼らの要求を満たすにはほど遠いものでした。

　その上、日本の近海は、徐々にアメリカ軍に制圧されて、輸送路は断たれ、日本の食料事情は、どんどん悪化していきました。フィリピンなど南太平洋の大小の島々でも同じでした。当時、日本国民は食べるものにこと欠き、1943年になると、主食の配給量も、成人男子で345グラム（2合3勺）と決められ、米に代わって豆粕などが配られるようになりました。捕虜には、重労働者並みの570グラムが配られていたといいますが、体格の相違などから、不足をきたしたものと思われます。

　1943年頃から、これら捕虜の処遇について、敵国政府から、利益保護国のスイスの公使館などを通じて、多くの抗議が寄せられました。ところが日本政府では、南方戦線はおろか、内地の捕虜収容所の状況も十分把握できず、ろくに返事ができない状態が続きました。

　アメリカとイギリスの政府は、これを不服とし、1944年1月、日本軍の手中にある捕虜の取り扱いに関する「非難声明」を出し、それが欧米では大きく報道されました。

　その声明の直後、赤十字国際委員会の駐日首席代表であるパラヴィチーニ博士が亡くなりました。駐日事務所には、博士の存命中に2人の

スイス人、マックス・ペスタロッチ氏、ハインリッヒ・アングスト氏が、代表に任命されていましたが、首席代表が亡くなった影響は誠に大きかったのです。それでも代表として、さらにスイス人のフリッツ・ビルフィンガー氏が任命され、収容所・抑留所視察も、どうにか続けられていきました。

その範囲は、日本本土だけでなく、台湾、朝鮮、満州にも及びました。当時の利益保護国スウェーデンやスイスの担当官の視察を含めて、戦時中の収容所や抑留所への視察は、194回あったといわれています。

5 │ 終戦直前の状況

しかし、この頃から戦況は一段と悪化し、1944（昭和19）年年末から日本本土空襲が激しくなり、東京、大阪、名古屋などの大都市だけでなく、地方中小都市の多くが焼け野原になり、病院、俘虜収容所なども被害を受けたりしました。

この頃、アメリカ、カナダの赤十字社から、ソ連経由でナホトカに送られてきた2,300トンにも及ぶ物資の受け取りの問題がありました。その時は、日本の大型船の多くは沈められ、残されているものはほとんどなく、物資到着の通報があって半年もして、やっと1944年10月、白山丸（4,354トン）が、国際法上安全な航海を保障する「安導券」を得て、機雷の浮遊する海に乗り出して、11月、無事に神戸港に帰ってきました。

しかし、これらの物資の一部を、さらにシンガポールまで運んだ阿波丸（11,249トン）は、同じく安導券を得て、往きは無事に南方捕虜のための物資を届けましたが、帰り途、台湾海峡でアメリカ潜水艦、クイーン・フィッシュ号の魚雷を受け、2,045人の人員と1万トン近い荷物が海に沈み、助かったのは、ただ1人という悲劇に見舞われました。タイタニック号の悲劇をはるかに上回る世界最大の海難でした。この船は、戦時禁制品を積んでいたともいわれますが、予告や臨検なしで、いきな

第5章　太平洋戦争中の国際人道活動と戦後の日本赤十字社の再建　105

り攻撃を受けたのです。

　また、1945（昭和20）年3月より始まったアメリカの作戦により、飛行機によりばらまかれた機雷で日本の本土の主要な港は使えず、完全に封鎖された状態になりました。日本の国民は、食料が不足し国民1人当たりのカロリー摂取量も、飢餓状態寸前にまで落ちてきました。俘虜収容所でもこのため、食糧不足は深刻でした。

　長尾五一氏（元奈良赤十字病院院長）が、1955年に著された『戦争と栄養』の中には、当時の俘虜収容所の食事や疾病のことが詳しく分析されていますが、この頃は、比較的処遇の良かった品川の俘虜収容所でも、ほとんど全員が栄養低下を起こしていたそうです。

　それに被服、靴などの装備、薬品なども同様に極度に不足していましたが、これも日本国民の場合も同じで、また、日本に慣れた人々が多かった民間人抑留所でも同じでした。

　白山丸が運んだ食料や救援物資は、後に赤十字国際委員会の調査によると、捕虜や抑留所収容者たちの窮状を、少しは救ったようです。また、この時期送られてきたアメリカ赤十字社の「捕虜向けニュース」も、捕虜を勇気づけたものと思われます（コラム8参照）。

　日本に降伏を促すため、1945（昭和20）年7月26日に発表されたポツダム宣言の中には、「われらの捕虜を虐待せるものを含む、一切の戦争犯罪人に対しては、厳重なる処罰を加えられるべし」とあります。このポツダム宣言の返事に、日本政府が逡巡している間に広島、長崎に原爆が落とされ、人類史上未曾有の被害が広がりました。

　戦後、捕虜や民間人に対する虐待の罪に問われて、大勢の収容所関係者が、処刑をされたり、投獄されたりしましたが、そのBC級戦争裁判の審理も、今になってみると、事実認定などにいろいろ問題があり、また、海上封鎖や船舶不足などによる物資不足の事情は全く斟酌されませんでした。しかし、当時のこととて反論もできないまま、この戦争裁判や報道を通じて、「日本の捕虜虐待」、「民間人虐待」という形で、世界に広く伝えられました。

　そうして今に至るまで、イギリス、オランダ、オーストラリア、アメ

コラム8 『アメリカ赤十字ニュース』の謎

　戦時中に日本の捕虜収容所にいた外国人捕虜に向けて、アメリカ赤十字から送られてきた"The Red Cross News"という新聞がある。その存在は、既にイギリスの日本研究者であるオリーヴ・チェックランドさんが、その著書『人道主義と天皇の日本』の中で記していたので、筆者も紙名だけは知っていた。ところが日本赤十字社本社に昭和19年9月3日に起案された「米国人捕虜に対する米国赤十字情報の寄贈の件」という題名の文書が保存されていて、その綴じ込みの中にこの『ニュース』の現物があったのである。

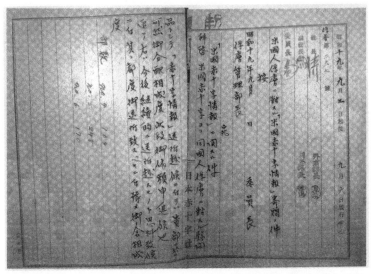

図表37　日赤文書「米国人捕虜に対する米国赤十字情報の寄贈の件」（日本赤十字社提供）

　同ニュースを日赤から受け取った陸軍省俘虜管理部の領収書を見ると、第4号（1943年12月発行）から第6号（1944年2月発行）までのものであったことがわかる。
　しかし、この『ニュース』が、どういう経路で国内へ持ち込まれ、日赤に来たのか、一切は不明である。1943（昭和18）年11月に横浜に帰った交換船・帝亜丸が運んだ救恤品でもない。昭和19年11月

第5章　太平洋戦争中の国際人道活動と戦後の日本赤十字社の再建　107

にウラジオストックから捕虜向け救恤品を神戸に持ち帰った白山丸によるものでもない。外交ルートによってでも運ばれたのだろうか。
　この謎を秘めた『ニュース』の内容を、第6号の紙面からここに紹介しよう。

　その1面には、「捕虜の生命保険」「あなたの明日の生活」「捕虜への情報」といった捕虜を鼓舞し、勇気づける記事が満載されていたことは驚きだった。

図表38　『The Red Cross News』第6号1面（日本赤十字社提供）

108　第Ⅰ部　赤十字の歴史

> その上、7面には戦前から日本の映画ファンにおなじみだったハリウッド映画の俳優であるゲーリー・クーパー、フレッド・アスティアなどの男優、クローデット・コルベール、バーバラ・スタンヴィックなどの女優の消息が、写真入りで載っていた。
>
> さらに12面には、ウォルト・ディズニー、パーシー・クロスビーなどのおなじみのコミックも載っていた。さらに大リーグの記事もあった。あの厳しい大戦の末期でも、大リーグは健在であったのである。眼を凝らして見ると、個人ごとの打率なども載っている。そこには日本人の野球ファンなら、当時、誰でも知っていた名選手・ジョー・ディマジオ、スタン・ミュージアル、テッド・ウイリアムズの名も見えた。
>
> （桝居　孝）

リカ、カナダ、中国などの諸国では、そのことが繰り返し報道されています。皆さんが想像する以上に、日本のイメージを損なっているのです。

例えば、1997年4月5日のロサンゼルスからの共同通信によりますと、広島に原爆を投下したアメリカ軍の爆撃機の機長が、連合軍捕虜に対する日本人の「残虐行為」をあげて、原爆投下を改めて正当化したことを伝えています。

このようなことが、後世まで続くのは、どの国にとっても不幸なことだと思います。これらの事実を、日本の若い人は全く知らないということで、外国人から腹立たしく思われるのも残念ですし、もっと事実を究明し明らかにする必要がありましょう。

BC級戦争裁判の被告の一人であった飯田進さん（1923年〜2016年）という方が『魂鎮への道』（不二出版、1997年）という本に次のように書いておられます。

> 戦後日本は、近現代史を空白のままにしてきました。若い世代の人たちは、ほとんど何も知らずに、サイパンやグアムを始め、太平洋の戦跡でレジャーを楽しんでいるのです。彼らの言動がどんな影響を現地の人々に与えているかも知らずに。全く無邪気に。それは

恐ろしいことだと思いませんか。

6 ジュノー博士の赴任と終戦

　パラヴィチーニ博士の没後、赤十字国際委員会は、日本に駐在する首席代表は、ジュネーブから送る必要があると考え始めました。しかし、日本の政府は、なかなか同意せず、1944年5月になってようやく派遣を認めました。しかも日本への赴任経路は、敵国を通過しないことという条件を示したといいます。この時、選ばれたのがマルセル・ジュノー博士とマルゲリータ・シュトレーラーさんの2人でした。

　ジュノー博士は、1904年、スイスで生まれ、ジュネーブ大学で医学を修めた後、外科医となりました。1935年には、イタリア軍の侵攻により戦場となったエチオピアに赤十字国際委員会の代表となり赴任し、翌年、スペイン内乱に際しても代表を務めた赤十字国際委員会きってのベテランでした。また、シュトレーラーさんは、横浜生まれで、日本語に堪能で、当時、ジュネーブの中央捕虜情報局の日本担当でした。このような人物を赤十字国際委員会が寄こすということは、とりもなおさず日本での仕事が、いかに困難なものと考えていた証拠でしょう。

　この2人がパリ、テヘラン、モスクワ、シベリア横断鉄道経由で旧満州に着いたのは、1945年7月下旬のことでした。西安(現在の遼源)の俘虜収容所を訪問し捕虜を激励した後、新京(現在の長春)から飛行機で焼け野原の東京に着いたのは、終戦直前の8月9日、まさに長崎に原爆が落とされた日でした。

　翌日の10日、ジュノー博士とシュトレーラーさんの2人は、日本赤十字社本社に行き、中庭の防空壕の中で島津副社長と面談し、これからの日本の赤十字の活動について話し合いました。この時、上空では爆撃機の機影があり、爆音と迎え撃つ高射砲の音がとどろいていたといい

図表39 マルセル・ジュノー博士とシュトレーラーさんの俘虜情報局訪問（©ICRC）

ます。その後2人は車で5時間かけ赤十字国際委員会駐日事務所が疎開していた長野県の軽井沢に到着し、翌朝、日本がポツダム宣言を受諾したことを知らされました。

　その5日後の8月15日に戦争が終わりました。8月17日から、ジュノー博士らは、捕虜収容所の正確な位置を確かめ、国際法上の利益保護国であったスイス、スウェーデンの政府代表とともに活動を始め、7チームに分れて各収容所に向かい、捕虜の解放や医療救護にあたりました。

　ジュノー博士は、その後、広島に入ったビルフィンガー代表から原爆の惨状の報告を聞き驚いて、進駐してきた連合軍を動かし12トンの薬品を手にいれ広島に行き、自らも診療を行い、その後一貫して「広島の悲劇」を世界に訴えました。

7 終戦後の日本赤十字社

　1945（昭和20）年9月2日、日本政府はアメリカ軍艦ミズーリの上で、降伏文書に調印し、10月2日には、マッカーサー元帥を総司令官とする連合国最高司令官総司令部（GHQ）が発足し、医師のサムス大佐が公衆衛生福祉局長に就任しました。

　10月30日、日本赤十字社の本社は、各支部の参事（現在の支部事務局長）を招集し、中川望副社長から次のような話をしました。

第5章　太平洋戦争中の国際人道活動と戦後の日本赤十字社の再建　111

　軍の解体に伴い、日赤の存在を疑問視するような向きがあるが、これから戦争による復員者の救護や傷病者の救護など、引き続き本社として行わねばならないことは多く、軍の存在は、日赤の存続の要件ではない。今後の監督機関は厚生省ということになろう。そのほか、赤十字社令の改正、在日アメリカ赤十字社代表との連絡などの問題がある。

　11月2日、知事を集めた会議の席上で、総裁の高松宮からも、更生日本赤十字社のために、支部長として尽力をされることを要望する旨のお言葉がありました。また、11月5日には、アメリカ赤十字社のC・R・ムーア氏が島津副社長を訪ね、懇談しました。

　その時、同氏からアメリカ赤十字社の機構の説明とともに、アメリカ赤十字社は、イタリアやドイツの赤十字に対する援助と同じように、日本赤十字社を援助するつもりであるが、各国の赤十字には、それぞれの国情があるので、それを尊重したいとの話がありました。そうして最後に、近くアメリカ赤十字社から、一婦人を派遣してGHQとの連絡や日本赤十字社の援助を行いたいとのことでした。

　11月16日には、本社で「赤十字戦後対策懇談会」が開かれました。その席上、松島鹿夫外務次官からは、ソ連からの日本人引き揚げの交渉は、外交関係が断絶しているので進展せず、国際赤十字を通じて交渉を依頼したいと考えている。今後は、日本赤十字社を通じて連絡、交渉をするほかないと思うのでよろしくとの言葉がありました。窪田静太郎顧問からは、今後は、平時の救護のため救護員を養成すべきだとの意見があり、続いて原泰一理事からは、社会看護婦の養成とともに、赤十字医科大学の設置の提案があり、穂積重遠常議員からは、赤十字施設として、健康相談所や社会教育施設を設置すべきであるとの提案があり、児玉政介常議員からは、保健婦の養成や僻地医療などの事業の提案がなされました。敗戦という、今まで経験がなかったことが起こった時期に、これらの当時の有力な人々から、積極的な赤十字改革のご意見が出たのは、頼もしい限りであったと思います。

時代は大きく変わってきていました。終戦とともに、赤十字病院は、軍の配属から解除されましたが、京都赤十字病院、大阪赤十字病院のようにアメリカ軍に接収されるところも出てきました。11月30日には、戦時救護の中心組織であった本社の「救護本部」も解散になり、翌日には、軍の病院が厚生省にすべて移管になりました。

1946（昭和21）年4月になると、連合軍総司令官の要請により、アメリカ赤十字社のシッキス・スミスさんが、日本赤十字社に顧問として派遣されてきました。

同年6月には、戦時救護の中心となった中川望日本赤十字社副社長が辞任し、7月には、徳川圀順(くにより)社長も辞任し、戦時中の国際活動の中心であったの島津忠承副社長が社長に就任しました。

1947（昭和22）年1月には、「日本赤十字社令」が廃止になり、定款も改正され、戦時救護の条項が消え、平時事業の推進が明らかになりました。新憲法もこの年の5月3日施行され、日本社会全般の変革は、どんどん行われました。

この頃、島津社長の気になっていたことの一つに、赤十字の承認基準の問題がありました。前に述べたように赤十字の使命は、「それぞれの国の軍隊の衛生部隊を補助することにある」のに、新憲法のもと、軍隊がなくなって、日本の赤十字は一体どうなるのだろうということでした。この年の7月、戦後初めての赤十字社連盟理事会が、イギリスのオックスフォードで開かれ、日本赤十字社にも招請状が来ましたが、アメリカ人顧問の許可は得られず、出席できませんでした。そこで、ジュノー博士を通じて赤十字国際委員

図表40　前列右から2人目　島津忠承社長（日本赤十字社提供）

第5章　太平洋戦争中の国際人道活動と戦後の日本赤十字社の再建　113

会に問いただした結果、その翌年のストックホルムで開かれた第17回
赤十字国際会議で「赤十字の承認基準の変更」が行われることになりました。新しい基準は、次のような条項を追加しました。

　　　軍備を有せざる国においては、常民のため事業を実施する篤志救
　　恤協会及び公共機関の補助機関として、その政府により正当に承認
　　せられたこと

　この第17回赤十字国際会議は、また、決議第64で「赤十字と平和に
関する宣言」を採択したり、決議第47で「輸血事業に関する赤十字の役
割」を明らかにしたりした大事な会議でした。この時、日本赤十字社に
は、代表を派遣してほしいとの招請状が届きましたが、GHQは日本赤
十字社独自の出席は認めず、ミルトン・エヴァンス氏が派遣され、島津
社長、工藤忠夫外事部長、渥美鉄三嘱託の3人がオブザーバーとして出
席しました。
　1950年、モナコで開かれた連盟理事会には、日本代表の出席が初め
て許され、島津社長は、中国紅十字会の代表と会い、残留日本人の引き
揚げについて、初めて話し合いをすることができました。
　終戦後間もなく、海外にいた日本人の引き揚げが始まりました。終戦
時に、海外にいた日本人の数は、日本政府の調査によると民間人だけ
でも約320万人がいました。このように多くの人々が、一夜にして難民
になってしまったのです。しかもこの頃、日本の船舶は、アメリカ軍
によって相次いで沈められ、開戦当時、630万トンあった船舶は、その
7%弱の42万トンにまで減っていました。しかも、遠洋航海に耐えるの
は、そのうち約28万トンという有様でした。
　しかし、占領軍総司令部の軍事的要望もあって1945（昭和20）年11月
以降、海外からの引き揚げは、アメリカ船舶の使用が認められ、1949
（昭和24）年の暮れまでに、多くの人々が佐世保、博多、四日市、浦賀な
どの港に帰ってきました。
　赤十字の救護班は、多くの支部・病院が戦災に見舞われ、体制も整

114　第Ⅰ部　赤十字の歴史

備されない中、不眠不休で引き揚げ者の援護にあたりました。また、1948（昭和23）年に福井市で起こった大地震などの際の赤十字救護班の活動が全国にラジオ放送されたこともあり、赤十字を見る人々の目が変わってきました。

　しかし、なお、多くの人々が、中国、ソビエト連邦（現在のロシア・「ソ連」と略称する）、朝鮮民主主義人民共和国（北朝鮮）、ベトナムなどに残されていたのです。これらの人々は、留守家族の熱望にもかかわらず、帰国を認められませんでした。

8 | 日本赤十字社法の制定

　1951（昭和26）年9月、サンフランシスコで対日講和条約が結ばれました。この調印に際しては、日本政府は新たな赤十字条約（ジュネーブ諸条約）に加入することを約束し、国民もまた赤十字という国際的、人道的機関を通じての国際平和を望む姿勢を示し、赤十字社法の制定が検討される機運が高まりました。1952年6月、各党議員の提案の形で「日本赤十字社法」が国会に提案され、慎重に審議された結果、7月31日に成立し、翌年1月30日、施行されたのです。

　この法律で、日本赤十字社の目的である、赤十字の理想とする人道的任務の達成や自主性の尊重などが、明らかにされることになりました。これについても、後ほど説明しましょう。なお、このサンフランシスコ条約の第14条および第16条には、連合国旧捕虜への賠償規定があります。これは戦争中の中立国および敵国にあった日本の資産を赤十字国際委員会に引き渡し、それを旧捕虜個人に賠償に充てるというものでした。

　赤十字国際委員会は、1955（昭和30）年、その分として日本政府から当時の金で約45億円を受け取り、それにタイにあった日本資産の処分金を足して、1956年と1961年の2回にわたり、約450万ポンドをイギリス、フィリピン、オランダ、オーストラリアなど14カ国の約20万人

に配っています。

9 社法制定後の日本赤十字社

　社法制定後の日本赤十字社の大きな仕事は、前に述べた日本人引き揚げ後も、ソ連、中国などに残された、多くの人々の引き揚げ交渉でした。これらの国々とは、政府同士の交渉は、まだできなかったのです。日本赤十字社は、名実ともに独立した人道的団体として、中立的立場から、この問題に取り組み、歴史に残る大きな役割を果たしました。
　すなわち、1950（昭和25）年にモナコで開かれた第21回赤十字社連盟理事会に出席した島津社長は、ソ連赤十字社代表パシコフ副社長、中国紅十字会代表李徳全女史と懇談して、未帰還者の帰還促進の協力と安否調査の承諾を取りつけました。
　さらに、1952（昭和27）年には、カナダのトロントで開かれた第18回国際会議で、日本赤十字社が提案した「抑留者の解放」の決議が採択されました。
　中国からの残留日本人の引き揚げは、これを契機に進み、翌年の1953年3月から、高砂丸、興安丸、白山丸、白竜丸の4隻の帰国船による引き揚げが始まりました。この船には、多くの救護看護婦も乗り組み、引き揚げてきた人々のお世話をしました。

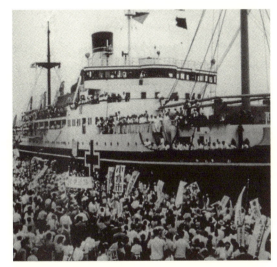

図表41　舞鶴港に帰還した白山丸（日本赤十字社提供）

116 第Ⅰ部 赤十字の歴史

1958（昭和33）年7月の21次引き揚げまで、中国から3万4千人を超す人々が、故国に帰りました。遅れると見られていたソ連からの引き揚げも、1953年11月、モスクワで行われた両国赤十字の会談によって一気に進み、12月には、早くも興安丸がナホトカから帰国者を運びました。その後、1956年の第10次引き揚げまで、1,600人を上回る人々が故国へ帰りました。

朝鮮民主主義人民共和国（北朝鮮）からの残留日本人の引き揚げは、1956年1月、平壌において行われた日本赤十字社と朝鮮赤十字社の会談によって行われました。

この時、日本に在住する朝鮮人の故国引き揚げ問題が朝鮮側から出され、その後、書簡等による協議が行われ、赤十字国際委員会も人道的立場から介入することになりました。

また、日本政府もこの引き揚げを、赤十字ルートで行うことを、1959（昭和34）年2月に閣議了解事項として決定しました。さらにそれから1年余をかけてジュネーブでの交渉を経て、同年8月、インドのカルカッタでの両国赤十字社代表の協議の末、同年12月から帰国を行うことになりました。

帰国者（家族を含む）は、新潟市にあった赤十字センターに宿泊し、赤十字国際委員会職員や日本赤十字社職員による、一人ひとりの帰国意思の確認が行われた後、北朝鮮の帰国船に乗り組みました。

帰国船はその後、1984（昭和59）年までの25年間に、新潟、清津間を187回往復し、実に9万3千人を超す多くの人々を、北朝鮮の地まで運びました。

帰国者の家族の中には、1,800人以上の日本人配偶者もいました。これらの人々は、両国に国交がないことから、長年にわたって故郷訪問の機会もなかったのです。

1997（平成9）年になって、ようやく両国赤十字社会談が行われ故郷訪問が始まりました。このように日本赤十字社は、政府間交渉の困難な北朝鮮の赤十字会と、人道問題について度々協議を重ねてきました。2014（平成26）年3月、中国・瀋陽で開かれた終戦前後の混乱期に北朝

第5章　太平洋戦争中の国際人道活動と戦後の日本赤十字社の再建　117

鮮地域で亡くなった日本人の遺骨返還の協議も、その実績の上に行われたものです。

また、1958（昭和33）年から1961（昭和36）年まで、4次にわたり北ベトナムからも同様、赤十字ルートによる在留日本人の引き揚げが行われました。

この時期は戦時中に荒れ果てた国土に大災害が、次々と襲った時期でもありました。まだ、財政的にも苦しい最中に、日本赤十字社は、1953（昭和28）年の西日本・近畿豪雨、1959（昭和34）年の伊勢湾台風、1964（昭和39）年の新潟地震などの救護にもあたりました。これらの事業を進めることにより、国民の信頼を回復し得たことを背景にして、日本赤十字社はこの時期、本社、支部、地区、分区、を通じて組織の整備を図ることができたのですが、このことは第9章でお話ししましょう。

この間、医療事業についても、1956（昭和31）年に「病院設置基準」が制定され、赤十字の使命を達成するための施設、設備の充実も進み、また、赤十字国際会議の決議を受け、日本赤十字社は血液事業を発足させることもできました。これらについても後にお話しします。

さらに1960（昭和35）年からはアフリカ、アジアなどの国際救援事業にも着手し、それらの成果を踏まえて、日本赤十字社の社資（活動資金）も徐々に増えてきました。1976（昭和51）年には社業の見直しも行われ、社業百年を迎えた1977年頃から、新たな発展の時期に入ることになりました。

第Ⅱ部　人道活動の達成のために

第6章　赤十字のしくみと救援活動

1 赤十字のしくみ

1）はじめに―赤十字は「運動」

　赤十字は、世界中で戦争・紛争犠牲者の救援をはじめ、災害の被災者救援、医療・保健活動などを行う世界最大の人道支援機関で、民間の団体です。現在では世界中ほとんどの国にネットワークが広がり、世界中で支援の輪を広げています。

　赤十字は、1986年、ジュネーブで開かれた第25回赤十字国際会議以後、正式には「国際赤十字・赤新月運動」といいます。運動（Movement）とは、この場合、「同じ理想や目的を分かち合う人々の集団」が、その「目的を達するために活動すること」を意味します。赤十字の目的と行動原則は第7章で解説しますが、国際赤十字・赤新月運動は、「人道活動の達成」という赤十字の目的を共有する人々の集団であり、その目的を達成するため一定の原則のもとに協働している、ということになります。

2）赤十字の三つの特徴

　国連などの政府機関やNGOなど、国際的な援助を行う団体や機関は数多くありますが、その中でも赤十字は、次の三つの特徴を活かした活

動を世界各地で展開しています。
1　世界共通の目的と基本原則がある
2　全世界で赤十字ボランティアが活動を支えている
3　国際的なネットワークがある

3）いろいろある赤十字

　赤十字には、実は三つの異なる機関があります。同じ赤十字なのに、どうして三つも……と思われるでしょう。これら三つの機関は、活動する環境に応じて異なった役割が与えられている一方で、互いに連携しながら活動しています。

1. 赤十字国際委員会（ICRC）

図表42

　最初は、赤十字国際委員会（ICRC）です。アンリー・デュナンが提唱して1863年に設立された赤十字は、このICRCです。誕生の背景からもわかるように、戦場における傷病者の保護を目的にしています。現在でも主に武力紛争の現場で活動を行う、公平・中立の国際機関です。武力紛争時に犠牲者を保護するため、中立の立場での活動を1949年のジュネーブ諸条約により認められているのが、大きな特徴です。これによって、ICRCは武力紛争中に捕虜を訪問すること、救援活動を行うこと、離ればなれになった家族の再会を図ることなど、人道的な活動を行う権利を認められています。その他、世界中でジュネーブ諸条約を中心とする国際人道法の知識の理解と普及に努めています。本部はスイスのジュネーブにあり、およそ80カ国で1万3千人以上の職員が活動しています。

　ICRCの活動資金の90％以上は、ジュネーブ諸条約締約国政府が拠出しています。その他の財源である各国赤十字社からの任意拠出金では、日本赤十字社は最大の支援社となっており、大きな救援事業に対しての資金拠出も行っています。

なお、ICRCは2009（平成21）年、東京に駐日事務所を設置しました。近年、ICRCは日本をアジア地域での重要な戦略的パートナーとする認識を深めています。日本政府も、国民保護法の整備や紛争予防、平和構築策の検討過程で、国際人道法や紛争状況における活動についてICRCの豊富な知見を得たいとの期待が高まっています。

図表43　赤十字国際委員会（スイス・ジュネーブ）
（筆者撮影）

ICRC駐日事務所は、日本赤十字社と連携しながら、人道活動や国際人道法への関心を高める活動や、外務省、防衛省との関係を強化し、ICRCとその活動への理解を促すことを目指しています。

2.国際赤十字・赤新月社連盟（連盟、IFRC）

二つ目は、国際赤十字・赤新月社連盟（連盟）です。第一次世界大戦の終了後の1919年、平時における赤十字活動を推進するために設立された各国赤十字社の連合体である国際機関で、主に自然災害への対応や、それに続く復興支援、開発協力活動などを行います。

図表44

連盟の設立には5カ国の赤十字の代表が貢献したといわれていますが、そのうちの1人が、日本赤十字社の外事顧問であった蜷川新です。

当初の名称は赤十字社連盟（League of Red Cross Societies）でしたが、1991年に国際赤十字・赤新月社連盟（International Federation of Red Cross and Red Crescent Societies）と改称し、現在に至ります。

本部はスイスのジュネーブにあり、世界各地に地域の活動を統括する

図表45　国際赤十字・赤新月社連盟（スイス・ジュネーブ）（筆者撮影）

事務所を構えており、アジア・太平洋地域はマレーシアのクアラルンプールに設置されています。

連盟の運営財源は、主として各国赤十字社の分担金で賄われています。日本赤十字社は、資金的にも長年にわたり連盟を支えています。

なお、2009年、日本赤十字社の近衞忠煇社長がアジア地域から初めて、第15代連盟会長に選出されましたが、2013年11月に再選され、さらに4年間、連盟のかじ取りを担いました。

このように、ICRCと連盟は、基本的には戦時と平時という違いで活動を分担しています。連盟は各国赤十字社の連合体であるという性格上、紛争現場での厳密な中立の確保が難しくなります。その点、ICRCは永世中立国のスイスで設立された機関であり、長年にわたる活動実績によりジュネーブ諸条約にもその役割が明記されていることから、国際赤十字・赤新月運動を代表して紛争の現場で活動を行っています。

しかし、ICRCと連盟は、現場で十分に連携を図りながら活動を行います。例えば、紛争国内ではICRCが活動を行い、紛争国から周辺国に逃れた人々の支援は連盟が行う、といった具合です。

3.各国赤十字社

三つ目は、各国の赤十字社です。赤十字社は、現在約190の国と地域に広がっています。各社は「生命と健康を守り、人間の尊厳を確保する」ため、自国内で災害救護や社会福祉など幅広い活動を行います。大規模

災害時は、国境を越えて相互に支援します。各国赤十字社は、多くの場合ボランティアによって支えられており、そのネットワークは地域の草の根レベルまで張りめぐらされていることが大きな強みです。

図表46

なお、同じ赤十字の組織でも、異なった名称と標章(マーク)を使用している国があります。赤い三日月の標章は赤新月といい、赤新月社は主にイスラム諸国の赤十字組織で、名前や標章は異なりますが赤十字の仲間です。この背景は、第7章で解説します。また、イスラエルは「ダビデの赤盾社」ですが、さまざまな理由から違う標章を使用しています。

このように赤十字は、国によって名称や活動内容が異なるものの、世界中で一つの組織(運動体)として互いに助け合いながら活動しています。赤十字社は自国政府の人道的事業の補助者でもあるため、その国が人道支援の優先分野と位置付ける事柄を中心に活動を行います。国ごとに赤十字活動が異なるのはそのためで、例えば、ベトナムやバングラデシュでは災害対策、アフリカ諸国では保健衛生が中心といった具合です。

日本では病院や献血のイメージが強い赤十字ですが、赤十字病院のある国はごく少数、献血もすべての国で赤十字が担っているわけではありません。

4) 国も赤十字運動の一員？

厳密な意味での国際赤十字・赤新月運動は、上記三機関のほか、ジュネーブ諸条約締約国が含まれます。これらは4年に1回、赤十字・赤新月国際会議として集まり、さまざまな人道的課題の討議や、ジュネーブ諸条約やその他の条約制定に向けた提言などを行っています。

このように、国際赤十字・赤新月運動は、一見複雑な組織に見えます。同じ赤十字なのに三つの機関があったり、民間の団体なのにジュネーブ諸条約の締約国政府が入っていたり。しかも、いまや世界中ほとんどの国がジュネーブ諸条約の締約国ですから、赤十字は世界中の国も自らの運動に含めていることになります。世界中で人道を達成するために集

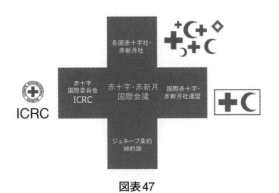

まった、まさに他に類の見ない、ユニークな運動であるといえるでしょう。

図表47

2 赤十字による救援活動のしくみ(自然災害の場合)

　赤十字による救援活動のしくみについて、ここでは主に、連盟や各国赤十字社が携わる自然災害への対応を例に、見ていきましょう。

1)緊急救援から災害対策まで、継ぎ目のない支援活動

　平時に自然災害が発生し、その国の対応能力を超えた救援活動が必要と判断される場合、被災国赤十字社は自らの救援活動を続けるかたわら、連盟に国際的な支援を要請します。もちろん、被災国政府が国際的な支援受け入れを容認していることが前提条件です。近年では、比較的大規模な自然災害でも、資金以外の対外的な支援を要請しないケースが目立っています。その場合、赤十字でも被災国で活動を行うことはできません。

　連盟は、被災国赤十字社の支援要請があった場合、それに基づきニーズ調査を行い、支援計画として「緊急救援アピール」を発表します。各国赤十字社は、連盟の調整のもとに資金・物資・救援要員派遣などの支援を行い、被災国赤十字社の救援活動をサポートします。また連盟は各国

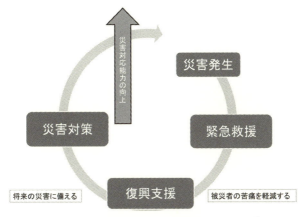

図表48　段階に応じた災害対応のイメージ

赤十字社の緊急対応ユニット（ERU）を発動し、総合的な救援活動を展開します。

　医療や衣食住など災害直後の緊急ニーズに対応した後は、復興支援に移行します。被災した住宅や保健医療施設の再建など被害の復旧に留まらず、被災国赤十字社での救援物資備蓄やボランティアの訓練、さらには地域での防災普及啓発活動などを行います。人々や組織への支援を通じて、災害に強い社会や地域づくりを支援します。こうして地域の対応能力を高めることで、将来の被害を防ぐ「回復力（レジリエンス）」を高めることが近年では重要になっています。

　このように、赤十字による支援の大きな特徴は、災害救援から復興、そして防災対策までを一連のプロセスで捉え、継ぎ目なく実施することにあります。

2) 緊急対応ユニット（ERU）

　1980年代後半から1990年代にかけて、アルメニア地震、湾岸戦争中の大量のクルド難民発生などの複合危機の中で、人道支援団体は新たな対応を迫られました。

図表49

　このような緊急事態、大規模災害への即応体制構築の必要性の中から、

連盟は緊急対応ユニット（Emergency Response Unit, ERU）を誕生させました。ERUの基本的な考え方は、以下の2点に集約されます。

- 緊急事態、大規模災害発生に備え、各国赤十字社が緊急出動可能な、訓練された専門家チームおよび資機材を整備しておく。
- 緊急事態、大規模災害発生後、連盟の調整のもと、各国赤十字社はERUを展開し、当面1カ月間、他からの支援を得ることなく自己完結型のチームとして活動を行うことができる。その後は連盟の事業に統合されることになるが、最長4カ月間は各国赤十字社が人員、経費の両面からERUを維持する。

このように、ERUは、訓練された専門家チームと資機材から成る、緊急出動が可能な連盟の災害対応ツールです。大規模災害などの緊急事態に備え、以下の種類が欧州の赤十字社を中心に、それぞれの国が自らの得意分野に応じて整備しています。

- 病院ERU（大規模手術、入院を含む総合医療）：ノルウェー、フィンランドなど
- 基礎保健ERU（基礎保健および軽度の手術を含む基礎医療）：日本、ドイツなど
- 給水・衛生ERU（生活用水、下水処理、トイレなどの設置）：スペイン、オーストリアなど
- IT・通信ERU（インターネット環境や無線網の整備など）：アメリカ、ニュージーランドなど
- 救援ERU（受益者登録、救援物資配布など）：ベルギー、オランダ、ルクセンブルグなど
- ロジスティクスERU（救援物資調達、輸送、航空貨物など取り扱い）：英国、スイスなど
- ベースキャンプERU（宿泊地、事務所、台所、トイレなど設置）：デンマーク、イタリア

ERUは可能な限り自己完結での活動が求められ、そのための資機材を完備していますが、実際の現場では各国からさまざまな種類のERUが集まり、互いの活動を支援し合うなど連携が図られます。日本赤十字社は基礎保健ERUを保有していますが、資機材の輸送

図表50　ハイチのベースキャンプERU（日本赤十字社提供）

には英国赤十字社などのロジスティクスERUによる通関などの支援を受け、安全管理に必須な無線やインターネットの環境はアメリカ赤十字社などのIT・通信ERUがシステムを構築します。さらに、スペイン赤十字社などの給水・衛生ERUから水の供給を受けつつ、大規模な救援活動になるとデンマーク赤十字社などが活動拠点となるベースキャンプERUを展開し、トイレやシャワーなど救援スタッフの生活環境を整えます。また、重篤な患者が出て基礎保健ERUで対応できない場合は、後方のフィンランドやノルウェー赤十字社などが展開する大規模な病院ERUに搬送します。
　このようにERUは、赤十字の世界性の原則に則り、連盟の調整のもと総合力をフルに発揮して概ね4カ月間を目途に展開される、赤十字ならではの対応ツールです。
　なお近年、ICRCも類似の活動を開始しましたが、こちらはERUとは呼ばず「緊急出動コンセプト（Rapid Deployment Concept）」と呼ばれています。基本的にはERUと同様のスタッフ、資機材を各国赤十字社に要請して現場に派遣しますが、ICRCは紛争地帯での活動となるため、ERUよりも安全管理規定などの条件が厳しくなっているのが大きな違いです。日本赤十字社もこれに参画しており、2012年12月にはフィリ

130 第Ⅱ部 人道活動の達成のために

ピン南部台風救援活動に際して要員および資機材を出動させました。

3)紛争地帯で自然災害が発生した場合—セビリア合意

　通常、自然災害が発生して、被災国赤十字社の能力を超える規模の被害が出た場合、連盟が総合的な調整を行います。しかし、これは武力紛争がない、平和な国で発生した場合のことです。では、紛争地域で自然災害が発生し、被災国赤十字社の対応能力を超える規模の被害が出た場合の救援活動は、どのように行われるのでしょうか。

　赤十字では、このような不測の事態に備え、あらかじめ合意書を締結し、ICRC、連盟、各国赤十字社の役割を定めています。これは1997年にスペインのセビリアで開かれた代表会議で決められたことから、「セビリア合意」と呼ばれています。

　それによると、紛争が起こっていない地域での災害や難民に対する緊急援助などは、その国の赤十字社と連盟が「主導機関(Lead Agency)」になります。また、戦乱や国際・国内的紛争に伴う緊急援助は、その国の赤十字社とICRCが主導機関になります。

　2005年のパキスタン北部地震では、パキスタン国内の紛争地域と、非紛争地域の両方にまたがって被害が発生しました。この時日本赤十字社は、二つの医療チームを派遣し、紛争地域側はICRCの傘下で、また非紛争地域側は連盟の傘下で、それぞれ救援活動を展開しました。

3 ｜ 紛争地での活動

　赤十字の誕生以来、その活動の中心を担ってきたのは、武力紛争における支援活動でした。紛争地での活動は、前述の通り主にICRCが担当します。救援物資の配布や医療活動のほか、ICRCならではの活動があります。その主なものを見ていきましょう。

第6章　赤十字のしくみと救援活動　131

コラム9　「静かなる緊急事態」

　連盟は、世界各地で発生するさまざまな災害に対して緊急救援アピールを発表します。現場での人道的なニーズを満たすため、国際社会に資金や専門スタッフ、物資などを要請するものです。

　しかし、これら災害の多くは、メディアや人々の関心を集めることなく見過ごされ、必要な資金が集まらない、結果的には必要な救援活動ができなくなる事態が発生しています。これらは「静かなる緊急事態(Silent Emergency)」と呼ばれます。

　2012年、連盟は約40件の緊急救援アピールを発表しました。そのうち計画通りに資金が集まったアピールは数少なく、年間平均でも39%しか集まっていません。

　日本の場合、人々の関心を集めるのは、地震や日本との関係が深い国での災害が中心となります。報道されると、多くの救援金が日本赤十字社に寄せられます。

　2012年のハリケーン・サンディは、アメリカ東部に大きな被害を与え、日本でも毎日のように報道されました。ところがサンディは、アメリカに上陸する前、キューバやハイチなどカリブ海諸国に深刻な被害を与えていました。こちらはほとんど注目されず、日本赤十字社には「アメリカ向け」救援金が「カリブ海諸国向け」救援金よりも圧倒的に多く寄せられました。海外救援金は寄付された方の意向に沿って活用されるため、「アメリカ向け」として受領した資金は「カリブ海諸国向け」として使用ができないのです。

　赤十字は、これら静かなる緊急事態をより多くの人に知ってもらい、より効果的な救援活動ができるよう、努力を続けています。

（森　正尚）

1) 捕虜や抑留者の訪問活動

　ICRCの代表的な活動が、捕虜や抑留者への訪問です。敵に捕らえられた人は、拷問など非人道的な扱いを受ける恐れがあります。そのためICRCは、誰もが人道的な取り扱いを受けることを確保するため、捕虜

図表51　捕虜の訪問（アフガニスタン）（©ICRC）

や抑留者を訪問しています。

これはジュネーブ諸条約に基づいたものですが、各国政府は捕虜収容所などにICRCを訪問させることには、多くの場合、とても消極的です。これを実現するため、ICRCは長い時間をかけて当局と交渉を重ねます。その際、ICRCが絶対に譲らない四つの条件があります。

- すべての収容所の全捕虜・抑留者に面会できること
- すべての捕虜、抑留者のリストの提供を受け、または作成ができること
- 立会人なしでの面会ができること
- 一度だけでなく、複数回訪問できること

立会人なしの面会では、捕虜、抑留者がその収容所の待遇などをICRCの代表に対して正直に話すことができます。また、複数回訪問することで、その人の体に新たな傷ができていないか、あるいはほかの収容所に移送されていないかなどを確認することができます。そして改善が必要な場合、ICRCは当局に対してジュネーブ条約上の条件を満たすように働きかけを行いますが、ICRCは決してこの結果をマスコミなどに公開しません。こうして当局との信頼関係を保ちながら、ICRCは困難な活動を続けています。

2015年の1年間に、1,596カ所の刑務所や収容施設を訪れ、25,760人の被拘束者を訪問しました。

2) 家族の絆の回復

ICRCは、紛争や自然災害で離ればなれになった家族が再会できるような活動も行っています。これはかつて安否調査と呼ばれていましたが、最近では「家族の絆の回復事業（Restoring Family Link, RFL）」と呼ばれます。

2010年のハイチ大地震では、RFL要員が派遣され安否調査窓口の開設、被災者への移動電話サービスの提供、保護者とはぐれてしまった子どもたちの登録・保護など、離散家族支援をハイチ赤十字社とともに行いました。

赤十字のネットワークを活かしたこの活動により、2012年には2,300人以上が家族との再会を果たしました。また、2011年は東日本大震災の直後も、ICRCはRFL活動として、無料で安否情報を確認するホームページを開設しました。

4 災害対応の基準作りをリードする赤十字

赤十字は、独自の行動原則を掲げ、国連や国際機関などとは活動内容や手段などが異なる非政府組織です。一方で、連盟は自然災害時のシェルター・クラスター（住居関連分野）の総合調整をリードするなど、人道支援を行う国連やNGOなどとは日頃から緊密に連携しています。

その他、赤十字は豊富な現場経験に基づき、災害対応にもさまざまな基準が必要であるとの考えから、より良い支援のためのルールや基準作りを先導するなど、積極的に活動しています。その代表が「行動規範」と「スフィア・プロジェクト」です。

1) 行動規範 (Code of Conduct)

行動規範（正式名称は「災害救援における国際赤十字・赤新月運動および非政府組織（NGOs）のための行動規範」）は、1994年に連盟やICRCを含む八つの国際的なNGOが策定しました。災害救援を行う赤十字やNGO

が目指す、高度の独立性、効率性、そして援助の効果を維持することを目的に作成されていますが、赤十字の基本原則をわかりやすく噛み砕いたような内容で、以下の通り10項目にわたる基本ルールが記されています。

人道支援活動に参加するNGOは、自主的に行動規範に同意し、連盟に届け出ます。2013年の時点で500以上のNGOが同意していて、今や国際標準となっています。

1. 人道的見地からなすべきことを第一に考える。
2. 援助はそれを受ける人々の人種、信条あるいは国籍に関係なく、またいかなる差別もなしに行われる。援助の優先度はその必要性に基づいてのみ決定される。
3. 援助は、特定の政治的あるいは宗教的立場の拡大手段として利用されてはならない。
4. 我々は政府による外交政策の手段として行動することがないように努める。
5. 我々は文化と慣習を尊重する。
6. 我々は地元の対応能力に基づいて災害救援活動を行うように努める。
7. 援助活動による受益者が緊急援助の運営に参加できるような方策を立てることが必要である。
8. 救援は、基本的ニーズを満たすと同時に、将来の災害に対する脆弱性をも軽減させることに向けられなければならない。
9. 我々は、援助の対象となる人々と、我々に寄付をしていただく人々の双方に対して責任を有する。
10. 我々の行う情報、広報、宣伝活動においては、災害による被災者を希望を失った存在としてではなく、尊厳ある人間として取り扱うものとする。

第6章 赤十字のしくみと救援活動　135

2) スフィア・プロジェクト（Sphere Project）

スフィア・プロジェクトは、1997年に国際赤十字・赤新月運動を含む国際NGOのグループが始めたもので、人道援助の主要分野（給水・衛生や食料の確保、栄養、居留地、保健活動など）に関する最低基準を統一的に策定しようとするものです。これにより人道援助の質や被災者への説明責任を向上させることが可能となっています。また、ここで定められた基準は、多くの人々と援助機関の経験に基づいて作成されています。こうしてスフィア・プロジェクトの定めたそれぞれの「最低基準」は、今や現場で広く運用されています。援助関係者は、これら基準を知っていることが不可欠です。

例えば、給水の項目の基準その1は「アクセスと給水量」。すべての人々が、飲料用、調理用、個人・家庭の衛生保持用の十分な量の水への、安全かつ平等なアクセスを有していることが最低基準です。それを実現するための実践的な基本行動として、「水量と水源への環境的影響を考慮しながら、状況に見合った水源を確認する」ことなどを求めています。さらに、基準が実現されているかどうかを確認するため、より具体的な基本指標がそれに続きます。この場合は、「どの家庭も、飲料用、調理用、個人の衛生保持用として、平均で1人1日最低15リットルの水を使用している」や「どの住居も500メートル以内に給水所がある」などが記されています。

3) 災害対応法（仮称）の制定に向けて

近年赤十字は、大規模災害時における国際支援の枠組み強化も目指しています。武力紛争時には、ジュネーブ諸条約やさまざまな規定が国際的にも定められているのですが、自然災害に関しては体系化された国際法などが存在していません。そのため、海外から救援に向かうスタッフのビザ発給が遅れたり、救援物資などの通関に時間がかかったりするなど、さまざまな問題が指摘されています。

2007年の第30回赤十字国際会議では「国際的な災害救援および初期復興支援の国内における円滑化ならびに規制のためのガイドライン

136 第Ⅱ部 人道活動の達成のために

(IDRLガイドライン)」が採択され、関係国に国内法の整備や規制の撤廃を働きかけています。そして2011年の第31回赤十字国際会議では、東日本大震災という国際的な大災害も踏まえ、IDRLガイドラインの普及に積極的に取り組んでいくことが決議されました。

第7章 赤十字の基本原則と標章

1 赤十字の基本原則

1) はじめに ─ 赤十字活動の基礎をなすもの

本章では、赤十字の基本原則と標章(マーク)について解説します。いずれも赤十字活動の基礎をなすもので、とても大切なものです。

特に赤十字の基本原則は、国際赤十字・赤新月運動の目的と行動原則を明確にしたものですから、世界中の赤十字関係者が常に守ることが求められ、それに反することはできません。赤十字は原則を守ることで、世界の人々の信頼を集めて行動できるのです。これら原則は、正式には「国際赤十字・赤新月運動の基本原則」ですが、七つあるため「赤十字の7原則」ともいわれます。

また「白地に赤い十字」の標章は、まさに赤十字の名称のもとになったシンボルマークですが、現在ではそれ以上に「人の生命と健康を守る」標章として、国際条約でも厳密に守られています。

まずは、基本原則について見ていきましょう。

2) なぜ基本原則が必要か

そもそも、なぜ赤十字に基本原則が必要なのでしょうか。赤十字は、

世界中の国々で文化や宗教などさまざまな違いを乗り越え、救いの手を求める人を支援する国際的な団体です。しかし各国の赤十字社は、一律に同じ活動を行っているのではなく、その国の実情に一番見合った活動を行っています。例えば、日本では赤十字社が病院を運営していますが、海外で赤十字病院を持っている国は、ごく少数です。また、献血などの血液事業を行っていない赤十字社も数多くあります。

しかし、これらの赤十字社は、国際赤十字・赤新月運動の一員として、同じ赤十字や赤新月の標章を掲げている仲間です。異なった活動、でも同じ標章を使用する仲間……これを結び付ける世界共通のもの、それこそが赤十字の目的(理念)と行動原則、すなわち基本原則なのです。

3) 赤十字の目的は「人道」

第6章でも触れた通り、赤十字の目的は「人道活動の達成」です。この「人道」という言葉は、ピクテの解説によるとHumanityというのが、赤十字には最もよく当てはまるといいます。Humanityは、「人類への積極的な善意の感情」だそうです。最近よく「人道的な見地から」や「人道的な配慮」といった表現をテレビや新聞などで聞くようになりました。

それでは「人道」とは、具体的にはどういう意味なのでしょう。

赤十字は、人道を以下の四つの要素で捉えています。

1. 生命を守る
2. 健康を守る
3. 苦痛を軽減して予防する
4. 人間の尊厳を守る

赤十字は、世界中の人々の生命と健康が守られ、苦痛が軽減・予防され、そして人間が人間らしく生きていける、そんな世界を目指しています。人道の達成はすなわち、世界平和の実現ということになるでしょう。

このため、各国の赤十字社は、自国の課題に対処するため、異なった活動を行っています。世界各国の赤十字社の活動が違うのは、まさにこ

第7章 赤十字の基本原則と標章 139

こに理由があります。

4）赤十字は理想主義者であり、現実主義者

しかし、現在の世界情勢を知れば知るほど、本当に人道の達成は可能なのか、という疑問が湧いてきます。赤十字は、できもしないきれいごとをいっているだけなのでしょうか。

そうでないことは、赤十字の歴史が証明しています。赤十字は、戦場から生まれた組織です。その誕生から現在に至るまで、人類が経験したほとんどの戦争、武力紛争、自然災害の現場には、常に赤十字がいました。赤十字は人々の苦しみや悲しみに常に寄り添い、生命や健康を守ることの大切さや難しさを深く理解しています。そして、それらの苦しみや悲しみは、多くの人の力を結集すれば緩和できることも、赤十字は知っています。

「世界の現実を知っているからこそ、大きな目的を掲げて、少しでもそれに近づこうとする」のが赤十字の姿です。目標とする理想があって、現在の立ち位置がわかっていることがとても大切です。つまり、理想と現実のギャップがどの程度あるのか理解できれば、それを埋めるために何をすべきか理解できます。その中から優先順位の高いものを選び、一つひとつ着実に進めていく。こうしてまた一歩、目的へと近づくことができます。

赤十字は日々、世界中でそうした一歩を積み重ねているのです。

5）赤十字の基本原則

そろそろ本題に話を戻しましょう。赤十字の基本原則は、1965年にウィーンで開催された第20回赤十字国際会議において採択され、1986年ジュネーブで開かれた第25回赤十字国際会議で改訂されました。

赤十字は、その活動にあたってこれらの原則を守り、行動することで世界の人々の信頼を集め、真の平和のために行動できるのです。

まずは、その七つを簡単にご紹介しましょう。

140　第Ⅱ部　人道活動の達成のために

- 人　道(人間の生命と健康、尊厳を守るため、苦痛の予防と軽減に努める)
- 公　平(いかなる差別もせず、最も助けが必要な人を優先する)
- 中　立(すべての人の信頼を得て活動するため、一切の争いに加わらない)
- 独　立(国や他の援助機関の人道活動に協力するが、赤十字としての自主性を保持する)
- 奉　仕(利益を求めず、人を救うため、自発的に行動する)
- 単　一(国内で唯一の赤十字社として、すべての人に開かれた活動を進める)
- 世界性(世界に広がるネットワークを生かし、互いの力を合わせて行動する)

　繰り返しになりますが、赤十字は常に7原則に則って活動し、これに反することはできません。そして最初の原則「人道」は、赤十字の理想、動機および目的を示します。他の原則は、目的達成のために必要な原則です。赤十字は、常に人間の生命と健康を守り、苦痛を軽減・予防し、尊厳を確保することを目指しています。その中でも、いざという時は各国の赤十字社が助け合い、そのネットワークが地域社会まで広がる赤十字の「世界性」は、どの援助機関にも見られない、大きな特徴となっています。

6) 基本原則が誕生した経緯

　赤十字の基本原則は、1965年に採択されました。赤十字の歴史に比べれば最近のことです。しかし、それまでの赤十字活動が何の目的や原則もなく行われてきたわけでは決してありません。それまでの経過を少し振り返ってみましょう。

　まずは、赤十字の創始者アンリー・デュナンです。デュナンは、赤十字の設立を提唱した際「人道とキリスト教という二つの見地から見て、重要な問題」と述べています。

第7章　赤十字の基本原則と標章　141

　ここでいう人道が、『ソルフェリーノの思い出』に出てくるサン・ピエール神父（永久平和論の主唱者、1658 〜 1743）やド・セロン伯爵（ジュネーブの博愛主義者－世界平和・国際仲裁裁判所の提唱者、1782 〜 1839）、ルソー（ジュネーブの哲学者、1712 〜 1778）などの系譜を引く、ヨーロッパのヒューマニズムを指すことは明らかです。また、ここでいうキリスト教は、ジュネーブの宗教家カルヴァンの思想、すなわち世俗社会における努力の積み重ねをキリスト教信仰の証と考える思想の影響が強く、デュナンの実践主義の背景には、これがあることも事実でしょう。

　しかし、ソルフェリーノでデュナンが実践した行動は、こういったヨーロッパ的な枠をはるかに超えて、人類の普遍的なものになっていきました。デュナンは、既に当時、そのメモの中で「人類の愛国心」という言葉を使い、それを説いています。このようにデュナンの行動、初期の思想の中に、既に基本的原則の核心を見出すことができます。

　次いで、ICRC第2代総裁のギュスタブ・モアニエは、1874年の著書『赤十字とは何か』の中で、赤十字の原則として「集中」、「予見」、「相互性」、「連帯性」をあげています。ここに先見性をもって赤十字を船出させたモアニエの面目があるように思われます。これが後に「独立」、「単一」、「世界性」などの原則に発展します。

　また、第一次世界大戦中のICRC第3代総裁は、戦場から「スイス国善良なるアドール様」の宛名で手紙が着いたというギュスタブ・アドールです。学者としても優れ、彼の思想がもととなって1921年、ICRCの規約に、初めて原則が掲げられました。そこには「赤十字制度の基本的および画一的諸原則」として、「公平」、「政治・宗教・経済よりの独立」、「赤十字の世界性」、「各国赤十字の独立性」の四つがあげられました。ここには、第一次大戦中のICRCの活動成果、すなわち、ジュネーブ条約に違反をする国家への抗議行動、捕虜などの安否調査・救済などの活動の体験が反映しているように思われます。

7）基本原則の基礎を築いたヒューバーとピクテの思想

　1928年から1944年までICRCの第4代総裁を務め「赤十字にその魂を

ふきこんだ」といわれたマックス・ヒューバーと、同じくジュネーブ条約を担当し、後に副総裁を務めたジャン・ピクテが現行の赤十字原則の基礎を築きました。

　特に、1958年に出版されたピクテの『赤十字の諸原則』は、今でも赤十字関係者のバイブルとして、世界中で幅広く愛読されています。ピクテは、基本原則を基本的諸原則と機構的諸原則に分けて説明しています。「基本的諸原則」は、赤十字の運動の存在理由そのものを述べ、もう一つの「機構的諸原則」は、赤十字運動の機構とその活動方法に関するものであるといわれています。

　特に、その「人道」の説明、「赤十字ハ、苦痛ト死トニ対シテ闘ウ。赤十字ハ、人間ガ、スベテノ場合ニ於テ、人間ラシク取リ扱ワレルコトヲ要求スル」（井上益太郎訳）の一節は、現在でも赤十字の原点として多くの関係者の心をひきつけています。ピクテがこの本の中で示した基本的諸原則の七つが基礎になり、赤十字の基本原則が1965年にウィーンで開かれた第20回赤十字国際会議で採択され、さらに1986年にジュネーブで開かれた第25回赤十字国際会議において、現行のものに改訂されました。

図表52　ピクテ氏の肖像とサイン
（ピクテ著『赤十字の諸原則』より）

8) それぞれの基本原則が持つ意味

人道　Humanity

　国際赤十字・赤新月運動(以下、赤十字・赤新月)は、戦場において差別なく負傷者に救護を与えたいという願いから生まれ、あらゆる状況下において人間の苦痛を予防し軽減することに、国際的および国内的に努力する。その目的は生命と健康を守り、人間の尊重を

第7章 赤十字の基本原則と標章 143

確保することにある。赤十字・赤新月は、すべての国民間の相互理解、友情、協力、および堅固な平和を助長する。

　この原則は、赤十字運動の理想と目的を明らかにした最も重要な原則です。他の原則はすべて、この原則を実現するために必要なものです。

　この章の最初に触れた人道の定義は、すべてこの中に書かれています。生命と健康を守り、苦痛を軽減して予防し、人間の尊重を確保すること。特に、人間の苦痛は「あらゆる状況下において」それを未然に予防し、現に起こっている苦痛は、少しでも軽くするよう行動すること、これを国内だけでなく、国際的にも努力することが掲げられています。そのため、すべての国の人々同士の相互理解を深め、友情の絆を強め、協力を促すことが、ひいては戦争を防止し、平和を築くことになると信じているのです。

公　平　Impartiality

赤十字・赤新月は、国籍、人種、宗教、社会的地位または政治上の意見によるいかなる差別をもしない。赤十字・赤新月はただ苦痛の度合いにしたがって個人を救うことに努め、その場合もっとも急を要する困苦をまっさきに取り扱う。

　この原則は、人道の原則に次いで重要な原則といわれます。この中にはさらに、公平を実現するために重要な指針となる、重要な二つの原則が含まれています。

　一つ目は、「非差別の原則」。人道事業を実施する際には、国籍、人種、宗教、社会的地位や政治上の意見などにより差別を行わないということです。

　もう一つは、「比例の原則」。ただ苦痛の度合いによって救うこと、その優先順位は、「もっとも急を要する困苦をまっさきに取り扱う」ことが明記されています。例えば、救いの手を求める多くの人たちの中から自

144　第Ⅱ部　人道活動の達成のために

分の家族や友人を優先的に支援することは、この原則に反します。実際の現場でこれを忠実に守り、実践することが赤十字の信頼感を高めます。

中　立　Neutrality

　すべての人からいつも信頼を受けるために、赤十字・赤新月は、戦闘行為の時いずれの側にも加わることを控え、いかなる場合にも政治的、人種的、宗教的または思想的性格の紛争には参加しない。

　この原則は、赤十字がすべての人からいつも信頼を受けるために不可欠なもので、7原則の中でも人道、公平とともに、特に重要な原則といわれています。

　中立とは、紛争や不穏な状態で相対立している人々の中で、いずれの側にも加担していないと確信させる方法で行動することです。

　例えば、戦争中に赤十字がもし軍事行動を支援していると片方の側から誤解されれば、それだけで信頼を失い、赤十字標章を付けている要員や施設などを危険にさらし、赤十字の活動ができなくなってしまいます。

　これは、政治的対立、宗教的対立、思想・信条の対立の場合も、全く同じです。赤十字の関係者は、個人的にさまざまな、政治的立場、宗教、思想信条を持っていたとしても、活動中はそれを自分の中だけに留めておくことが必要です。

　このように、赤十字が人々から支持され、誰からも受け入れてもらうためには、軍事的な中立と政治上、思想上などの中立が絶対的な条件となります。

独　立　Independence

　赤十字・赤新月は独立である。各国の赤十字社、赤新月社は、その国の政府の人道的事業の補助者であり、その国の法律に従うが、常に赤十字・赤新月の諸原則にしたがって行動できるよう、その自主性を保たなければ

第7章　赤十字の基本原則と標章　145

ならない。

　この原則は、赤十字の政府からの独立を意味します。赤十字は、政府機関でも国連機関でもなく、民間の団体です。そしてその目的を達成するため、世界中で活動しています。

　日本赤十字社は、特別法により設置された法人ですが「特性にかんがみ、その自主性は尊重されなければ」なりません。この自主性の尊重が、赤十字の公権力からの独立を意味します。

　一方で、赤十字は「政府の人道的事業の補助者」でもあります。しかし、その人道的事業は、赤十字の七つの基本原則に則って行うことが前提です。政府でもその組織運営、意思決定などの自主性を侵すことはできません。

奉　仕　Voluntary service

赤十字・赤新月は、利益を求めない奉仕的救護組織である。

　この原則には、赤十字の活動は「自発的な志願」を基礎にする篤志的な組織であることと、その活動は利益を目的としない「無償性」の理念が表現されています。

　デュナンがソルフェリーノの戦いの負傷者を助ける時、「皆兄弟ではないか」と呼びかけ、地元の人たちがそれに応じたことが、赤十字の原点です。

　誰かのために私心を抱かずに自分を捧げること、それが奉仕です。voluntary（ボランタリー）とは、もともと「自分の意思によって自発的に」という意味です。誰かにいわれて仕方なく、は奉仕ではありません。奉仕は、それが金銭的な利益に基づく欲求などの動機によってではなく、人道的な目的を果たす喜びでなされるものであることが大事です。

　なお無償性は、講習事業などで教材費などの実費を徴収すること、また赤十字活動に必要な経費を捻出するための事業を否定するものでもあ

146 第Ⅱ部 人道活動の達成のために

りません。

単 一 Unity

いかなる国にもただ一つの赤十字社あるいは赤新月社しかあり得ない。赤十字社、赤新月社は、すべての人に門戸を開き、その国の全領土にわたって人道的事業を行わなければならない。

この原則は、一つの国には一つの赤十字社しか存在できないことを明確にしています。

日本では 明治20年、日本赤十字社の地方組織ではない「島根赤十字社」が設立されました。ジュネーブ条約の趣旨に感動した当時の島根県知事の見識と、県民の後押しもあって誕生したのですが、翌年には日本赤十字社の支部として再発足し、島根赤十字社はなくなりました。

赤十字を名乗る組織が一国に複数あったとしたら、国民は混乱します。また、場合によってはその組織が別々の地域や利益グループを代表すると思われ、赤十字全体の信用を損なう可能性もあります。このため、やはり赤十字は一国に一つでなければなりません。

それともう一つ、その活動がすべての人に差別なく開かれ、その国の隅々まで及ばねばならないのも、この原則の中に含まれている重要な点です。

世界性 Universality

赤十字・赤新月は世界的機構であり、その中においてすべての赤十字社、赤新月社は同等の権利を持ち、相互援助の義務を持つ。

この原則は、赤十字は一つの目的によって結ばれた世界的な組織であること、そして各国の赤十字社は上下関係なく平等であること、さらに困った時はお互いに援助し合う義務を持っていることを表しています。

いざという時に、国境を越えて相互に援助し合います。個々の経験や
ノウハウ、人材などを結集して、目的達成のために一つになれるのが赤
十字です。ほとんどの国に赤十字が存在する、最大の強みといえるで
しょう。

9) 人道の敵

　赤十字が目指す人道にも、「敵」が存在します。赤十字の諸原則の基礎
を築いたピクテは、その著書『赤十字の諸原則』の中で、次のように記し
ています。

　　人道の原則に共鳴できるからといって、誰でもが……この原則を
　実行しているというわけではない。誠に人間の性格は不完全なもの
　であって、その結果博愛的行為は、絶えず妨げられ又は傷つけられ
　る。第一の障害となるものはいうまでもなく、多くの罪悪の源であ
　る人間の利己心である。……利己心は時に無関心という形を装う。
　それは遥かにつつましやかなものであるが、長期的には弾丸と同じ
　ように、確実に人を殺すものである。人間は又、その不作為をいか
　にも尤もらしい理屈をつけて、自分自身にさえ正当化しようとする。
　……
　　赤十字精神に対しては、他にも多くの敵がある。認識不足がそれ
　である。「理解力の不足」は危険をもたらす。他人の苦しみをその人
　の身になって考え、他人の傷を自分の脇腹に穴をあけられたかのよ
　うに感ずることのできる貴重な能力、即ち「想像力」の欠如も、より
　善意ではあるがやはり敵である。

　これら「利己心」「無関心」「理解力の不足」「想像力の欠如」に立ち向
かい、人道を目指すのが赤十字の姿です。

10) 基本原則を守り通すことの難しさ

　近年は、軍隊組織が人道支援活動に積極的に参加する中、赤十字がい

かに中立や独立の原則を堅持するかが課題となっています。赤十字にとって軍隊組織は国そのものであり、特に政情が不安定な国での協働は、中立や独立の確保が困難になります。たとえ両者の目的が「人道支援」でも、市民から赤十字が国や軍隊組織と同一視されては、それらと対立する人々への支援に影響が出てしまうことが懸念されるため、絶対に避けなければなりません。赤十字が原則的に武装警護を伴った活動を行わないのも、そのためです。

　ところが、2012年にはICRCのスタッフがパキスタンで誘拐・殺害される事件も発生しています。人道支援活動をめぐる環境は、ますます複雑なものとなっています。

11) 普段の活動から基本原則を使うように意識する

　赤十字の国際活動を目指すスタッフは、研修会の中で「常に赤十字の基本原則を思い出し、目の前の活動がどの原則に該当するか考える」よう教えられます。また、「困った時は常に原則に立ち戻り、物事を判断する基準にする」ともいわれます。

　このように、赤十字の基本原則は赤十字の関係者が何か行動に移す時、必ず思い出して運用すべき大切なものです。もちろんこれは、国内の日常の仕事やボランティア活動にも当てはまります。

　こうすることで、活動の判断基準に一貫性が生まれ、赤十字の信頼度がさらに増すようになるでしょう。そして、これからも多くに人に守られ、運用されることで、赤十字が目指す「人道の達成」にまた一歩、近づくことになるのです。

2 | 赤十字の標章

1) 二つの使用方法

　それでは、「白地に赤の十字」標章について見ていきましょう。

第7章　赤十字の基本原則と標章　149

　日本では、赤十字標章は一般的に病院や薬局など「医療」を表すものとして知られていますが、このような使い方はほとんどが間違ったものです。赤十字標章には、大きく分けて二つの使用方法があります。

1.生命を守る「保護の標章」

　赤十字標章は、武力紛争の傷病者を救護する医療要員や施設(赤十字やその他の医療機関)および軍隊の衛生部隊の要員や施設を保護します。これを「保護の標章」といいます。

　ジュネーブ諸条約では、特に傷病者を保護するために活動する施設、要員、機材は赤十字標章を付けて保護し、攻撃を禁止しています。これを表示できるのは傷病者の収容、看護にあたる人や施設に限られています。戦車や戦闘用ヘリコプター、軍の施設などが敵をだましたり攻撃を逃れたりするために使用することは、絶対に禁止されています。これに違反すると、戦争犯罪に問われます。この「保護の標章」は、遠くからでも識別できるよう、「できるだけ大きいもの」とされています。

　このように赤十字標章は、人の生命を守る、とても大切なものです。そして人の生命を守るためには、普段から正しく理解し、使用することが不可欠です。単に「医療」や「病院」でない、とても重要な意味が与えられているのです。

2.赤十字の人や物であることを表す「表示の標章」

　もう一つは、赤十字標章を付けた人や施設が、赤十字社に所属することを表示するものです。このような使用法を「表示の標章」といいます。

　日本赤十字社の支部や病院などに掲げられている赤十字標章は、表示の標章です。この使用法も、ジュネーブ諸条約で決められています。赤十字社に関係のない人や施設は、使用できません。また、保護の標章と違い「比較的小型のもの」で、赤十字標章単独ではなく社名の併記(赤十字の下に「日本赤十字社」と書いてあるなど)が必要です。しかし、赤十字社の所属であっても、保護の標章との誤認を避けるため、腕章または建物の屋根には使用できません。

このほか、赤十字標章がボールペンやTシャツなどの記念品に使用される、装飾デザインとしての使用があります。こうした使用は条約でも決められていませんが、「装飾的使用」として各国赤十字社やICRC、連盟が使用する場合に限り許されています（各社の赤十字標章の使用規則、1991年）。これらが保護標章や表示標章ではないのは明らかですから、比較的自由なデザインが許されています。例えば、グラデーションをかけたり、模様を添えたりした赤十字などです。

2) 同じ意味の標章が四つある

ジュネーブ諸条約では、同じ意味を持った標章が四種類あります。

1. 赤十字 (Red Cross)

「白地に赤十字」の赤十字標章は、1863年の国際会議で誕生しましたが、赤十字の創設者アンリー・デュナンの母国スイスに敬意を表すために、スイス国旗の配色「赤地に白い十字」を反転したものです。それ以外の意味はなく、キリスト教を連想させる十字架とも関係がありません。

なお、この標章は「白地に赤い十字」ですが、大きさや形、色の濃淡などの様式は厳格に定められていません。これは、例えば保護標章の場合、色や形が少し違うというだけの理由で「赤十字ではない」として攻撃の対象になってしまわないようにするためです。

図表53 赤十字の旗（筆者撮影）

2. 赤新月（せきしんげつ）(Red Crescent)

上記の通り、赤十字標章には宗教的な意味はありませんが、イスラム教徒などの中には赤十字を見るとキリスト教を連想する人々もいます。そのため、イ

スラム教国では赤新月標章を使用する国がほとんどです。

　1876年、トルコが「赤十字標章がイスラム教徒の兵士には不快感を抱かせる」ことを理由に、赤新月標章を使用したのが始まりです。その後、1929年のジュネーブ条約で正式に認められました。使用に際しての条件や効力などは、赤十字と全く同じです。

　なお、よく「赤新月標章の向きは、イスラム教の聖地の方向を向いている」といわれますが、これは正しくはありません。正解は、「赤新月社の設立時に、

図表54　トルコ赤新月社の旗とテント(筆者撮影)

図表55　インドネシア赤十字社西スマトラ州支部の看板(筆者撮影)

その社の定めた方向が正しい向き」です。これは、国際赤十字の「各社の赤十字・赤新月標章使用規則」の中で「赤新月標章の形、方向について、いずれも制限がない」とされているためです。

　ちなみに、すべてのイスラム教国が「赤新月社」と名乗っているわけではありません。例えば、インドネシアは世界で最もイスラム教信者の多い国ですが、赤新月社を名乗らずに「インドネシア赤十字社」となっています。社を設立する時に決めた名称と標章が、使用されるのです。

3. 赤のクリスタル(Red Crystal)

図表56

繰り返しになりますが、赤十字標章は宗教とは無関係です。しかしイスラエルは建国以来、国のシンボルであるユダヤ教の「ダビデの星」を赤くした「ダビデの赤い星」を、保護標章や表示標章として認めるよう求めてきました。

この議論は1949年のジュネーブ諸条約改定の際に始まり、その後50年以上も未解決のまま残されました。この間、イスラエルの赤十字組織は「イスラエル赤盾ダビデ社」と名乗っていましたが、正式に承認されていない標章の使用であったため、国際赤十字・赤新月運動の一員として承認されない問題も発生しました。

2005年12月に、この問題を最終的に解決するため、ダビデの赤い星を保護標章として認めるのではなく、イスラエルが受け入れ可能な「新たな」保護標章が成立しました。このために採択されたジュネーブ諸条約第3追加議定書で定められた標章であることから「第3議定書標章」または「赤のクリスタル標章」と呼ばれます。赤のクリスタル標章は、赤十字や赤新月標章と同じ意味を持った、新しい標章です。

第3追加議定書の規定により、イスラエル赤盾ダビデ社は、普段自国内で活動する時はダビデの赤い星の標章だけで活動していますが、海外で活動する際は赤のクリスタル単独または、赤のクリスタルの中にダビデの赤い星標章を入れて活動しています。一方で、保護の標章として使用する場合は赤のクリスタルの

図表57　イスラエル赤盾ダビデ社の旗(筆者撮影)

みを使用し、中には何も入れてはいけません。

第3追加議定書は保護と表示の標章を分けることで、将来にわたる標章問題に終止符を打つことを目指しています。

4. 赤獅子太陽(Red Lion and Sun)

赤獅子太陽の標章は、かつてのイランがパーレビ王政時代に使用していたものです。1929年のジュネーブ条約では、赤十字標章と同じ意味を持つものとして、赤新月標章と同時に認められました。1949年のジュネーブ諸条約にも認められた正式な標章です。ちなみにジュネーブ諸条約では、この標章は「赤のライオンおよび太陽」と呼ばれています。

図表58

この時代、イランの赤十字組織は「イラン赤獅子太陽社」と名乗っていました。しかし、イランが革命後の1980年に「イラン赤新月社」と改称したため、赤獅子太陽の標章を使う社がなくなりました。そのため、現在は条約上の規定に残っているだけで、実際には使用されていません。

3) 赤十字標章の間違った使い方

日本では、赤十字標章は一般的に病院や薬局など「医療」を表すものとして知られていますが、このような使い方はほとんどが間違ったものです。ここでは、赤十字標章の不適正な使用(濫用)をご紹介しましょう。

1. 赤十字標章の模倣

赤十字の配色、形状を真似(模倣)して不正に使用するものです。例えば、「ピンク十字」は、赤十字標章と見間違うような混乱を起こす可能性があります。

2. 赤十字標章の不法使用

赤十字社とは関係のない、一般企業や薬局、病院、NGOや個人などが勝手に赤十字標章を使用すると、不法使用となります。私たちが普段

154　第Ⅱ部　人道活動の達成のために

見かけるのは、この使用です。

3.赤十字標章の背信的使用

　武力紛争時、戦闘員や軍事装備や施設を偽装するためなどに使用する最も悪質な不正使用です。ジュネーブ諸条約第1追加議定書では、「重大な違反行為」となります。赤十字標章を付けた軍用車輌で武器や兵員を輸送する、などがこの使用にあたります。

4) 赤十字標章に関する日本の法律

　以上のような間違った使い方を防ぐため、日本でも主に次の三つの法律で使用が制限されています。

1.「赤十字の標章及び名称等の使用の制限に関する法律」（赤十字標章法）

　「赤十字標章や赤十字の名称をみだりに使うこと」は違法で、これに違反した場合には罰則もあります。赤十字標章は、日本赤十字社など限られた機関しか使うことができませんが、国体や大きなイベントで傷病者を無料看護するために設けられる救護所は、日本赤十字社の許可を得れば使用できます。

2.「武力攻撃事態等における国民の保護のための措置に関する法律」（国民保護法）

　国民保護法では、有事の際に避難住民などの救援を行う医療機関や医療関係者に対して、関係する行政機関の長が赤十字標章の使用を許可できます。これは、有事の際は日本赤十字社以外の機関でも、許可を得たものは赤十字標章を使えることを意味します。

3.商標法

　赤十字や赤新月の標章を商標登録することはできません。

コラム10　自衛隊が使っている赤十字標章

　赤十字標章の本来の目的は「武力紛争時に人の生命を守ること」で、ジュネーブ諸条約にも細かく規定されているため、軍の衛生要員は平時・戦時を問わず、いつでも保護標章を使用できます。

　日本では、自衛隊の衛生科部隊が赤十字標章の入った車両を使用したり、要員は赤十字標章の入った腕章を使用したりしています。もちろんこれは、保護標章としての使用であり「日本赤十字社に関係する」ことを示す表示標章ではありません。

　一方、日本赤十字社は平時には表示標章として赤十字標章を使用しますが、逆に赤十字標章の入った腕章の使用は平時でも許されません。また、有事の際には厚生労働大臣の許可を得て、他の指定された医療機関とともに保護標章を使用できますが、これも無条件というわけではありません。

　そういう意味では、赤十字標章は本来「赤十字だけのものではない」のです。

　　　　　　　　　　　　　（森　正尚）

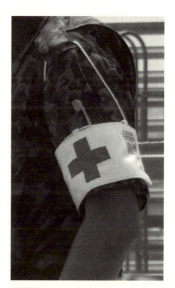

図表59　（筆者撮影）

第8章　赤十字と国際人道法

1 | 国際人道法とは

1) はじめに ― 平和な時代には適用されない国際人道法

　国際人道法は、武力紛争による不必要な犠牲や損害を防止し、戦闘に参加しないすべての人の保護を目的とした、国際的な条約の総称です。

　国際人道法は、戦争状態の宣言がなくても、対立する両者が戦争状態の存在を認めなくても、事実として敵対行為が発生していれば、その時点から適用されます。しかし、平和な時代には適用されません。

　長い間、戦争を経験していない私たち日本人には、なじみの薄いものです。さらにいえば、条約は国と国とが結ぶ約束事です。赤十字との関係はもとより、私たちに何の関係があ

図表60　学校教育の中で国際人道法が教えられている国もある（©ICRC/B.Heger）

るのでしょうか。私たちは国際人道法を知らないといけないのでしょうか。

　この章では、赤十字と国際人道法について解説しましょう。

2）世界の現状と国際人道法

　そもそも、現在の国際社会では、国連憲章により国家間の紛争を解決する手段としての武力行為は禁止されています。ただし、例外が二つあります。一つは、自らの国を攻撃から守るための武力行使（自衛権、国連憲章第51条）、そしてもう一つが国連による平和と安全の維持・回復のため武力行使（国連憲章第42条）です。

　第二次世界大戦以降、一つの国の中で争う「内戦」が増えています。その過程で、旧ユーゴ紛争やルワンダ内戦のように一般市民の犠牲は増加しており、全体の8割〜9割に達しています。一般市民の犠牲はすなわち、国際人道法違反が行われていることを意味します。

3）国際人道法は、本当に必要なのか

　このように、国際人道法の違反が多く見られる中で、「国際人道法は本当に必要なのか」という声も聞かれます。

　これを、道路交通法といった身近な例で考えてみましょう。もちろんあってはならないのですが、世の中ではスピード違反や飲酒運転などの違反行為は現に繰り返されています。しかし、だからといって「こんなに守られない法律は不要だ」とはなりません。この法があることで多くの人に守ることを意識させ、結果的には事故などの被害者を減らすことが期待できるからです。

　国際人道法も同じです。確かに武力紛争のような極限の状況では、国際人道法が尊重されにくい状況が生まれます。しかし、これがあることで「少しでも被害者を減らす」ことが期待できます。ICRCの過去の調査でも、実際に武力紛争を経験した多くの人が、「国際人道法のようなルールは必要だ」と回答しています。

4) 国際人道法は武力紛争をなくすことを目指していないのか

国際人道法は、いわば「武力紛争に備える」ためのもので、どうして武力紛争をなくすことを目指していないのか、といわれることがあります。

これに対し、赤十字の創始者アンリー・デュナンは、『ソルフェリーノの思い出』の中で、次のように述べています。

　　進歩とか文明とかいうことが大いに語られるこの時代において、不幸なことに戦争が常に必ずしも避けうるものではないのであるから、人道と真の文明の精神にもとづいて、戦争を予防し、少なくともその恐ろしさを緩和しようと根気よく努力することが緊要ではなかろうか。

国際人道法は、戦争の災禍をできる限り軽減するという現実的な願いから生まれたことを示す、デュナンの言葉です。

また、ICRCで副総裁を務めたジャン・ピクテは「人道法の発展は、戦争は常に起こりうるという前提に立っている」とした上で、著書「国際人道法の発展と諸原則」の中で次のように述べています。

　　各国政府は自衛のためとして膨大な兵器を保持し、戦争がなくなることなど信じられないと考えている。そこで戦争の惨禍を軽減することに思いを寄せる人々は、まだ時間のあるうちに保護規範を採択するという絶対的な義務を負っている。この義務は紛争の可能性があるかないかではなく、仮に起こりそうにないとしても最悪の可能性について考え、それに備えなければならない」「もちろん私たちは、あらゆる努力を行い戦争を抑止しなければならない……しかし同時に、実際に戦争が起きた場合には、その惨禍を軽減するためにあらゆる努力をしなければならない。戦争が禁止されるまでは戦争に規制を加えねばならないのである。現実に戦争を廃絶できないなら、その惨禍を軽減することは極めて理論的なことである。

ピクテは、最後に国際人道法を「消防隊」にたとえ、「誰もが消防隊の必要性を認めるように、戦争に備えることは火災を期待し、放火を奨励することとは違うのである」と結んでいます。「火災（武力紛争）はあってはならないが、それでも起こってしまった場合に備えて、消防隊（国際人道法）を準備している」ということでしょう。そして、防災活動がすなわち国際人道法の普及活動なのです。

5）国際人道法の目的
　国際人道法は、「武力紛争による不必要な犠牲や損害の防止」を目的としています。もちろん武力紛争はない方がいいのですが、なくならない現実を直視し、その犠牲や損害をできるだけ減らしたいという想いです。
　また、「戦闘に参加しないすべての人の保護」がもう一つの目的です。これも当然のことのように思えますが、一般市民の犠牲が圧倒的に多い現実を目の当たりにすると、あえて国際人道法の目的となっていることに納得できます。
　国際人道法という用語は1970年代から使用されていますが、武力紛争時に適用されるジュネーブ諸条約を中心とした武力紛争時に適用される諸条約、規則などの総称で、「国際人道法」という法律そのものは存在しません。
　しかし、国際人道法の厳密な定義はありません。一般的には1949年のジュネーブ諸条約および1977年の二つの追加議定書を指しますが、より広い定義は、戦闘方法や武器の制限を規制した、いわゆるハーグ法をも含めて使用する場合が

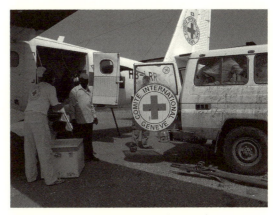

図表61　ICRCの飛行機と車両（©ICRC）

160　第Ⅱ部　人道活動の達成のために

あります。

　なお、軍関係者や研究者の間では、「武力紛争法」や「戦争法」、「戦時国際法」などと呼ばれていますが、赤十字はあえてこれを人道的な視点から「国際人道法」と呼んでいます。

6）私たちは国際人道法を知らない

　国際人道法は、「人間として守るべき、最低限の基本ルール」です。これは、国際人道法の主要文書である1949年のジュネーブ諸条約には、ほとんどすべての国が加入しているからです。国が条約に加入することは、その国が条約の内容を守ると宣言することです。ほとんどの国が守ると宣言している条約はすなわち、世界共通のルールといえます。

　また、国が条約に加入すると、その内容を国民に周知する義務が発生します。そのため、理屈の上では、ジュネーブ諸条約はすべての人に周知されているはずです。

　しかし、私たち日本人のほとんどは、国際人道法を知りません。

　もちろん、日本は1949年のジュネーブ諸条約の締約国ですから、政府は国民にその内容を周知する義務があります。また、日本赤十字社定款第48条には、本社の業務として「赤十字に関する諸条約の徹底を図ること」とあります。でも、多くの日本人が知らないのはなぜでしょう。日本がずっと平和で、戦争を前提とする条約は、関係がないと考えたからでしょうか。よく検討してみる必要がありましょう。

2 ジュネーブ諸条約

1）ジュネーブ諸条約は国際人道法の基本文書

　それでは、国際人道法の主要文書である1949年のジュネーブ諸条約と、1977年の二つの追加議定書について見ていきましょう。

　最初に1949年のジュネーブ諸条約ですが、それぞれの正式名称は以

下の通りです。

1. 戦地軍隊における傷者および病者の状態改善に関する1949年8月12日のジュネーブ条約
2. 海上における軍隊の傷病者および難船者の状態改善に関する1949年8月12日のジュネーブ条約
3. 捕虜の取扱いに関する1949年8月12日のジュネーブ条約
4. 戦時における文民保護に関する1949年8月12日のジュネーブ条約

それぞれ、第1～第4条約といわれ、第1条約は陸の条約、第2条約は海の条約、第3条約は捕虜の条約、そして第4条約は文民の条約ともいわれています。

第1条約は全64条あり、陸戦の傷病兵の保護を規定しています。1864年の最初のジュネーブ条約が原点で、その後幾度かの改正を経て、今日の形になっています。赤十字にとっては重要な条約で、軍の衛生部隊や赤十字社などの活動を中立として保護し、攻撃の禁止を規定しているほか、保護標章としての赤十字標章の使用制限を規定しています。

第2条約は全63条あり、海戦の傷病兵の保護を規定しています。適用されるのは海戦ですが、主な内容は第1条約とほぼ同じです。

第3条約は全143条あり、捕虜の人道的な待遇を規定しています。赤十字には、捕虜と家族との通信確保の規定や、赤十字などによる捕虜への援助活動の保障が重要な規定です。

第4条約は全159条あり、一般住民の保護を規定しています。1949年に新たに成立した条約で、その背景には第二次世界大戦におけるユダヤ人の大量虐殺や広島、長崎への原爆投下などの一般市民に対する非人道的な行為などがあります。

なお、これらすべての条約の第3条には、全く同じことが書かれています。これは「ジュネーブ諸条約共通第3条」と呼ばれ、国際的武力紛争に適用されるジュネーブ諸条約の中で、唯一の内戦に適用される規定で

図表62　ネパール山間部の活動地に向かうICRCと現地赤十字のスタッフ（©ICRC/J.Björgvinsson）

す。これは、たった一条の規定ではありますが、その意義に着目して「ミニ条約」とも呼ばれています。第3条は、敵対行為に参加しない者を差別なく人道的に待遇するよう規定していますが、特に生命および身体への暴行、殺人、傷害、虐待、拷問、人質、個人の尊厳の侵害、侮辱的で対面を汚す待遇、正規の裁判によらない判決および刑の執行などを禁止しています。また、ICRCのような公平な人道的機関の活動を保障しています。

次に、1977年の二つの追加議定書です。それぞれの正式名称は、以下の通りです。

1. 国際的武力紛争の犠牲者の保護に関し、1949年8月12日のジュネーブ諸条約に追加される議定書（第1追加議定書）
2. 非国際的武力紛争の犠牲者の保護に関し、1949年8月12日のジュネーブ条約に追加される議定書（第2追加議定書）

第1追加議定書は全102条あり、1949年のジュネーブ諸条約を補う規定で、第二次世界大戦後に多発した民族自決を求める植民地の独立闘争や、ベトナム戦争の教訓も、随所に生かされているのが特色です。軍事目標の定義や、危険なエネルギーを内蔵する物（原発、ダム、堤防）、一般住民の生存に不可欠なもの（食糧生産のための農業地域、作物、家畜、飲料水施設など）、文化財や自然環境の保護を規定したほか、女性や児童への特別保護（子ども兵禁止を含む）などを規定しています。

第2追加議定書は全28条あり、内戦に適用される共通第3条の内容を拡充したものです。内戦の影響を受けるすべての人に対して、差別のない人道的な待遇を規定しています。

ちなみに、この追加議定書には2005年に採択された「第3追加議定書」も存在します。しかし先の二つの追加議定書とは異なり、内容は限定的で追加の特殊記章(赤のクリスタル標章)の使用を許可することで、ジュネーブ諸条約を補完しています。

2) ジュネーブ諸条約の適用範囲

以上のように、国際的な武力紛争には、ジュネーブ第1〜第4条約、そして第1追加議定書が適用されます。そして内戦は、以前は国際法の規制を受けない国内問題と考えられていましたが、現在ではジュネーブ諸条約の共通第3条と、第2追加議定書が適用されます。

一方、国内の騒乱状態などは武力紛争ではないため、国際人道法は適用されません。

ICRCは、このような事態でも人道的なイニシアチブを発揮して、当該国の同意を得て政治犯の訪問など犠牲者の保護救済活動を行います。1996年のペルー日本大使公邸人質事件へのICRCの介入は、この活動の実例です。

図表63 ジュネーブ諸条約の適用範囲

共通第3条

ジュネーブ第1条約			
ジュネーブ第2条約			
ジュネーブ第3条約			
ジュネーブ第4条約			
第1追加議定書			
第2追加議定書			

アミかけ部分：国際的武力紛争に適用される条約、条項
白色部分：内戦に適用される条約、条項

164　第Ⅱ部　人道活動の達成のために

コラム11　国際人道法と国際人権法

　国際人道法と国際人権法、どのような違いがあるのでしょうか。

　国際人権法は、国際法で個人の人権を保障するもので、代表的なものに「世界人権宣言」や「児童の権利に関する条約」などがあります。

　国際人道法と国際人権法は、どちらも個人の保護を目的としています。しかし、適用される状況や方法は異なります。

　国際人道法は、武力紛争時にのみ適用されますが、国際人権法は主に平時に適用されるほか、武力紛争時にも個人の基本的人権を保障します。また国際人道法は、主に敵対国の一般市民を攻撃から保護するのが目的なのに対し、国際人権法は、主として自国の政府による自国民への人権侵害を制限するものです。　　　　（森　正尚）

---

3 国際人道法の内容

1）国際人道法の基本原則

　国際人道法は、1949年のジュネーブ諸条約と1977年の二つの追加議定書だけで、約600条もあります。しかしこれらは、以下の四つの基本原則に分けることができます。

1.区別の原則

　攻撃を計画・実行する時は、軍事目標と民間施設、戦闘員と一般市民を区別し、直接戦闘に参加しない人やものを保護することが必要です。これを「区別の原則」といいます。

2.均衡性の原則

　攻撃の際に予測される一般市民の死傷者数や民間施設に対する損害数が、予期できる軍事的な利益に比べて過度に大きくてはならず、これは

攻撃の際に配慮されなければねりません。これを「均衡性の原則」といいます。

3. 不必要な苦痛の防止原則

武力紛争では、たとえ戦闘員に対しても、不必要な苦痛を与える武器の使用や戦闘方法は禁止されます。これが「不必要な苦痛の防止原則」です。失明をもたらすレーザー兵器や対人地雷の使用禁止が、これに該当します。

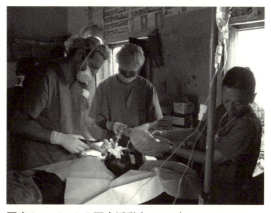

図表64　ICRCの医療活動（©ICRC）

4. 収容・看護／保護の原則

「傷病者を収容し看護する」は、国際人道法の大切な原則です。1864年の最初のジュネーブ条約が成立したのも、これをルール化するためでした。また、各国赤十字社が組織されたのもそのためでした。この原則は、まさに国際人道法の源流であるといえます。

2) 国際人道法の基本ルール

さらに、ICRCが国際人道法をわかりやすく解説するために作成した、七つの基本的なルールをご紹介しましょう。

1. 敵対行為に参加しないすべての人は、いかなる場合にも差別しないで人道的に待遇する。
2. 交戦当事者は、常に戦闘員と一般市民（非戦闘員）を区別し、攻撃を軍事目標に限定し、一般市民とその財産を保護しなければならない。
3. 投降し、敵対行為を止めた戦闘員は、殺傷してはならない。

4. 交戦当事者は、互いに傷病者を収容、看護しなければならない。そのための医療要員、施設、機材等を保護する赤十字、赤新月標章を尊重、保護する。
5. 捕虜、抑留者の生命、尊厳、人権の尊重と保護および家族との通信、援助を受ける権利を保障する。
6. 戦闘方法や武器の使用は無制限ではなく、不必要で過度な損害や殺傷をもたらす武器は使用してはならない。
7. 公正な裁判を受ける権利および拷問、体罰、残虐で品位を汚す扱いを受けない権利を保障する。

3) 国際人道法で保護される人

　国際人道法で保護されるのは「戦闘に参加していないすべての人」です。その中でも、傷病者、虚弱者および妊産婦は特別の保護と尊重を受けます。児童や女性も同じです。

　では、戦闘に参加する子どもはどうでしょう。武器を持って戦闘に参加すれば、たとえ子どもでも国際人道法は保護できません。何よりも、子どもを戦いに参加させないことが重要です。しかし、世界で子ども兵は、約25万人いるといわれています。1977年の追加議定書や児童の権利条約では、15歳未満の児童は軍隊に徴募してはならず、敵対行為への参加を許していません。また「児童の権利条約選択議定書」では、徴募できる年齢を18歳未満に引き上げています。

図表65　シリア内戦で負傷した子どもを支援する赤十字スタッフ（©ICRC/I.Malla）

4）国際人道法で特別に保護される対象

国際人道法は、住宅や病院・学校など一般市民が住む地域や民間施設への攻撃を禁止していますが、その中でも特別に保護される対象があります。例えば、傷病者や老人、妊産婦、児童などを武力紛争の影響から避難させ収容する病院・安全地帯を設置できる規定などがあります。

また、攻撃により破壊された場合、放射能の放出や洪水により周辺地域の一般市民に甚大な被害を及ぼす可能性のあるものへの攻撃は、一般的に禁止されています。これらの物を「危険なエネルギーを内蔵した工作物、施設」といい、条約では原発、ダム、堤防の三つをあげています。これらの施設が軍事目標であっても破壊による被害が重大な場合には攻撃が禁止され、これらの近くに軍事目標を設置することも禁止されます。

「戦闘の方法として一般住民を餓死させることは禁止する」という原則のもと、一般住民の生存に不可欠なもの（食料や食料生産のための農業地域、作物、家畜、飲料水施設など）を攻撃し、破壊し、移動させ、または役に立たなくすることは禁止されています。例えば水源への毒の混入や、食糧貯蔵庫を焼き払うことがこれにあたります。

また、文化的、歴史的遺跡や芸術作品、礼拝所など、国民の文化的、精神的遺産も保護されます。その他、ベトナム戦争で枯葉剤が大量に使用されたことから、最近では自然環境に長期的で広範囲かつ深刻な影響を及ぼす攻撃を禁止しています。1991年の湾岸戦争でも油田爆破などによる環境破壊が深刻になり、問題となりました。

5）違反するとどうなるのか

国際人道法に違反すると、国家のみならず個人もその責任を問われ、裁判で処罰されます。軍人でも一般市民でも同じです。また、違反行為を命令した人や違反を放置し、防止する措置をとらなかった人も責任を問われ、上官命令で行った行為でも罪に問われます。この際、国際人道法を「知らなかった」では通用しません。世界共通のルールは、「知っていること」が前提となります。

図表66　兵士に対する国際人道法の普及（©ICRC）

6) 何が罪に問われるのか

　国際人道法に違反し、個人の刑事責任が追及される犯罪を「戦争犯罪」といいます。また、こうした通常の戦争犯罪のほかに、殺人や人質にすること、拷問などの非人道的な待遇、そして以下のようなものは、ジュネーブ諸条約では「重大な違反行為」となります。

- 身体や健康に対して、故意に重い苦痛や傷害を加えること
- 捕虜などから、公正な正式の裁判を受ける権利を奪うこと
- 一般市民や、戦闘不能な敵兵を攻撃すること
- 過度の死亡、傷害、損害を引き起こすと知りながら、一般市民や民間施設などに無差別攻撃を加えること。また、原発、ダム、堤防を攻撃すること
- 赤十字、赤新月標章を背信的に使用すること
- 人種差別に基づき個人の尊厳を侵す、非人道的で対面を汚す行為を行うこと

　その他、武力紛争時に行われやすい犯罪は、「人道に対する罪」と「集団殺害（ジェノサイド）罪」です。この二つは、戦時、平時を問わない犯罪として裁かれます。「人道に対する罪」の代表例は、第二次世界大戦中のドイツで、ドイツ国民であるユダヤ人が迫害されたホロコーストです。また、旧ユーゴスラビア紛争やルワンダ内戦における虐殺も、この罪で被告人が裁かれています。またルワンダの判決では、100万人近い犠牲者を出したフツ族によるツチ族の虐殺に対し「集団殺害（ジェノサイド）

罪」も適用されました。

7）処罰のためのシステム

戦争犯罪など、戦時中の個人による人道法違反を裁くのは、国内や国際的な裁判です。ここで重要なのは、各国が国内の法整備を行い、違反者が処罰を逃れることがないようにすることです。

戦争犯罪は、違反者を国内の裁判所で裁くことが原則ですが、それができない場合、重大な違反行為や人道に対する罪、集団殺害罪など特に大きな犯罪は、裁くことのできる国か国際裁判のために犯罪者を引き渡さなければなりません。

1993年、旧ユーゴスラビア紛争の人道法の違反者などを裁く旧ユーゴ国際刑事裁判所が、また1994年には、ルワンダ内戦での虐殺責任者を裁くルワンダ国際刑事裁判所が設立されました。この二つは国連による臨時の国際裁判所ですが、2003年にオランダのハーグに常設の国際刑事裁判所（ICC）が設立されました。この裁判所は、個人が犯した「戦争犯罪」「人道に対する罪」「集団殺害罪」を対象にしています。

なお、国際司法裁判所は国連機関で、当事者となるのは国です。一方、国際刑事裁判所は国連から独立した国際裁判所で、被告は個人のみを対象としているのが大きな違いです。

8）結局、国際人道法って……

これまで国際人道法を解説してきました。中には難解なものもありますが、読んでいて至極当然と納得できるものも多くはなかったでしょうか。「戦闘に参加しないすべての人の保護」や「傷病者を収容し看護する」、「自然環境に長期的で広範囲かつ深刻な影響を及ぼす攻撃の禁止」などは、国際人道法を知らなくても、人として当然のことと思えます。

国際人道法は結局、「人として当たり前のことを、わざわざ文字に書いてある」ともいえます。国際人道法の規定の多くは、自分自身の理性に語りかければ、条文を読まなくても私たちは答えを知っています。私たちは国際人道法の精神をもともと理解しているのです。

170 第Ⅱ部 人道活動の達成のために

4 国際人道法の歴史

1) 1862年から1921年まで

　国際人道法は、赤十字の創始者アンリー・デュナンの提唱により誕生しました。彼は、自らの体験をもとに出版した『ソルフェリーノの思い出』の中で、二つの重要な提案を行いました。その一つが「負傷兵の看護を目的とする救護団体を、平和でおだやかな時代に組織しておくこと」で、これが実現して各国に赤十字社が設立されました。提案の二つ目は「何か国際的に神聖な協約として、一つの原則を定めること」で、これが1864年のジュネーブ条約(赤十字条約)の成立をもたらしました。

　同年、プロシアとデンマークの間に紛争が起こりました。この両国には負傷者救護のための団体が既に発足していたため、赤十字の標章が掲げられ、活動が始められました。

　1870年、プロシアとフランスの戦争が始まりました。その際、スイスなどの周辺諸国の救護団体は、さっそく救護活動に入りました。特に、スイスのバーゼルに置かれた現地事務局では、傷病者への救護物資のほかに、兵士やその家族の手紙などを双方に届けました。今でも赤十字の重要な任務である安否調査(家族の絆の回復事業)の始まりです。

　1876年、トルコはセルビアと戦争中でしたが、この時「赤十字標章がイスラム教徒の兵士には不快感を抱かせる」ことを理由に、赤新月を標章に掲げることにしました。トルコは後に、赤十字の標章も尊重することを約束しました。

　1899年、オランダのハーグで開かれた平和会議では「陸戦の法規慣例に関する条約」などが成立し、特定の兵器や害敵手段の制限が定められました。またジュネーブ第2条約も成立し、海戦の負傷兵なども救護することになったほか、船腹やマストにはっきりと大きな赤十字標章を掲げることも決まりました。

　1894年に始まった日清戦争や1904年に始まった日露戦争では、日本

はジュネーブ条約に基づく行動をとるように努め、ジュネーブ条約の模範的な遵守国といわれました。その経験に基づき、日本赤十字社はロシア赤十字社とともにICRCに意見を提出しました。そして1906年7月、1864年の最初のジュネーブ条約は全面改正されました。

1914年に始まった世界大戦は、毒ガスなど残虐な兵器が開発され、戦闘とその後に蔓延した疫病のため、6千万人にも及ぶ犠牲者が出ました。ジュネーブには「捕虜情報局」ができ、38の交戦国の捕虜収容所に抑留された捕虜200万人の居所をつきとめ、身元が確認され、家族と連絡が取れるようになりました。この大戦中、赤十字は、これまでにない発展を遂げました。日本からも、その状況を視察するため、徳川慶久を特使とする訪問団がヨーロッパに送られました。

1918年に大戦が終わると、1921年にジュネーブで赤十字国際会議が開催され、赤十字は戦時だけでなく平時にも活動を拡大すべきことが再確認されました。そうして大戦中の体験を踏まえ、1864年のジュネーブ条約を改正すること、さらには戦時の捕虜の待遇についても、新たな条約を結ぶ必要性があることが議論され、改正案が採択されました。

2）国際人道法の発展

ジュネーブ条約を改正する会議は1929年、ジュネーブで開かれました。「戦地軍隊に於ける傷者及病者の状態改善に関する条約」が改正され、この会議で日本の代表は条件付きながら署名し、その5年後、東京で開かれた第15回赤十字国際会議でようやく批准しました。ところが、この条約の改正と同時に審議されていた「捕虜の待遇に関するジュネーブ条約」は、日本は調印までしたものの、最終的には当時の軍の反対によって批准を行いませんでした。1934年11月15日、当時の海軍省の次官は、外務省の次官に宛てて「この条約は日本の実情に合わず、軍事上も支障がある」という反対意見書を出しています。

第5章でもお話ししましたが、太平洋戦争が始まった時、日本政府は、ICRCの照会に「本条約を準用する」と答えました。戦後にはこれが問題になり、捕虜虐待などで多くの人が戦争犯罪に問われました。

172　第Ⅱ部　人道活動の達成のために

　第二次世界大戦後の1946年、赤十字社連盟は、イギリスのオックスフォードで戦後初めての理事会を開きました。そこで各国赤十字社は、戦争が恐るべき災禍であることを考え、平和維持のための条件を整備する活動をすること、それでも戦争が生じた時は、傷病者や捕虜の状態を改善し、一般人、特に婦女子や幼児を戦争の恐怖から守るために努力することを明らかにしました。

　そして1947年4月、「戦争犠牲者保護のための条約の検討の専門会議」がジュネーブで開かれました。そこでジュネーブ条約の改正と戦時における一般市民の保護の草案が作られました。1948年、ストックホルムで開催された第17回赤十字国際会議ではその草案を審議・修正し、さらに1949年4月からジュネーブで開かれた外交会議で審議をし、ようやく同年の8月12日にまとまったのが現在の四つのジュネーブ条約です。この会議の最終会合では61カ国が四条約に署名し、1950年10月21日に効力が発生しました。

　日本は、1951年にサンフランシスコで調印され、翌年4月に発効した対日平和条約の中で、この四条約への加入を約束しました。そのため、十分に議論が尽くされないまま手続きが進められました。1953年4月、ICRCに加入を通知し、10月21日に公布しました。

　この条約が発効した後にも、世界中で多くの武力闘争が発生しましたが、それらの闘争は、従来の戦争と異なり内戦が多く、例えば、ゲリラの取り扱いなど数々の問題も生じました。1970年代になって、ICRCはそれに対する措置を検討し、外交会議にはかりました。その結果1977年、ジュネーブ諸条約の追加議定書が二つ採択されました。

　また、2005年には赤十字標章をめぐる諸問題を解決するため、ジュネーブ諸条約の第3追加議定書が採択されました。

　このように赤十字と国際人道法は、当初から密接な関係にあり、赤十字はこの間、一貫して国際人道法の発展に努め、武力紛争の犠牲者の保護・救済を図り、結果として世界の平和の実現にも寄与してきたのです。ICRCが国際人道法の「守護者(guardian)」や「推進者(promoter)」と呼ばれるのは、そのためです。

図表67　ジュネーブ諸条約の発展と適用

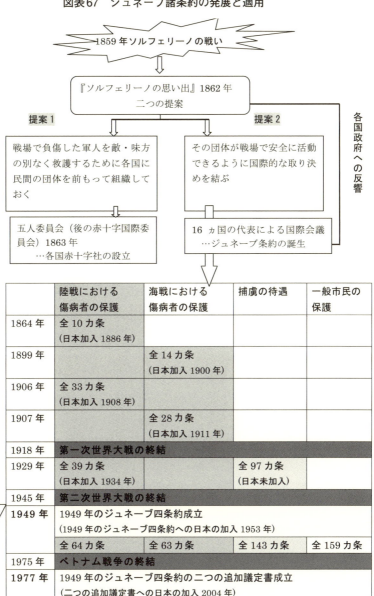

174　第Ⅱ部　人道活動の達成のために

5 | 赤十字と国際人道法

1) 国際人道法の中の赤十字

　以上のように、赤十字は国際人道法の生みの親であり、育ての親です。赤十字はさまざまな紛争現場での経験をもとに、どうすれば戦闘に参加していない人やものを守れるか、日々国際社会に働きかけています。赤十字は、いつも救いの手を求めている人に寄り添い救援活動を行っていますが、その過程で経験した痛ましい出来事を二度と繰り返さぬよう、国際社会に語りかけ、条約という形でルールを作り上げています。

　ジュネーブ諸条約の中には、赤十字が数多く登場します。ジュネーブ諸条約共通第3条では「赤十字国際委員会のような公平な人道的機関は、その役務を紛争当事者に提供することができる」と明記しているのはその一例ですが、国が加入し、守ると宣言する条約の中で赤十字活動が保障されていることは、とても意義深いことです。

2) 国際人道法の普及の重要性

　国際人道法が守られると、例えば赤十字の標章が尊重され、赤十字スタッフの安全が確保されます。その結果、赤十字のスタッフは支援を必要としている人々のもとに直接赴き、生命や健康を守り、苦痛の軽減や予防が可能となります。

　しかし、国際人道法が守られないと、例えば赤十字の標章が攻撃されてしまい、赤十字スタッフの安全が確保できなくなります。そうなると赤十字でもその国や地域での活動が中止され、支援を求める人々のもとに行けなくなります。赤十字は、それだけは絶対に避けたいのです。

　国際人道法を守らせ、不必要な犠牲をできるだけ防ぐには、まずはすべての人、特に交戦当事者が国際人道法の存在を知り、その内容を理解することが必要です。ICRCは、国際人道法の違反行為の多くは国際人道法への無知から生じることを経験的に明らかにしています。また、普

及が犠牲を減らすために有効であることも実証されています。

そのため赤十字は、平和な時代からの普及活動に力を入れています。

日本のような平和な国でも、国際人道法の普及は重要です。それにより赤十字のイメージを高め、赤十字の原則、歴史、活動への理解を深めることに役立ちます。そして、世界共通の基本ルールを理解することにより、人間の尊厳を脅かすものを敏感に感じ取る力、相手のことを思いやり、優しさや命の大切さを感じ取る力、すなわち「人道的価値観」を育むことに大きく貢献します。国際人道法を通じて生命の尊さや人間の尊厳の重要性を学び、それを日常生活の中で実践することも重要です。このように、国際人道法の普及を通じて、「人道の日常化」を図っていくことも、赤十字の大きな目標です。

図表68　激戦で破壊し尽しくされた街の中で活動を続けるICRC（2011／リビア）（©Younes Shalwi/ICRC）

3) 日本赤十字国際人道研究センターの設立

2011 (平成23) 年4月、学校法人日本赤十字学園は、「日本赤十字国際人道研究センター」を設立しました。ここは日本赤十字社全体の学術拠点として、赤十字に関する資料の収集・調査および関連情報の発信、赤十字と国際人道法に関連する研究・普及などの事業を行っています。また、センターの機関誌として2012年から『人道研究ジャーナル』を発行しています。

第9章　日本赤十字社のしくみ

1　日本赤十字社のしくみのあらまし

　日本赤十字社は、1952（昭和27）年8月に、議員立法によって制定された「日本赤十字社法」（以下「社法」という）に基づく認可法人です。それまでは、1896（明治29）年に施行された「民法」の規定により、社団法人とされていましたが、それだけでは律しきれないものがあるので、日本赤十字社では、単独法の制定を要望し、その結果、1901（明治34）年に「日本赤十字社条例」という勅令が定められたのです。しかしこれが実質的には、第4章で述べたように国（陸・海軍）の監督規定の強化につながりました。
　それが「独立の原則」に違反する結果を呼んだとの反省の上に立ち、また戦後の新しい事態

図表69　日本赤十字社本社（日本赤十字社提供）

第9章　日本赤十字社のしくみ　177

（平成29年4月1日現在）

```
社　員
評議員・評議員会
代議員・代議員会
社長・副社長・理事・監事 ── 理事会・常任理事会

本　社
　　医療施設等 ── 病院1ヵ所 ── 訪問看護ステーション1ヵ所
　　　　　　　 ── 助産師学校1ヵ所
　　社会福祉施設 ── 乳児院1ヵ所
　　血液事業施設 ── ブロック血液センター7ヵ所
　　社会福祉施設 ── 複合型施設（特別養護老人ホーム・介護老人保健施設・
　　　　　　　　　　　　　　　障害者支援施設・高齢者グループホーム1ヵ所）
　　　　　　　 ── 幹部看護師研修センター1ヵ所

支　部
　　医療施設等 ── 病院90ヵ所 ── 訪問看護ステーション45ヵ所
　　　　　　　　　　　　　　── 地域包括支援センター4ヵ所
　　　　　　　 ── 産院1ヵ所
　　　　　　　 ── 診療所3ヵ所
　　　　　　　 ── 健康管理センター2ヵ所
　　　　　　　 ── 介護老人保健施設6ヵ所
　　　　　　　 ── 看護専門学校16ヵ所
　　血液事業施設 ── 血液センター47ヵ所 ── 事業所15ヵ所
　　　　　　　　　　　　　　　　　　　 ── 出張所165ヵ所
　　社会福祉施設 ── 乳児院7ヵ所
　　　　　　　 ── 保育所3ヵ所
　　　　　　　 ── 児童養護施設1ヵ所
　　　　　　　 ── 医療型障害児入所施設3ヵ所
　　　　　　　 ── 特別養護老人ホーム8ヵ所 ── 軽費老人ホーム（ケアハウス）1ヵ所
　　　　　　　 ── 障害者支援施設1ヵ所
　　　　　　　 ── 補装具製作施設1ヵ所
　　　　　　　 ── 視聴覚障害者情報提供施設2ヵ所

地区・分区

学校法人日本赤十字学園 ── 看護大学・大学院6ヵ所
　　　　　　　　　　 ── 短期大学1ヵ所
　　　　　　　　　　 ── 日本赤十字国際人道研究センター1ヵ所

日本赤十字社厚生年金基金 ── 設立事業所数169ヵ所（加入員数79,504人／年金受給者数20,011人）

日本赤十字社健康保険組合 ── 設立事業所数142ヵ所（加入員数88,495人）
```

※日本赤十字社厚生年金基金の加入員数及び年金受給者数は平成28年12月末日現在。
※日本赤十字社健康保険組合の数値は、平成28年12月末日現在。

図表70　日本赤十字社組織図（『赤十字のしくみと活動』29年度版より）

178　第Ⅱ部　人道活動の達成のために

に対処するため、アメリカの占領が終わった後にすぐ、政府提案ではなく議員提案により、社法は国会に法案が提案され、同年8月14日に公布・施行されました。

　また、社法の第7条に基づき、1952（昭和27）年10月31日に日本赤十字社定款（以下「定款」という）が定められています。この社法の第2条と定款第3条に日本赤十字社の目的が定められています。それはいずれも、次のようなものです。

　　　日本赤十字社は、赤十字に関する国際機関及び各国赤十字社と協調を保ち、国際赤十字事業の発展に協力し、世界の平和と人類の福祉に貢献するよう努めなければならない。

　一目見て、日本国憲法の前文との共通性を感じますね。この目的を達成するために作られている「しくみ」が現在の日本赤十字社の組織です。

　それは大ざっぱにいって、東京都港区芝大門に「本社」を、全国の47の都道府県に「支部」を置き、支部の下部機関として、福祉事務所の所管区域ならびに市に「地区」を、町村に「分区」を置くという、全国の隅々までネットワークをはりめぐらしたような構成の組織です。赤十字の「単一原則」のことを思い出してください。国の隅々まで、赤十字の活動を及ぼすことの重要性が強調されていましたね。

　この法律が出された時の厚生大臣の各都道府県宛の通達（昭和27年9月11日　厚生省事務次官通達）には、「日本赤十字社の行なう事業の公共性と国際性に鑑み、これを特殊法人に改組した。その運営の成否は、直接国民生活の安定の上に、ひいては国際信用の上にも重要な関係を有するものである」とあります。

　また、この通達には社法第39条を踏まえ「日本赤十字社の業務は、何れも国の業務と極めて密接な関係を有するものであるので、国又は地方公共団体は、日本赤十字社に対し、費用の補償又は補助、運送及び通信に関する便宜供与、租税の免除その他の援助をなし得るほか、必要のある場合には、一定の助成をなし得ることとした」とあります。

日本赤十字社が国と都道府県、市町村から格別の援助をいただいているのは、このような考えに基づくものです。

また、日本赤十字社には、赤十字病院などの医療施設をはじめ、赤十字血液センター、看護師養成施設、助産師養成施設、社会福祉施設などの施設があり、これらは、本社直轄経営のものや学校法人・日本赤十字学園の経営のものもありますが、その多くは、支部に所属して活動を行っています。

これらの本社、支部、施設などが一体となって、日本赤十字社の設立目的を、最も効率的に達成するために活動しているのです。この組織を支えているのが、多数の社員、理事、代議員などの役員、常勤・非常勤の職員、それにボランティアなどです。

赤十字奉仕団のことや青少年赤十字の活動などは、第15章でお話するので、ここでは、まず社員についてお話ししましょう。

2 | 赤十字社の社員とは

日本赤十字社法の第4条には、次のように書かれています。

> 日本赤十字社は、法人とする。日本赤十字社は、社員をもって組織する。

日本赤十字社の社員とは、赤十字の目的や事業を理解し、毎年、一定の金額の資金を拠出して、赤十字を支えている個人および法人のことをいいます。すなわち、株式会社などの従業員である「社員」とは全く意味合いが違い（日本赤十字社の従業員は「職員」と呼ばれます）、むしろ社団法人の社員や会員のような性格のもので、日本赤十字社の基本的な構成メンバーをいいます。

この「社員制度」は、日本赤十字社の前身である博愛社の創立と同時に

180 第Ⅱ部 人道活動の達成のために

始まりました。1877（明治10）年の創立時は、その数は、わずか38人でした。 その後、少しずつ増えましたが、明治18年までは200人ほどの数が続きました。

しかし、1886（明治19）年のジュネーブ条約への加入、翌年の日本赤十字社の発足の頃から急増し2万人ほどになり、日清戦争が始まった1894年には10万人を超え、日露戦争中には100万人を突破し、当時、世界最大の赤十字社といわれました。その後も社員数は年々増え、太平洋戦争の始まった頃は、500余万人だったものが、戦争中には1千万人を超えるに至りました。

戦後は一時急減しましたが、1952（昭和27）年に日本赤十字社法が制定され、新しい赤十字のあり方が理解されるにつれて、再び個人社員数は増え続け、一時は1,800万人を超えました。現在では、個人社員数は、約950万人に減少しています。

それには社会変動の影響とか原因はいろいろありましょうが、戦後の苦難の中に再建を果たしてきた先人に倣い、地道な努力を重ねるしかありません。

また、1956（昭和31）年からは法人社員制度を設け、法人にも加入を呼びかけました。ちょうど日本経済の復興期にもあたり、この法人社員数も大幅に伸び、一時は30万を超えました。現在の厳しい経済状況の中でも、その数は12万に及んでいます。この法人を社員に加えるという制度は、欧米などの外国の赤十字ではあまり例を見ないものですが、企業の社会的責任という見地から、応じていただく法人が多いのが日本赤十字社の特徴ともいえましょう。

このように社員は、博愛社の時代から一貫して社の財政を支えてきました。すなわち、博愛社の社則第2条には「本社の資金は、社員の出金と有志者の寄付金より成る」と決められ、それ以来、規則はたびたび改められましたが、社員制度の基本は変わることなく現在に及んでいます。

1879（明治12）年6月の守成金規則では、その額を「一箇年3円以上12円以下」と定められたのが最初で、1910（明治43）年には、その上限は廃止されました。この「3円以上」は、長く1946年まで続きました。それ

以降、その額は「日本赤十字社社員規則」により、「年額500円以上」と決められていました。

　しかし、日本赤十字社法や定款の制定から60年以上が経過し、日本の社会や経済の状態も大きく変化しました。また、地域や住民意識が変化する中で、赤十字の存在感や事業の位置付けも大きく変わっていったのです。さらに、「社員」や「社費」などの表現がなかなか定着しないという問題も指摘されてきました。

　そのため、日本赤十字社は数年かけて社員制度を見直すための検討を行いました。これからも多くの方に支援してもらえるよう、誰にもわかりやすく協力しやすい仕組みに改めることが目的でした。最終的には、日本赤十字社法はそのままで、かわりに定款を一部変更して、2017（平成29）年4月から新たな社員制度に改まりました。

　その主な内容は、以下のとおりです。
・多くの方に分かりやすいよう、「社員」を「会員」、「社費」を「会費」と改める。
・会員（日赤の活動に賛同して支援する方）をもって日本赤十字社法上の社員とする。
・「社資募集」は、「活動資金募集」と改める。
・会費として、年額2,000円以上のご協力をいただく。
・目安として500円以上のご協力をいただく方は、「協力会員」とする。

　一見すると、これまで500円だった会費が2,000円に値上げされた印象を与えますが、それは違います。これまで500円の協力をされていた方は、引き続き「協力会員」として500円をご協力いただけます。その中で、2,000円以上の協力をされた方には、日赤から業務や収支決算の報告が直接届くようになります。このように、社法が定める「社員」の権利や義務が適切に果たせるよう、きめ細やかな対応を行うことになっています。

　また、社員には誰でもがなれることに決められています。人種、国籍、

信条、社会的身分、門地は問いません。この点も、日本国憲法第14条の「法の下の平等」に通じるものがあります。また、社員の脱退も自由です。このような加入、脱退は、居住地の地区長または分区長を通じて行います。社員は、社法第14条により、次のような権利を持っています。

　日本赤十字社の役員、代議員を選び、これらの者に選出されること。(但し、法人社員は、役員に選出される権利はない。)

　毎事業年度ごとの業務及び収支決算の報告を受けること。(公告をもって代えることができる。)

　日本赤十字社に対して、その業務の運営に関し代議員を通じて意見を述べること。

図表71　(『赤十字の動き』2006年11-12　No.351より)

第9章　日本赤十字社のしくみ　183

　日本赤十字社では、毎年5月を「赤十字会員増強運動月間」として、全国的に会員の募集運動を行っています。この会員増強運動は、単に、日本赤十字社の財政的基盤を強化することだけを目指して行われるものではありません。赤十字とはどういうものかを国民に知らせ（「社旨の普及」といいます）、国民からの精神的援助をも得ることを目的にするものでもあります。

　東日本大震災が起こる前の年に、日本の「寄付文化」の全体像をまとめた「寄付白書」が、「日本ファンドレイジング協会」という団体から出たことを、秋田赤十字病院の前院長・宮下正弘さんから教えていただきました。

　それによると2009年には、推定3,800万人の方から個人寄付があり、その総額5,500億円は、法人の寄付額を上回っているそうです。そのうちの約7％が日赤に対するものだそうです。また、「寄付をしている人」は、「寄付をしたいと思っている人」の半分程度だそうです。

　このように現代の日本では、以前と違って、多くのNGO団体などが寄付を求めて広報活動を活発に繰り広げています。新しい情報メディアの発達もあり、今では日赤職員の一人ひとりが、広報マンとして日常的に赤十字のことを広く国民に知らせることが必要な時代になってきました。

　ここでご参考のために、本社の1階にある赤十字情報プラザに所蔵されている約120年前の日赤職員の工夫の一つを前頁にご紹介しました。情報プラザには、このような日本赤十字社の歴史的資料だけでなく、現代の日赤の活動状況の資料までが揃っています。

　日赤の広報の対象は、国内ばかりではありません。現在の日本は、いうまでもなく政治的にも、経済的にも、グローバル化の影響が強くなってきています。そういう情勢の中で、日本赤十字社は、人道的理想を掲げて、あらゆる努力を重ねているという事実と、そのイメージを、世界に発信し続ける必要もあります。

　「人道外交」という言葉がありますが、災害救援や保健衛生など人道事業への取り組みを、日本の赤十字が長らく地道に続けていたからこ

そ、赤十字加盟諸国から尊敬を勝ち得て、2009（平成21）年、当時世界186カ国の赤十字加盟国で構成される国際赤十字・赤新月社連盟の会長に、近衞忠煇日本赤十字社長が選出され、2013年11月にも、再選を果たしたのです。

このような事実を国内的にも、もっと発信し、国民の理解を得ることが、「社旨の普及」事業として、とても大事なことだと思います。

3 日本赤十字社の評議員、代議員、役員など

社員の中から選出される代議員によって、日本赤十字社の最高議決機関である代議員会が組織されています。代議員の定数は、定款第35条で223人と決められていますが、その数は、支部ごとに定款の別表で決められています。代議員の選出は、支部ごとに置かれている評議員会で決められます。この評議員も定款の別表により、定数が1,300人と決められ、これも支部ごとに数が決まっています。この評議員の選出は、各都道府県の地区、分区の社員の中から選ばれる推薦委員によって、地区、分区ごとに行われます。このように、日本の赤十字は、文字通り「草の根」型の組織で成り立っています。

日本赤十字社の本社役員は、この代議員会において選出されます。本社役員は、社長、副社長2人以内、理事61人以内、監事3人です。社長は、本社を代表し、その業務を総理するとされています。副社長、理事は、社長の定めるところにより本社を代表し、社長を補佐して本社の業務を掌理するとともに、社長に事故がある時は副社長が、社長、副社長ともに事故がある時は、理事がその職務を代行します。監事は、本社の事業について、適切な運営がなされているかどうか監査を行います。

以上の役員のうち、社長、副社長、理事によって理事会が構成されます。この理事会では、日本赤十字社の諸規程の制定および改廃、重要な不動産の処分や契約の締結など本社の重要な業務の執行について審議し

ます。また、理事会から委任された事項について審議する機関として12人以内の人たちから成る常任理事会があります。なお、本社の収支予算、事業計画、収支決算の承認、定款の変更などは代議員会で行います。

本社は、定款第19条により皇后陛下を名誉総裁に奉戴しています。また、定款第20条により皇族を、名誉副総裁に推薦しています。この推薦も代議員会の職務です。現在、世界の君主制国家は、いずれもこのような名誉職を置いていますが、とりわけ日本では、赤十字社の成立の歴史的事情などにより、皇室との関わりが深いのです。

また、本社の重要な業務について、社長の諮問に答え、または意見を述べるため、顧問、参与を置いています。

さらに支部にも、支部長、副支部長、監査委員などの役員が置かれています。この支部役員の選出は、支部評議員会が行います。支部評議員会は、このほか支部の収支予算、事業計画など重要事項を審議します。

これら本社、支部の役員、代議員、評議員は名誉職であり、任期は3年ということになっています。

4 | 日本赤十字社の職員

日本赤十字社には、2017（平成29）年4月現在、6万7千人以上の職員がいます。その多くは、103カ所の医療施設、232カ所の血液事業施設、28カ所の社会福祉施設、25カ所の看護師養成施設の職員で、これら施設職員が総数の98.2%を占めます。

本社、支部の職員は、2%にも満たないのです。しかし、本社、支部、施設を問わず、これら職員は、ともに赤十字人として共通した理想を持ち、力を合わせてそれを実現して行かなければならない立場は、全く同じです。

赤十字という組織は、一般の企業のように営利を目的とするものではありません。しかし、現在では、これらの企業でも社会的責任を厳しく

問われています。いわんや赤十字はそもそもの初めから人道的理想を負った組織です。その職員の多くは医師、歯科医師、看護師、助産師、薬剤師、検査技師、療法士、保育士、介護士などの専門職といわれる人たちです。また、事務職員も赤十字の広範な事業に従事するために、それに相応しい高度の専門知識を持たなければなりません。その専門性を生かしながら、人道的目的を達成するのが、赤十字人の使命です。

そのことを日本赤十字社では、「ミッション・ステートメント」として、次のように述べています。

わたしたちは、苦しんでいる人を救いたいという思いを結集し、いかなる状況下でも、人間のいのちと健康、尊厳を守ります。

また、同じく「わたしたちの決意」として、次のように述べています。

わたしたちは、赤十字運動の担い手として、人道の実現のために、利己心と闘い、無関心に陥ることなく、人の痛みや苦しみに眼を向け、常に想像力を持って行動します。

前に紹介した赤十字国際委員会のピクテ氏は、その著書『赤十字の諸原則』の中で「赤十字人は、仕事はまちまちであっても、同じ目的を持った共同体の一員として、皆が心から互いに助け合い、同僚の欠点よりも長所を見て協力し合う中で、愉快に働くことができる。マックス・ヒューバー氏のいうように、赤十字にも、すべての組織に共通の指示、命令系統はあるが、それは通常の上下関係ではなく、部下は協力者である」と述べています。これは、おそらくは彼自身の体験に基づくものでしょうが、納得できるものがあります。

また、日本赤十字社の組織は、177頁の組織図に見られるように巨大なものです。赤十字もNGO（非政府組織）の一つですが、そのNGOの中でも日本最大なものでしょう。

このような巨大組織の通弊として、活動がそれぞれの分野ごとに、

第9章　日本赤十字社のしくみ　187

コラム12　わたしと赤十字30年

　八戸赤十字病院に勤めて間もない頃、ある団体の救護をする機会があり、赤十字の腕章をして重い救護鞄を持って緊張して出かけました。

　行程も中盤に入った頃、初老の紳士が、笑顔で近づき腕章を指差して話しかけてきました。「私はこれを見ると安心するんです。戦地でのこの赤十字は、何物にも替え難いものがありました。ほんとうに心強かった。」

　先人たちの力で築き上げた崇高な赤十字の力を感じた私は、胸を張って赤十字を背負える人間になる、と心に誓いました。

　そして今の目標は、「自分なりの、自分にしかできない治療的患者看護師関係を展開する」ことです。でも私に残されている看護師生活も、ほんの数年になってしまいました。

　脈々と受け継がれる赤十字精神は、今後も永久に続き、そして輝いていくものと信じてやみません。

（青森県八戸赤十字病院看護師　下田早苗）（『赤十字の動き』2006年7-8号より）

「縦割り」に陥る傾向があることは、残念ながら否定できません。以前行った「日赤のイメージ調査」「日赤職員意識調査」でもそのことが指摘されました（平成4年 電通・電通リサーチ調査「日本赤十字社のイメージと組織の課題」）。

　これについて日本赤十字社の近衞忠煇社長は、日赤医学会第48回の総会で「東日本大地震において、赤十字として一体となった取り組みを展開したように、日常的にも"横"の連携を強めていくことが必要」と説いておられます。

　赤十字のように人道的目的を掲げているところでは、そのために職員が協力し合えることは、一見たやすいように思えますが、同じ職種同士を超えて協力を惜しまないためには、それなりの努力、工夫も必要です。巨大組織には、官僚主義という天敵があります。

　これについてもピクテ氏は、「もし、赤十字がボランティア・サービ

188 第Ⅱ部 人道活動の達成のために

スの精神を失い、官僚主義に走るならば、たちまち切り花となり、枯れて死んでしまうであろう」と、特に警告しています。

　赤十字がそうならないためには、いつも職員が原理・原則を守りながらも、新しい事態には、新しい発想で取り組まなければならないでしょう。聖路加国際病院の副院長・看護部長であった井部俊子さんは、そのご経験から看護師について次のようにいっています。

　　　看護師は、複雑な組織において卓越したリーダーシップを発揮する。欠員や突然の欠勤が生じた場合でも、患者のニーズや要求に答えるために優先度を判定し、仕事の割当てを適切におこない、難局をのりきる。チーム編成と不測の事態に備えた計画づくりは、迅速におこなわれる。勤務時間内で過剰な労働負荷を生じた場合は、チーム魂を発揮し、互いに助け合うのである(高久史麿編『医の現在』岩波新書、1996年より)。

　このことは、病院内の看護師にいわれたことでしょうが、看護師だけでなく、すべての赤十字人が心がけるべきことでしょう。

　また、東日本大地震発災の前年に亡くなった竹中文良さんも、今から20年程前に日本赤十字社の社内報『赤十字の動き』に「これからの看護に期待するもの　看護婦さん遠くへ行かないで」という一文を書いておられます。この文章も、看護師さんだけでなく、すべての赤十字人に向いて書かれたものでしょう。その一部をご紹介しましょう。

コラム13　遠くへ行かないで

　私ども(医師)は一昔前、患者のところに行かなくとも、温度表を見て看護記録を読むと、患者の状況が手に取るように分かったものだ。そこには医師の主観的で無味乾燥な文面と違い、客観的で生き生きした患者の息吹が感じられた。……プロフェショナルな仕事に、基本的に要求されるものは知性と感性である。医療で知性とはプロとしての能力であり、感性とは他人に対する思いやりであろう

か。医師はどちらかといえば、より知性が要求される仕事だが、看護は知性より感性が要求される場面が多い仕事であり、要はそのバランスである。昔から「赤十字の看護婦さんは、すばらしい」とよくいわれてきたし、私どももそう思ってきた。この恵まれた歴史と伝統をぜひ継承していってほしい。

最後に多くの患者さんたちから看護婦さんへのメッセージをお伝えしておきたい。「看護婦さん遠くへ行かないで」

（竹中文良　元・日赤医療センター医師・日赤看護大学客員教授）（『赤十字の動き』1997年10月号より）

特に赤十字の仕事の中には、前にも述べたように災害救護、救急・救援活動などのように、とっさの判断が求められるような仕事がたくさんあります。石巻赤十字病院で災害医療コーディネーターとして調整する立場に立った石井正さんは、行政や他の医療機関が被災して、その機能を著しく失った時に、「すべては被災者のために」という"魂"に助けられて、本来行政に期待されているようなことまでを含め、困難な事態にことごとく対応することを心がけました（石井正『石巻災害医療の全記録』講談社ブルーバックス）。

今後もこのような事態が起こらないことを祈りますが、その稀有の経験から学ぶことは多いでしょう。このような人命に関わる一刻も猶予ができないような場面に赤十字人は、ぶつかることは、よくあることです。

これをスポーツにたとえれば、サッカーチームの選手のようなものだと思います。サッカーでは、戦術を考えるのは監督ですが、キックオフされたとたんに監督の力の及ぶ範囲を超えた場面が出てきます。このような場面で選手は、野球のようにベンチから出るサインを待っていては遅いのです。その判断力を養うために、日頃から組織の中で自分を鍛えることが大切でしょう。

5 日本赤十字社の会計・活動資金募集

　日本赤十字社の会計は七つあります。そのうち一般会計は、本社、支部の会計です。歳入、歳出とも、本社、支部と区分されています。

　一般会計収入のうち大きな比率を占めるのが、社員から寄せられる活動資金の収入です。その額は、2015（平成27年）度決算で、本社に直接、寄せられたものが80億円、支部に寄せられたものが170億円に達しました。支部に寄せられた活動資金の約15％が本社に送られます。また、地区・分区にも一部配布されます。

　日本赤十字社では、前にもお話ししたように毎年5月を「会員増強運動月間」と定めていますが、その際、「活動資金募集目標額」を決め、支部や各施設、それに地区・分区のご協力を得て活動資金の確保に努めています。

　また、平成18年度からは、従来の方式に加えて、銀行、郵便局等からの口座からの自動振替方式も選択できるようになりました。この資金も居住地支部の実績として活動費に組み入れられます。

　これら活動資金募集の中核を担うのが、地区・分区の職員です。その多くは、市町村の福祉関係の職員や社会福祉協議会の職員です。

　日本赤十字社では、市町村長や社会福祉協議会の会長などの了解を得て、これらの方々に委嘱辞令を出し、赤十字業務の執行をお願いしているのです。

　この職員の方々は、さらに町内会、自治会、日本赤十字社地域奉仕団の方々のご協力のもと、社旨の普及と活動資金の募集のため、それぞれの地域で活動をしていただいています。

　これらの活動は、まさにボランティア活動そのものです。このように日本赤十字社の事業は、非常に多くの方々の善意と努力によって支えられています。日本赤十字社職員はもとより、関係者は、このことを片時も忘れてはならないでしょう。

また、NHKの「海外たすけあい」資金のキャンペーンも、関係者のご努力の結果定着し、毎年、直接に支部、地区・分区に持参していただいたり、銀行などに振込みをしていただいたりする方も増えてきました。さらに損害保険協会からも同様に毎年お世話になっています。

以上が一般会計に属しますが、その他のものとして、医療施設特別会計は、全国の病院、診療所、熊本の健康管理センターなどの会計です。その収入の主なものは、医療保険制度による医業収益であります。

血液事業特別会計は、全国の血液センターの会計で、その収入の主なものは、やはり医療保険制度による薬価収入です。

そのほかに、社会福祉施設特別会計、退職給与資金特別会計、損害補填資金もあります。

これら七つの会計を見ますと、日本赤十字社の事業が巨大なものであり、多くの人の思いがこもったお金を、整然と管理することの重大さに粛然とした思いに駆られます。

6 | 全国赤十字大会と社歌

日本赤十字社が、民法の社団法人であった当時は、民法第60条により毎年、社員の総会を開いていました。前にお話したように、社員の数が多くなるにつれて、出席者も増えてきて、場所も公園などの広場を使うようになりました。例えば、1902（明治35）年に、上野公園で開かれた第11回社員総会の時などは、創立25周年ということもあって、約8万人の社員が出席しました。この社員総会は、終戦後も続きましたが、社法制定後は、先ほど述べたように、代議員会で重要事項を決定することになり、制度的には、総会はなくなりました。

しかし、赤十字社員ができるだけ大勢集い、赤十字運動の現状を知り、その発展を期するため、毎年5月の赤十字運動月間中に、名誉総裁や副総裁も出席され、また、本社・支部・施設の職員や赤十字奉仕団員など

192　第Ⅱ部　人道活動の達成のために

も参加して全国赤十字大会が開かれています。特に、1997年には、創立120周年記念大会が開かれ、天皇、皇后両陛下をはじめ、各皇族方も出席されました。2007年の創立130年記念大会も同様です。

　このような大会は、また支部レベルで開かれることもあります。このような機会に功労があった社員の表彰なども行われますが、これは決して「お祭り騒ぎ」ではなく、赤十字の果たす「人道的役割」を確認するチャンスです。

　この本社や支部の大会などの機会に歌われる日本赤十字社の社歌は、1925（大正14）年4月、日本赤十字社創立50周年を控えて、時の皇后（後の貞明皇后）から賜ったものです。ご承知のように、それは次のようなお歌です。

　　四方の国　むつみはかりて　すくはなむ　さちなき人の　さちをえつべく

　このお歌の意味は「世界の国々と親睦を図り、相携えて不幸な人々の救護に努め、幸せをもたらそう」ということであり、赤十字の人道主義、平和主義、国際性を高らかに歌われたものです。

　このお歌は、当時、フランス大使として日本に駐在していた高名な詩人ポール・クローデルが、翌年、さっそくフランス語に翻訳しました。それは次のようなものでした。

　　Sur les hommes sans bonheur, Immense fraternitè , Penche ton front et coeur, Etude de la douleur, Science de la charitè .

　これを読んだ当時の赤十字社連盟事務次長のド・ギルグット氏は、それをさらに英語に翻訳しました。

　　Toward suffering mankind, Oh great fraternity, Turn thy head and thy heart; Study its misery, Charitable scientists.

第9章　日本赤十字社のしくみ　193

　なお、1908（明治41）年5月には、時の皇后（後の昭憲皇太后）からも、
次のお歌を賜っています。

　　　日の本のうちにあまりて　いつくしみ　とつくにまでも　およぶ御
　　代かな

　このお歌の意味も「赤十字の慈愛の心は、国内ばかりでなく、外国の
人々にも及ぼさなくてはならない時代になってきた」ということであり、
「四方の国」の社歌と同じ精神を歌われたものです。

194　第Ⅱ部　人道活動の達成のために

第10章　日本赤十字社の病院と看護師等養成施設

1 最近の医療制度・看護制度の改革

　最近の医療制度・看護制度の改革は、宇宙の創成期の大爆発を意味するビッグバンの名で呼ばれるほど大きいものがあります。

　前にもたびたび述べたように、赤十字の病院は、当初、戦時における救護員の養成施設として創られました。その後に創られた病院も、その多くが看護師養成施設を併設し、2017（平成29）年3月31日現在で116,036人の看護師を世に送り出しています。

　これらの養成施設は、わが国における職業としての看護の確立、看護の倫理と技術水準の確立に大きな役割を果たしました。またその後も、次々と創られた赤十字病院は、戦後それぞれの地域の中核病院の役割を果たすものが多く、人々の厚い信頼を得てきました。

　これらの病院・看護師養成施設は、近年、医療法の改正、医療保険制度の改革、看護師養成制度の改革などにより、その内容を大きく変えてきました。

　このことを述べる前に、それまでの歴史や制度の変遷について、少しお話しましょう。

2 博愛社病院の建設と看護婦養成までの途

　前に述べましたように、1885（明治18）年1月、橋本綱常は、博愛社の社員の資格で「病院設立建議書」を本社に提出し、それを受けて、博愛社総会でも「医員、看護夫ノ養成」を決定し、翌年、東京府麹町区飯田町4丁目に博愛社病院が建設されました。看護夫とは、男性の看護人のことです。

　この男性看護人は、既に看護婦養成に先立ち、西南戦争の翌年から常備の構想が進められ、1881（明治14）年には規則が作られ7人が採用されていました。

　しかし、院長に就任した橋本はドイツ留学の経験から、女性の看護人養成が病院現場には必要と考えていたようです。男性看護人は、戦場における看護要員ということだったのでしょう。1894（明治27）年の日清戦争までは、確かにそういう扱いでした、

　しかし橋本院長は、看護婦養成をすぐには始めようとしませんでした。その代わり、それに先立って二つの事業を行いました。

　彼は、まず良い看護婦を養成するには、良い教員の養成が必要だと考えました。その頃の看護婦養成施設というと1885（明治18）年に設立され、ミス・リードが指導する有志共立東京病院（後の慈恵医院）内の看護婦教育所、同年、J・C・ベリー夫妻を中心に開設された京都看病婦学校、1886年にミセス・マリア・ツルーによって設立された桜井女学校内の看護婦養成所のように、その多くがキリスト教系外国人の設立、指導する学校でした。日本人の良い指導者がまだなかなか得られなかったのです。

　橋本も、初めはドイツから適任者を招こうとしました。当時、日本政府は、多くのいわゆる「お雇い外国人」を招いて、高給を支払っていました。しかし、財政基盤の弱い赤十字には、それは無理でした。地道に自分のところの医師などを育て、看護教師にするしかないと考えたのです。

博愛社病院の開院式でもそのことに触れています。

　それからもう一つは、看護婦という職業に対する無理解が、今から想像できないほど強かったので、その解消策を考えました。

　ナイチンゲールも、この看護職に対する無理解と戦いましたが、彼女自身、貴族の家の出身でした。いわば身をもって、看護の仕事の尊さを訴えたのです。

　橋本がとったのは、これに学んで当時の皇族や華族などの婦人に看護を学んで実践してもらおうという戦略でした。戦前の記録には「看護事業ハ……王公ノ女ト雖ドモ、其ノ一身ヲ投スルニ足ルベキ尊貴ニシテ名誉アル事業ナリ」との言葉を示し、世の中の誤った考え方を匡したいとあります。

　1887（明治20）年6月、有栖川宮妃董子妃殿下を幹事長に、鍋島栄子、大山捨松などを幹事に日本赤十字社篤志看護婦人会が設立されました。大山捨松は、アメリカで看護学を学んだ女性で、大山巌陸軍大臣夫人でした。

　さっそく発会式に引き続き、陸軍1等軍医正足立寛の看護法と救急法の講義が行われ、講師にはお雇い外国人の東大教授のスクリバやベルツも加わりました。翌年の6月の日本赤十字社第2回総会の際に、美子皇后の臨席のもとに77人が修了証書を受けました。1889（明治22）年には、『教程』－テキストも作られ第2回の修了生も出ました。

　また、この篤志看護婦人会は、地方に支会を作り活動を広めるようになりました。これらの会員の中から、戦時に救護に従事した新島八重のような人々も出てきました。

3 ｜ 看護婦養成施設の発足

　1889（明治22）年6月14日になって、ようやく「日本赤十字社看護婦養成規則」が制定されました。この規則では、第1条に「卒業後戦時ニ於テ

患者ヲ看護セシムル」ために養成を行うと設置目的を掲げました。加入したばかりのジュネーブ条約の趣旨を受けて「戦争の悲惨な結果を少しでも軽減する」ため、戦時における救護員の養成をすることを明らかにしたのです。

また、卒業後2年間病院において看護業務に従事し、後20年間は、有事の際に召集に応じることを志願者の誓約条件として決められていました。

生徒の採用資格は年齢20歳以上30歳以下、身体強壮、性質温厚で読み書き、算数のできる者とされていました。学費は無料どころか、毎月5円を支給するというものでした。

第1回目の入学試験は、1890（明治23）年4月に行われましたが、応募者は26人で、合格者10人、うち8人が東京出身者、また士族出身も8人いました。

この年の4月からこの第1期生の養成が始まりました。当時の修業年限は1年半でしたが、これを3期に分けて、午前を学科、午後を実習に当てることにしました。

その教科目は、
　第1期　解剖学大意、生理学大意、消毒法大意
　第2期　看護法、治療介輔、包帯法
　第3期　救急法、傷者運搬法、実地温習

というものでした。この教科担当は、すべて日本赤十字社病院の医員で、教科書は、まだ定まったものがなく、足立寛講述の「看護学教程」などを使いました。足立寛も第2章で述べた大阪の適塾で学び、東京大学医学部の

図表72　現在の日本赤十字社医療センター（日本赤十字社提供）

198 第Ⅱ部 人道活動の達成のために

教授として、看護学の基礎を築いた人です。

　1891（明治24）年5月になって、病院は、渋谷村（現在の東京都渋谷区広尾）に移転しました。それに伴い養成所の教場として飯田町の病院の旧病棟が渋谷村に移され、初めて教場兼寄宿舎ができ、全寮制をとることになりました。

4 赤十字看護婦の誕生

　1891（明治24）年10月には、第1回卒業生10人が、1年半の修学を終え卒業試験に臨み、全員が卒業しました。しかし、病院が整備中のため、卒業式は延期し、直ちに実務に就きました。

　その直後の10月28日に、愛知県、岐阜県にまたがる地域で、マグニチュード8.0の激烈な内陸型断層地震である濃尾大地震が起こり、第1回生全員が、1月余にわたって救護に出動しました。その様子は、後ほど第12章でお話しします。

　翌年の1892（明治25）年に、第2回生9人が卒業したのを機会に、5月30日、佐野社長も出席して、第1回生・第2回生合同の卒業証書授与式が行われました。養成委員長・足立寛は、わずかの期間に生徒が好成績をあげたことを称賛しました。

　1893（明治26）年9月、日本赤十字社は、養成規則の一部を改正し、養成の目的に「自然災害の際の傷病者看護」を加えました。これは既に述べたように、この前年に社則を改正して、日本赤十字社の業務に「臨時天災の場合の救護」を加えたことに対応するものです。また同時に、修学年限を3年半とし、前の1年半はもっぱら学業と実地訓練にあて、後の2年は実務に服し、学科の応用に熟練させることにしました。

　この時期、日本赤十字社支部の養成事業も発足しました。1890（明治23）年の秋、京都、広島、愛媛の各支部が、日本赤十字社病院の養成所に看護婦養成を委託したのが始まりです。彼女らの学業と実務の修了が

終わった頃から、今度は地方においても、看護婦養成が始まりました。1893（明治26）年には、広島支部、次いで大阪支部、京都支部が、地元所在の病院に委託して始めたのです。これは他の支部にも及んだのですが、支部自身が病院を持ちたいという欲求をも高めました。しかし、支部の看護婦養成事業は、地方によってばらつきがあり、その後、しばらくは本社病院の養成所で支部の模範生を受け入れる制度に変わりました。

また本社は、1896（明治29）年5月になって「日本赤十字社地方部看護婦養成規則」を作り、委託生の修業年限を2年に定めました。

5　明治期の日本赤十字社看護婦養成の教育内容

1896（明治29）年6月に、本格的な教科書『日本赤十字社看護学教程』が、足立寛によって編纂され刊行されました。その内容は、「序論」「日本赤十字社主旨及び組織」「解剖学及び生理学大意」「看護法」「治療介輔」「手術介輔」「包帯法」「外科器械」「救急措置」「患者運搬法」「衛生法大意」の11編から成り、当時の教科内容をすべて網羅しています。

それとともに、精神教育を重視し、1898（明治31）年に佐野社長が「日本赤十字社看護婦訓戒」を定め、精神教育の指針としました。この中で佐野社長は、本社養成の看護婦と支部養成の看護婦の間に違いがないことを強調しました。

また、1904（明治37）年には、養成規則をさらに改正して、本社・支部に同じ規定を適用して、学生の修学年限を3年に統一しました。

図表73　明治の看護教育の教室風景（日本赤十字社提供）

またこの年、教科書の中の学科目の他に「救護員心得」「看護婦訓」「救護員礼式」「修身」「赤十字条約」「陸海軍病院勤務に関する事項」も付け加えました。

1910(明治43)年に出された「看護婦生徒修身教授参考書」を見ますと、そこには、

> 日本赤十字社は、報国恤兵を経(縦糸)とし、もって忠愛の実をあげ、博愛慈善を緯(横糸)とし、もって人道の誠をいたす。これを主義の大綱とす。
>
> 愛の理は一なれども、君国対しては忠愛となり、人類に対しては博愛となる。

という言葉が載っています。前に述べましたように、国家主義的な「報国恤兵」と国際協調主義的な「博愛慈善」の両方が、たて糸、よこ糸のように織り合わされて、日本赤十字社の事業が成り立っているのだと強調されていました。また、この頃から外国語も、随意科目としてですが、取り入れられるようになりました。

日露戦争の後は、さらに「救護員養成規則」が制定され、従来の科目の他に、「赤十字事業の要領」などが付け加えられました。

6 支部病院の設置

1896(明治29)年頃までに、全府県に日本赤十字社支部ができていました。前にも述べたように、これら支部でも病院の設置要望が高まり、1901(明治34)年になって、支部の経費を出してでも病院を作りたいという「支部病院設置に関する意見書」が、支部の有志から出されるようになりました。

そこで本社は、1903(明治36)年7月、「支部病院設立準則」を作り、支

部病院の設立を促しました。その準則によると、病院設立費は25万円以上、敷地は4千坪以上、病床数は70床以上などの「標準規模」を示し、併せて本社の補助制度を決めました。

これによって1904（明治37）年2月に三重支部が、同年4月に滋賀支部と長野支部が支部病院を開設しました。それ以降、1909（明治42）年まで和歌山、富山、香川、兵庫、大阪の各支部病院の設置が続きます。また大正期に入っても支部病院の設置は続き、1924（大正13）年には、内地に17病院、それに当時、日本の実質的支配地域であった台北、奉天などにも病院が設置されていました。これらの支部病院の多くは、救護看護婦の養成所が付属施設として設置されていました。

これらの支部病院は、第4章でも触れたように戦時救護のほか平時事業の担い手として、大正から昭和初期にかけて、低所得者のための無料・低額診療などの事業を行い、多くの人々の支持を受けることができました。これらの事業を支える看護教育も、この時代に大きな変化を遂げたのです。

7 | 大正、昭和初期の看護・助産・保健教育

1921（大正10）年3月に、ジュネーブで大戦後初めての赤十字国際会議が開かれましたが、この時、各国赤十字社は平時事業として「公衆衛生看護事業」を推進するということが決議されました。

そこで日本赤十字社でも、でも、その一環として妊産婦・乳幼児の保健診療や産婆（当時の助産婦の呼び名）養成などを進めることにし、大阪支部病院に産婆養成所を作り、翌年3月、看護生徒の教科科目の中に「個人衛生大意」「細菌学大意及び消毒」「社会的看護事業」などを加え、5月には東京に「日本赤十字社産院・産婆養成所」を開設しました。

現在の「日本赤十字社助産師学校」や「日本赤十字看護大学」の助産コースの前身です。

202　第Ⅱ部　人道活動の達成のために

　さらにこれらの平時事業を行うためには、諸外国の事情を学ぶことが大切と考え、1925（大正14）年には、「外国語学生規則」を作り、外国語（英語、フランス語、ドイツ語、ロシア語、中国語）を履修する「看護外国語学生」制度を発足させました。

　とりあえずの措置として翌年から、津田梅子の創設した女子英学塾に、井上なつゑ、高橋たかの、山田ナルの3人を通わせることにしました。

　また、1928（昭和3）年には、今度は「社会看護婦養成規則」を作り、公衆衛生事業に従事する看護婦の養成にも努めました。これは日本における保健婦の草分けです。

　後に参議院議員になった石本しげるは、この社会看護婦養成所の出身ですが、1982年に北風書房から出版された『紅そめし』の中で次のような思い出を書いています。

　　わけても私が深い感銘を受けた授業は、生江孝之先生の社会学であった。先生は福祉の先進国ニュージーランドに例を求め、社会福祉の実情、社会生活における真の平等とは何か、福祉の目的、方法論を説かれた。イギリス留学を経験された井上なつゑ先生は、イギリスにおける訪問看護システムを、数々の実例を挙げながら講義された。

　この時代の赤十字の看護婦教育には、このように国際活動ならびに公衆衛生を重視する先進的な面もあったのです。

　1932（昭和6）年1月、いわゆる第一次上海事変に日本赤十字社の救護班が出動したましが、その派遣手続きや引き上げ時期などについて、当時の海軍陸戦隊の将官が、帰国後、日本赤十字社を非難する講演を各地でしていました。

　それに対し当時の日本赤十字社本社の救護課長高橋高は、日本赤十字社の雑誌『博愛』昭和7年8月号に「赤十字戦時救護の誤解に就いて」という文章を載せ、赤十字の戦時活動に対する誤解を指摘し、厳しく反論をしたのです。

第10章　日本赤十字社の病院と看護師等養成施設　203

　1934（昭和9）年10月には、東京で第15回赤十字国際会議が開かれ、当時の赤十字条約加入各国の54社の代表も集まり、それまでのジュネーブ条約では取り上げていなかった「文民」の保護を内容とする条約案が決議されるなどの成果もあげました。

　ところがちょうどその頃から、国内外の政治情勢が急激に変化してきました。赤十字国際会議が開かれている真最中に、陸軍の「国防の本義と其強化の提唱」というパンフレットが国民に広く配られました。それは戦争の礼賛に始まり、国民に「国家総動員体制」を訴える内容のものでした。これが多くの人々の心を捉えたことも事実です。

　1936（昭和11）年5月に、第1回ナイチンゲール記章受章者で「日赤看護婦の慈母」といわれ、「国際看護婦協会」でも活躍した萩原タケが亡くなりました。1937（昭和12）年6月、日赤看護婦同方会の機関誌『同方』は、百頁を超す「萩原タケ子記念号」を出し、その死を悼みました（コラム5　日本のナイチンゲール参照）。

　その直後の昭和12年7月、日華事変が起こり、それを境に看護教育の内容も様変わりしました。せっかく育った社会看護婦・外国語学生の養成が中止され、戦時体制一色になってしまったのです。

　そうして1939（昭和14）年4月には、看護婦の養成期間も2年半に短縮されました。また、その年の10月には戦時の要員を補充するための「臨時救護看護婦」の養成を始めました。また、翌年の12月には、「日赤看護婦養成規則」が改正され、従来の生徒を甲種とし、新たに乙種生徒の養成も始めました。養成期間は、甲種が3年、乙種は2年でしたが、1942（昭和17）年からは、甲種も養成期間が2年になりました。

　当時の大阪赤十字病院の養成所だけでも、一時、甲種生徒・乙種生徒、臨時救護看護婦生徒の三種類の生徒が共学し、在籍生徒数が1千人を超したと、『大阪赤十字看護専門学校百年史』にあります。

8 戦時中の赤十字病院

　1937（昭和12）年11月、陸軍大臣から日本赤十字社社長・徳川家達に対し戦時救護規則第66条に基づき、軍の戦傷者のために、一般患者の入院を停止し、日本赤十字社病院を軍の用に供するよう通達が出されました。

　翌月からこれは多くの支部病院も陸軍の管理に入り、終戦時まで36の赤十字病院が「陸軍病院」として多くの軍患者を受け入れることになりました。

　入院病棟は傷病兵で溢れ、一般患者は産婦人科や小児科まで含め、外来診療だけになったのです。しかも、病院の医師、看護婦、事務職員でも戦地に召集されるものが多く、残された人々は、必死の思いで毎日を過ごしました。その状況の中で、延べ数千万人の傷病兵の人々が、赤十字病院で療養生活を送ったのです。

　ジュネーブ条約に基づく軍の衛生部隊の幇助とはいえ、この時期、赤十字病院は、軍の病院になりました。しかも、終戦直前の1年半余りは、多くの病院が無差別の空襲に曝され、建物にも被害が出たばかりでなく、職員や入院傷病兵の中にも、亡くなった人が多かったのです。当時、病院で療養生活を送った兵士も、治療・看護に献身した人も今や老齢に達しましたが、今なお赤十字病院の思い出を感慨深く語ってくれる方も多いのです。

9 戦後の看護婦養成制度の改正

　戦後、日本赤十字社が真っ先に着手したのは、この看護婦養成制度です。連合国総司令部（GHQ）も看護婦養成を重視し、オルト課長が先頭

に立って、顧問に就任したアメリカ赤十字社のエディス・オルソンさん
とともに、指導にあたり教育改革を行いました。

1946（昭和21）年、日本赤十字女子看護専門学校が発足しました。こ
の女子看護専門学校と聖路加女子専門学校の二つの学校が、GHQの指
導により「看護教育模範学院」として、共同運営をすることになりました。

翌年この模範学院では、アメリカにならって日本で最初の戴帽式を行
いましたが、このように、あらゆる点でこの模範学院は戦後の看護教育
のモデルになりました。この女子看護専門学校が、現在の日本赤十字看
護大学の前身なのです。

日本赤十字社でも、1947（昭和22）年に「救護看護婦養成規則」を改正し、
従前の支部看護婦養成所は、病院の付属看護婦養成所になり、さらに翌
年には、「保健婦助産婦看護婦法」も制定され、看護婦の国家試験制度も
発足しました。

ちょうどその頃、大阪の赤十字病院建物は、アメリカ軍に接収され第
28軍病院となっていました。戦時救護から帰った大阪看護婦養成所出
身の早川かつさんは、産婆（助産婦）資格と英語力を買われ、アメリカ第
28軍病院産科病棟に勤務し、アメリカ方式の看護を2年間、実地に学び
ました。その後、大阪赤十字病院に戻った早川さんは、アメリカのヘン
ダーソン理論に基づく「新しい看護」を実践し、大阪だけでなく全国の赤
十字病院全体の看護体制に大きな影響を与えたといいます。

戦前に語学学生として英語を学んだ井上なつゑさん、林塩さんなどは、
当時、国会議員として日本の看護制度の改革に努力していました。この
ように戦後アメリカの看護の影響をまっすぐに受けとめることができた
のは、戦前からの努力の積み重ねの結果です。

ところで1952（昭和27）年日本赤十字社法が制定された時、その第29
条に、「救護員確保のために、必要があるときは、医師、看護婦その他
の特殊技能者を養成しなければならない」との規定が設けられ、戦前か
ら引き続いて救護員の養成が日赤に義務づけられました。次いで1955
（昭和30）年には、「日本赤十字社看護婦養成規則」が制定され、現在の看
護師養成制度の基礎が固まりました。この頃から、男性看護士の養成も

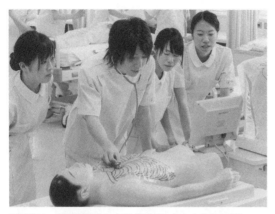

図表74　看護実習をする学生（日本赤十字社提供）

始まりました。男性看護生徒は、女性と同じ教室で同じ教科を習いましたが、実習だけは、当時、精神科病棟で行うことが多かったのです。

1975（昭和50）年には、学校教育法が改正され、専修学校制度ができたことから、現在の「赤十字看護専門学校」という名称になりました。

また、「看護教育模範学院」は、1953（昭和28）年に解散しますが、翌年、女子看護専門学校は、短期大学になります。学校教育法上は、日本赤十字社は大学、短大は運営できないので、学校教育法による学校法人（現在の「学校法人日本赤十字学園」の前身）を設立し運営することになりました。

1982（昭和57）年になって、高度複雑化する医療と看護に対応するために、日本赤十字社の本社に「看護婦養成制度検討会」を設置し、検討を進めた結果、1986（昭和61）年に、現在の「日本赤十字看護大学」が開学したのです。また、その後も愛知、秋田にも赤十字看護短大ができました。

さらに1991（平成3）年と1994（平成6）年にも、看護婦養成事業のあり方についての検討を行いました。特に「救護員」としての看護婦についての資格を再検討し、1995（平成7）年に規則を改正し、登録制度を採ることにしました。

また、1998（平成10）年には、医療の高度・専門化や高齢化に伴う保健・医療の増大により、看護職の役割が増大した事態を踏まえ、「日本赤十字社の看護婦（士）養成の基本的方向」を定めて、全国の主要都市に大学を設置することにしました。

なお、幹部看護婦の養成については、明治の末から始めていましたが、戦後間もなく、日赤中央病院(現・日赤医療センター)内に卒後教育施設を設けました。1963(昭和38)年には、これを「日本赤十字社幹部看護婦研修所」と改称し、さらに、2002(平成14)年の「看護師」への名称変更により現在の名称になっています。

10 | 戦後の赤十字病院の概況

1945(昭和20)年の終戦時には、日本赤十字社は38の病院を持っていました。

そのうち、空襲によって全焼した病院は、仙台、水戸、長岡、富山、和歌山、岡山、呉、松山、高知の9病院でした。また、一部の病棟などが残されましたが、多大な損害を受けた病院は、東京の中央、大阪、静岡、浜松、福井、広島の6病院にも及びました。それに東京、横浜、神戸、熊本などでは、診療所までもが全焼しました。

この惨憺たるというしかない状況のもと、赤十字病院は再出発をしたのです。その上、大阪、京都の二つの病院は、1945(昭和20)年の秋に進駐軍によって接収され、占領が終わって3年たった1955(昭和30)年2月になって、ようやく返還される有様でした。

そのような過酷な状況の中で、先人は多くの病院を再建し、新設し、戦後の厳しい時代に人々の生命と健康を守ったのです。

その頃、解散した日本医療団の病院や一部の公立病院の移管などもあり、1955年には、赤十字病院の数は100を超えていましたが、高度成長が始まった1961(昭和36)年には、その数は94になり、その中、36が看護婦養成施設を持っていました。

この頃から人口の都市集中、農山村の過疎化による新たな問題も起こり、交通事故や産業災害も増え、救急医療も大きな問題になりました。

また、昭和36年には、国民皆保険制度も発足し、医療需要も拡大す

る一方、医師や看護婦など医療スタッフの不足も顕在化してきました。

このような状況の中で、疾病構造の変化に伴う施設整備や診療機能の充実に迫られた赤十字病院では、公的病院の病床規制や人件費の高騰などもあり、赤字が累増し経営危機に陥りました。

その後は、国が公的病院の整備の必要性を認め、公的病院への公費の導入や病床規制の撤廃などがなされ、経営改善の努力を重ねた結果、一時は危機を脱したかに見えました。

しかし、1981 (昭和56)年頃から、薬価の切り下げなど医療費抑制の傾向が強くなり、平成に入ってもなお、病院の赤字基調は続きました。

そのため 1993 (平成5)年から、体制整備に努め「特色ある病院経営」を目指しました。ちょうどこの時期は、高齢化社会の到来と医療環境の変化に応じて、国の保健・医療・福祉政策が大きく転換する時期でした。

1995 (平成7)年には、「日赤病院の運営に関する戦略」を決め、各病院でも、さらに将来を見据えた方策をとることにしました。

1998 (平成10)年には、第3次の医療法改正もあり、さらに 2000 (平成12)年から介護保険制度も発足しました。

2004 (平成16)年には、「赤十字病院の在り方検討会」の報告が出され「赤十字病院の特色発揮」「安全で安心な医療の提供」「医療環境の変化への対応」などが検討されました。その結果は、次の節でお話しします。

2017 (平成29)年には、44の都道府県に92病院が設置されています。また、その病床数は約 37,000 床です。

この中には、原爆後遺症の人々のために開設された広島赤十字・原爆病院、日本赤十字社長崎原爆病院、同諫早病院も含まれていますが、これらの病院でも、現在は一般治療を行っています。

11 赤十字病院の特色と経営

戦前の赤十字病院は、軍の衛生部門との連係もあり、多くの人々の支

持を得て、現在の福祉医療制度にあたる低額・無料医療を盛んに行ってきました。

それがまた世間から評価され、支持を固めるというふうに良い循環をしてきたのです。戦後は、それが一変しました。

確かに現在でも、済生会、厚生連などともに公的病院としての扱いを受け、税制面などでは、少し優遇されていますが、経営の基本は、一般の私立病院と同じで、病院収入の大半を占める診療収入で経営費用の大半を賄わなければなりません。

今でも赤十字病院というと戦前の良い遺産をイメージ的にも引き継ぎ、医療内容などに対し、世間から国公立並みの水準を期待されています。それはうれしいことでありますが、経営的には、一般病院と競争関係に立ちながらもその期待に応えるのは、なかなか大変なことです。

そのため、各病院では、地域条件に合った戦略計画を立て、地域において果たす役割や機能・規模などが、今のままでよいかどうかを絶えず検討してきました。

この過程で、赤十字病院らしい事業、例えば災害時の医療救護、国際貢献としての医療活動、地域保健活動、救命救急医療、悪性腫瘍・循環器疾患に対する高度医療、地域の老人のための医療・訪問看護などを充実することなどの具体的戦略を立て、努力を重ねてきています。

また入院費について、病傷名の診断群分類により、あらかじめ定められた点数に基づき算定される「入院包括払い制度」－DPCをとり、医療の効率化、透明化、それに医療費の適正化を図ることなども、多くの赤十字病院で実施されています。また、

図表75　大阪赤十字病院　災害拠点病院ロジスティクス・センター（日本赤十字社提供）

210　第Ⅱ部　人道活動の達成のために

電子カルテの採用、レセプト完全オンライン化などの「医療のIT化」についても同様です。また、安全で安心できる病院を目指しての体制の構築も大きな課題です。

　しかし、どこに診療の重点を置くか、その具体的手段として、どのような体制をとるかは、個々の赤十字病院が、地域の医療ニーズや病院の置かれた状況を分析し、十分に院内の討議を経て、組織一丸になっての取り組みが必要なことはいうまでもありません。そのためにも「赤十字とは何か」の知識は、職員全員にとって不可欠なものでしょう。

　また、医療法の改正、診療報酬制度の改訂、訪問看護制度などの行方、介護保険法の改定、地域の老人保健施設・老人福祉施設・障害者施設などの状況など、医療面はもとより、福祉など多くの制度の変化にも、絶えず注意を払っておく必要があります。

　2017（平成29）年1月現在、赤十字病院では、63の病院が災害拠点病院に指定されて、東日本大震災や熊本地震などに際して、日頃の訓練の成果を生かし活動しました。また、26の病院が救命救急センターに指定され、重篤な救急患者の受け入れを24時間体制で整えています。さらに6病院が「高度救命救急センター」の指定を受けているのです。また11病院が「総合周産期母子医療センター」に指定され、高度医療を備えて、24時間体制で母子の命を守っています。

　また、全国で17の赤十字病院が「へき地医療拠点病院」に指定され、山村、離島などへき地の医療を支えています。また、DPCを採用している病院は、2012（平成24）年4月現在、67施設にも及びます。

　これらの多彩な赤十字病院のうち、2病院の事業を写真により紹介しましょう。

　熊本赤十字病院は、他の県内3病院とも連携をとりながら、ヘリポート基幹病院としてドクターヘリ活動を行っています。医師が搭乗して救急現場に向かい治療も行うとか、傷病者の病院への搬入を行っているのです。

　また、高槻赤十字病院では、緩和ケア病棟・レイクサイドホームを設け、大勢のボランティアの援助を得て、家庭的な雰囲気の中で、がん患

者の支援を行っています。

　こうして見てくると、赤十字病院が、わが国医療の中で果たす重要な役割が、少しは見えてきます。このように採算をある程度度外視しても、社会的要請に応え取り組まねばならない分野が多いことから、団塊世代が75歳に達する2025年をゴールとする現行の診療報酬制度のもと、赤十字の病院の経営状況は、厳しいものがあります。

　こうしたなか、日本赤十字社の本社では2016(平成28)年、赤十字病院の健全かつ安定的な経営を確保する

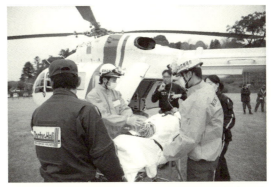

図表76　ドクターヘリによる患者搬送(熊本赤十字病院)（日本赤十字社提供)

図表77　高槻赤十字病院緩和ケア病棟　レイクサイド・ホーム(日本赤十字社提供)

ため、また赤十字病院グループ全体の相互支援および経営資源の有効活用を図るため、従来の医療事業部を改編して新たに医療事業推進本部を設置しました。いずれにしてもこの大きな社会変動期にあたり、赤十字病院は、規模の大小にかかわらず、生き残りをかけて患者の信頼を得、良質な医療を効率よく提供し、経営を安定させていくことが、緊急な課題になっているのです。

212　第Ⅱ部　人道活動の達成のために

コラム14　日本赤十字社の病院研修会

　2009（平成21）年に、日赤本社では、全国の赤十字病院で臨床研修をしている研修医を対象に「病院研修会」を4月と5月の計4回にわたって実施しました。

　研修会は札幌、東京、熊本の三会場で開催され、全国の日赤病院で初期研修をしている研修医の8割にあたる294人が参加。

　講義は各地の赤十字病院の医師が担当しました。若手の医師からは、現在の診療科へ進んだ際の考え方や不安・葛藤などが、ベテラン医師からは「医師としての近道はない」などの助言があり、赤十字全体で「いい医師を育てる！」とのメッセージを発信しました。

　研修会のメインはグループワーク。研修後の進路や医師としての将来像を語り合い、同年代の研修医として抱える悩みや不安を共有しました。

　参加者からは、「他の病院の研修医と話す機会はなかなかなく刺激を受けた」「赤十字病院といっても、大都市地域だけでなく、さまざまな環境で研修医ががんばっていることがわかって励みになった」「同じ悩みを持った人々が他にいると安心した」といった感想が出されるなど、赤十字病院のグループメリットを生かした研修会となりました。

（『赤十字新聞』2009年7月号より）

　2010（平成22）年からは、全国を7ブロックに分けて、医師・看護師・薬剤師・検査技師・事務職など、病院の運営に関わるすべての職種を対象に研修会を実施してきました。ここでは危険予知トレーニング、薬の誤投薬防止、患者や家族とのコミュニケーションの取り方など、各病院共通の具体的な取り組みの情報を交換し、ワークショップ形式で議論を深めて地域間・院内の相互理解をはかり、赤十字病院の職員の資質向上に努めています。

（『赤十字新聞』2010年3月号より）

第10章　日本赤十字社の病院と看護師等養成施設　213

12 | 現在の赤十字看護師・助産師養成施設

現在(2017年4月)の日本赤十字社の看護師養成施設等の状況は、次の表の通りです。

図表78　日本赤十字社の看護師等養成施設

施　設　数		一学年養成定員		
大学(大学院併設) ＊1	6	看護師	22校	1,315人
短期大学　＊2	1	助産師	6校	92人
看護専門学校　＊3	16	保健師	6校	155人
助産師学校	1	幹部看護師	1校	120人
幹部看護師研修センター	1	介護福祉士	1校	50人

これら6つの日本赤十字看護大学では、2005(平成17)年の「赤十字教育に関する検討会」の報告に基づき、「赤十字基本原則」と「国際人道法」などの科目が教授されています。

また、16の赤十字看護専門学校では、1997(平成9)年度から新しい看護教育の教育課程が定められ、看護の七つの専門領域(基礎看護学・在宅看護論・成人看護学・老年看護学・小児看護学・母性看護学・精神看護学)ごとに単位制が導入されたことに伴い、赤十字看護学校の独自性ある教科内容として「赤十字概論」「災害看護論」が関連科目として教えられてきました。

さらに、2008(平成21)年の教育課程からは、これらの赤十字関連科目は、「人権と赤十字」「赤十字活動論」「災害医療論(赤十字救急法を含む)」という体系になりました。従前の科目をより実践的なものにすると

＊1　日本赤十字看護大学・大学院、日本赤十字北海道看護大学・大学院、日本赤十字秋田看護大学・大学院、日本赤十字豊田看護大学・大学院、日本赤十字広島看護大学・大学院、日本赤十字九州国際看護大学・大学院
＊2　日本赤十字秋田短期大学(介護福祉学科)
＊3　伊達、浦河、石巻、さいたま、長岡、富山、長野、諏訪、大津、京都第一、京都第二、大阪、姫路、和歌山、岡山、松山赤十字看護専門学校
　　(松山は平成30年度をもって閉校予定。和歌山は30年度を最後に募集停止)

図表79 日本赤十字九州国際看護大学（日本赤十字学園提供）

いう狙いがあったものと思います。

　この改正の眼目は、赤十字の重要な業務である災害救護などの活動の基本として、赤十字基本原則や国際人道

コラム15　看護師に向いている人

　「どんな人が看護師に向いていますか？」という問いに、伊藤ヒロコさん（元・大阪赤十字病院看護部長、前・大阪府看護協会会長）は、「人が好きで、大切に思う気持ちがあることです。たとえ会話が苦手でも、技術が拙くても、人間が好きであれば、訓練次第でスキルは向上していくものです。」と答えておられました。

　また、「看護職を目指す人は，家事などの手伝いをして下さい。自分の体と頭を使って、最も効率の良い作業方法を見つけることは、どんな仕事においても必要とされます。その能力は、机に向かって勉強するだけでは決して身につきません」ともいっておられます。さすがに長期にわたって看護職を続けてこられた方の言葉は、説得力があると感心しました。

（平成25年大阪府赤十字大会の場で）

　今回の東日本大震災に際し、宮城県東松島市に救援に出かけた熊本赤十字病院の田中裕貴さんは、看護師経験5年の若い方のようです。救護所や巡回診療で一生懸命治療するのが、救護活動だと考えていたそうですが、「赤十字の方ですか、ご苦労さまです」と声をかけてくれた地元の方と話しているうちに、「人と話す」ことの大切さを感じたといいます。積極的に人と話すことで、被災した方々の思いやニーズを知り、活動上の新たな発見をすることができたというのです。

（桝居　孝）

（『赤十字NEWS』2011年9/10号より）

第10章　日本赤十字社の病院と看護師等養成施設　215

法などと看護との関わりを、深く学ぶもこと\にあると思います。

　今回の東日本大地震の際、全国的に注目を浴びた石巻赤十字看護専門学校のことは、たびたびテレビでも報道され、また、日本赤十字社の本社企画広報室が作ったDVD「赤十字とは何か、その教育の原点を問う」もありますので、詳しくご承知の人も多いことだと思います。

　当日、この学校にも大津波が襲ってきましたが、看護生徒たちは途中に出会った高齢者の方々の手を引いたり、背負ったりして高台の湊小学校まで逃げました。しかもそこで、低体温の人の背を一晩中さすり続けるなど、高齢者や負傷者の方々の救護を続けました。

　寝る暇もなく、水・食料もほとんどない状況の中で、三日三晩を過ごしたといいます。同校の教務主任・森岡薫さんは、「看護学生であるという使命感、それに赤十字の学校で学んでいるという自覚がそうさせたのだ」「救護中は、みんな教師の指示とか、自然に発生した学生のリーダーの指示に従い、全員が自分の役割を果たした」といっておられます。これこそ赤十字人全体の誇りだと思いますし、前章で申し上げたように、このようなとっさの場合に対処する心構えこそ、赤十字の精神であり伝統なのです。

コラム16　フローレンス・ナイチンゲール記章の受章者

　ナイチンゲールが傷病者の救護向上のために貢献し、人道の精神のもとに近代看護の基礎を築いた業績を記念して、1912年にアメリカ・ワシントンで開かれた第9回赤十字国際会議の決議により創られたのが、「フローレンス・ナイチンゲール記章」である。

　この記章は、看護活動に顕著な功績があった人を顕彰するために授与されるが、第1回の授章は、ナイチンゲール生誕100周年を記念して、1920（大正9）年に行われ、日本人の3人の日赤看護婦が受章された。日本赤十字社病院の萩原タケと同病院の山本ヤヲ、それに奉天赤十字病院の湯浅うめの3人である。

　その後、この授章対象者は、「平時もしくは戦時において、傷病者、障害者または紛争や災害の犠牲者に対し、偉大な勇気を持って

献身的な活動を行なった者、公衆衛生や看護教育の分野で顕著な活動あるいは創造的・先駆的な貢献を行なった者」に拡大された。その間、日本人の受章者は、100人を超えた。

　2013年度、この授章は44回目になり、日本人の受章者は、久常節子さんと金愛子さんのお二人であった。お二人とも大震災に関わってこられた方々である。

　久常さんは、阪神・淡路大震災の時には、医療・看護行政の要にあって、当時はあまり知られていなかった被災者の「こころのケア・チーム」を立ち上げた。また、金さんは、石巻赤十字病院の副院長兼看護部長として、日頃から地震・津波を想定して周到な準備を整え、被災当日、ご自身も夫君と自宅を失うという想像を絶する困難の中で、地域の多数の人々の救護と看護を長期にわたって行った。

（桝居　孝）

図表80　ナイチンゲール記章（日本赤十字社提供）

第Ⅲ部　日本赤十字社のいろいろな活動

第11章　日本赤十字社の 災害救護活動（1）

1 | なぜ日本赤十字社は災害救護を行うのか

1）はじめに―赤十字の使命に根ざした最も大切な仕事の一つ

　日本赤十字社にとって災害時の救護活動は、赤十字としての本来の使命に根ざした最も大切な仕事の一つです。日本赤十字社の災害救護は、災害の発生とともに直ちに被災地に駆けつけ、被災地の医療ベースが回復するまでの間、数週間から数カ月にわたり継続的に被災者の自立を支援することを目指しています。

　また、日本赤十字社は、国から独立した民間団体ですが、指定公共機関として国への協力が義務づけられています。全国に92の病院を持ち、他の災害救護に関わる機関にはない独自のネットワークを持っていることから、この特性を生かした医療班の派遣による救護は、日本赤十字社の救護活動の中心となります。

　それだけに大きな災害が起こると、国民の期待の目が赤十字に注がれます。この期待に応えるには、常日頃からの準備が何よりも大切です。それは、薬品、資材の備蓄、通信ネットワークの整備などとともに、何よりも、この仕事が迅速に、チームワークよく行われることが必要です。そのためには、職員、ボランティアを問わず、日頃からの訓練によって

図表81　救護所(日本赤十字社提供)

習熟する必要があります。

2011(平成23)年の東日本大震災では、日本赤十字社の救護活動が各マスコミに取り上げられ、大きな注目を集めました。そこで、これから2章にわたり、災害救護活動全般を解説します。まず本章では、日本赤十字社の災害救護活動の概論を、そして第12章では、災害救護活動の歴史と東日本大震災における活動の内容、さらには今後の災害に備えるための取り組みなどについて触れます。

2) 日本赤十字社が災害救護を行う根拠

日本赤十字社の災害救護活動には、赤十字の人道的任務として自主的判断に基づいて行う場合と、災害対策基本法などにおける指定公共機関として、国や地方公共団体の行う業務に協力する場合とがあります。ここでは、その根拠を見ていきましょう。

まず、日本赤十字社法(1952年)では、「赤十字の理想とする人道的任務を達成する」という目的(第1条)を果たすために行う業務が定められています(第27条)。その中に明記されているのが「非常災害時または伝染病流行時において、傷病、その他災厄を受けた者の救護を行うこと」であり、すなわちこれが、災害救護活動です。日本赤十字社が災害救護活動を行う根拠は、ここにあります。

一方で、同法では「非常災害時における国の行う救護に関する業務を日本赤十字社に委託することができる」(第33条)とも規定されています。これは次に解説する国との関係でも触れますが、日本赤十字社の行う災害救護業務は、国と非常に強い関係を持っています。

これら法律で定められた役割を果たすため、日本赤十字社の定款には

「救護員を確保し、その養成訓練を行い、救護材料を準備するほか、救護に関する組織及び装備を整備すること」(第48条)と定められています。そのほか、日本赤十字社の救護規則や防災業務計画、国民保護業務計画を作成し、準備を行っています。

3）国との関係

「災害救助法」(1947年)は、国が地方公共団体や日本赤十字社や国民の協力のもとに、応急的に必要な救助を行うことを目的に制定された法律です。この第31条では、「日本赤十字社は、その使命にかんがみ、救助に協力しなければならない」として救助への協力義務を規定しています。また、国が救助に関する団体、個人による協力活動の連絡調整を日本赤十字社に行わせることができるとしています。さらに、第32条では「都道府県知事は、救助またはその応援に関して必要な事項を日本赤十字社に委託することができる」と定めています。

ここで重要なことは、以下の3点に集約されます。

- 災害救助法による活動は、あくまでも国の責任において行われるものであること
- その実施は都道府県知事が責任を負うものであること
- 日本赤十字社は、これに協力する立場であること

この災害救助法を受けて取り交わされた「災害救助に関する厚生大臣と日本赤十字社長との協定」(1948年)では、主に以下の内容が合意されています。

- 日本赤十字社への委託事項は、「差し当たって医療、助産及び死体の処理(一部保存を除く)」であること
- 日本赤十字社都道府県支部長は、救護班を5個班以上編成すること
- 市町村の区域ごとに日本赤十字社奉仕団を編成し、第一救護にあたる篤志救助員を設置すること

222　第Ⅲ部　日本赤十字社のいろいろな活動

4)日本赤十字社は「指定公共機関」

　また、災害の発生に備え、防災体制の確立と責任の所在を明確にし、災害対策の基本を定めた「災害対策基本法」(1961年)では、日本赤十字社は「指定公共機関」(第2条第5項)として位置づけられています。

　指定公共機関とは、国や地方公共団体と協力して、緊急事態などに対処する機関のことをいいます。災害対策基本法では、その第2条で「独立行政法人、日本銀行、日本赤十字社、日本放送協会その他の公共的機関及び電気、ガス、輸送、通信その他の公益的事業を営む法人で、内閣総理大臣が指定するもの」とあります。

　また、同法第6条では指定公共機関の責務が明記されています。それによると、その業務に係る防災計画を作成し、法令に基づきこれを実施するとともに、その業務の公益性に鑑みて、防災に寄与しなければなりません。

　こうした指定公共機関としての役割は、その他、大規模地震対策特別措置法(1978年)や東南海・南海地震に係る地震防災対策の推進に関する特別措置法(2002年)などにも明記されています。

　その他、日本赤十字社は、海上保安庁の出先機関(海上保安部署)との業務協定書や消防の相互協力に関する協定を締結しているほか、救援物資の調達と搬送に関しては民間企業との協定も複数締結しています。

2 ｜ 日本赤十字社の災害救護は、何をするのか

1)五つの業務

　日本赤十字社の救護規則には、次の五つの業務を行うことが規定されています。

1. 医療救護
2. 救援物資の備蓄および配分

3. 災害時の血液製剤の供給
4. 義援金の受付および配分
5. その他災害救護に必要な業務

それぞれについて、少し詳しく見ていきましょう。

2) 医療救護
1. 医療救護の範囲

　医療救護は、日本赤十字社の救護活動の中では最もよく知られたものです。日本全国の赤十字支部には、管下施設である赤十字病院の医療スタッフを中心に救護班が編成されています。災害が発生すると、まずは発災した各都道府県の赤十字支部の支部長の命により、地元の赤十字支部救護班が現場に急行します。

図表82　救護所の案内（日本赤十字社提供）

　また、後述のように病院長の判断により出動できるとされている場合もあります。

　赤十字の救護班は、被災地で無料の応急処置を行い、地元の医療機関の混乱が回復するまでの空白期間を一時的に埋めることを目的としています。その間は、避難所での医療活動や巡回診療を行い、被災された方々にとっての心の支えになるよう、活動を行います。

　なお、日本赤十字社の医療救護の範囲については、先に述べた「災害救助に関する厚生大臣と日本赤十字社長との協定」（1948年）に記されています。これは、災害救助法が適用される災害であることが条件ですが、「差し当たって医療、助産及び死体の処理（一部保存を除く）」が国か

ら委託されることになっています。

特に災害時の助産は、非常に大きな問題です。妊婦は心理的、環境的な影響を受けやすいといわれていますが、多くの人が避難生活を送るような環境では、早産や流産などを防ぐための配慮が欠かせません。また、産室となる配慮された場所の確保をはじめ、分娩や新生児受け入れに必要な物品の手配など多くの準備も必要です。いずれにしても、妊婦の体の状態を常に把握し、分娩の受け入れが可能な後方病院などを事前に確認し、いざという時は迅速に手配するなどの配慮が必要になります。

一方、救護班が行う死体の処理とは、災害で亡くなった方について、災害直後の混乱期などの理由で死体識別などのための洗浄や縫合、消毒の処置などができない場合に、これらを行うもので、死亡から埋葬に移る過程で行われるものです。また、飛行機事故などの衝撃で激しく損傷した遺体の整復も行います。1985年に群馬県御巣鷹山に墜落した日航機事故での活動は、その代表例です。

日本赤十字社が委託されて実施するこれら医療救護活動は、災害救助法第34条により、実際上負担した額が国から補償されます。

2.救護班の編成

日本赤十字社の医療救護班は、原則として6人で編成されています。その内訳は、班長である医師が1人、看護師長が1人、看護師が2人、そして事務管理要員である主事が2人となっています。必要に応じて、薬剤師や助産師などを加えることもできます。

救護班は、1台の救急車に乗車し、医薬品や衛生材料、事務用品などが揃った医療セットを持って被災地に赴きます。避難所となった学校の体育館の一角や、教室などに救護所を開設して活動を行います。活動期間はだいたい2泊3日が基本となり、現場での活動は後続班に引き継いで帰途につきます。そして地元の医療機関の機能が回復した段階を目安に、地元の行政や医師会などと協議の上、撤収の時期を決定します。

3. 国内型緊急対応ユニット(dERU)

dERUは、2004(平成16)年度から配備が開始されたもので、日本赤十字社の「国内型緊急対応ユニット運用要領」によると「国内における大規模災害などで医療救護活動を行うことを想定した緊急仮設診療所設備とそれを輸送する車両および自

図表83　東日本大震災の救護活動に出動したdERU
（日本赤十字社提供）

動昇降式コンテナと訓練された要員、そしてそれらを円滑に運用するためのシステムを総称したもの」とされています。現場に迅速に出動し、自己完結型の仮設診療所を開設するほか、巡回診療などの活動拠点や後方搬送における医療拠点として機能します。

dERUの場合、通常の救護班の倍に相当する12人に加え、薬剤師と助産師を各1人加えた14人を1チームとして活動を行います。

2011(平成23)年の東日本大震災や2016(平成28)年の熊本地震災害では、数多くのdERUが現場に出動しました。

4. 日赤DMAT

DMATとは、Disaster Medical Assistance Teamの略で、国が2005年に発足させた災害派遣医療チームのことです。医師1人、看護師2人、業務調整員1人の計4人が基本構成とされ、大規模災害や多くの傷病者が発生した事故などの現場に全国から派遣される、急性期(概ね48時間以内)に活動できる機動性を持った、専門的な訓練(DMAT隊員養成研修)を受けた医療チームです。通常、これらのチームは日本DMATと呼ばれます。このほか、域内での災害時に医療活動を行う各都道府県のDMATがあります。例えば大阪DMATは、大阪府内および周辺地域の

みを活動範囲としますが、日本DMATは、全国が活動範囲となります。

そして日赤DMATとは、DMATと協働する救護班の呼称ですが、スタッフは国のDMAT隊員養成研修を修了したメンバーで構成されます。また、日赤DMATは、あくまでも救護班としての位置づけですが、国から派遣要請があった場合は日赤の各都道府県支部長の派遣指示があったものと見なして赤十字病院長の判断で派遣できるほか、被災都道府県が設置するDMAT現地調整本部の調整下で活動を行います。

もちろんこうした場合には、速やかに支部長への報告が必要です。

図表84　救援物資の搬入風景（日本赤十字社提供）

3) 救援物資の備蓄と配分

日本赤十字社では、全国の支部などに備蓄している救援物資があります。災害が発生した時、被災した自治体などからの要請によって、物資を輸送・配布します。救援物資で代表的なものは、毛布、安眠セット（マット・枕・アイマスク・耳栓など）、そして緊急セット（タオル・ウエットティッシュ・軍手・ビニール袋・コップ・洗濯バサミ・スプーンフォークセット・ゴム手袋・救急絆創膏・不織布マスク・歯ブラシ・携帯ラジオ・懐中電灯など）です。

4) 災害時の血液製剤の供給

災害時には、輸血用血液製剤などが大量に必要になる可能性があります。その場合、さまざまな方法で献血者の確保に努力するほか、全国的な血液製剤の需給調整システムによって、必要な血液製剤などの確保に努めています。

5) 義援金の受け付けおよび配分

被災者の命や財産に大きな被害を及ぼすような大規模災害が発生し、災害救助法が適用されると、その被災地の赤十字支部長は専用口座や窓口を開設して義援金の受け付けを行うことができます。

集められた義援金は、被災地の自治体などが組織する「義援金配分委員会」に全額送金され、迅速かつ公平な配分が行われるよう求めています。ここでいう全額とは、文字通り100％全額のことで、日本赤十字社は1円たりとも手数料を取りません。また、例えば義援金の受け付けにかかる領収書の印刷費などが発生した場合でも、義援金からではなく日本赤十字社活動資金から負担しています。

しかし東日本大震災では、被害規模や被災者が非常に多かったこと、また最終的に義援金を配分する自治体の機能が著しく損なわれたなどの理由により、配分に遅れが生じたことから、国民やマスコミから大きな批判を受けることとなりました。これについては、第12章でもう少し詳しく触れることにします。

なお、災害時の物資については、過去の経験上、整理や仕分け、保管などに大きな負担が伴うことや、被災者のニーズを的確に把握して迅速に配布することが非常に困難であるため、日本赤十字社では原則的には受け付けていません。

6) その他災害救護に必要な業務

1.防災ボランティア

日本赤十字社は、全国に奉仕団(ボランティア組織)を持っています。こうしたボランティアの中には、災害時の救護活動を支援したり、被災者の支援活動を行ったりする人たちがいます。これらの人たちは「防災ボランティア」と呼ばれ、東日本大震災が発生した後も、大活躍しました。

防災ボランティアの取り組みは、1992(平成4)年から始まっています。今では日本赤十字社の防災業務計画の中に明記されています。主な活動は、救急法の技術を生かした応急手当てのほか、炊き出し、救援物資の

図表85　がれきを撤去する防災ボランティア(日本赤十字社提供)

輸送や配分、避難所での支援など多岐にわたります。その他、災害時のボランティアセンターの立ち上げや運営に関する訓練も行っています。

2. 安否調査

災害時は、外国人の安否調査も重要な業務になります。大規模な自然災害が発生すると、日本に在住する外国人の家族や親せき、友人などが、海外の赤十字社を通じて「その人が無事かどうか」の安否確認を依頼してきます。日本赤十字社は、そうした依頼に応え、語学が堪能なボランティアなどの協力を得ながら、消息の確認作業を行います。

1995(平成7)年の阪神・淡路大震災の時には、1,800件以上の依頼がブラジルや中国など各国の赤十字社から寄せられました。東日本大震災の時には、ICRCとの協力でホームページを立ち上げ、無料で安否確認ができるようにしました。その結果、最初の1年で約5千件の登録がありました。

3. こころのケア

日本赤十字社では、災害時におけるこころのケアを救護活動の重要な柱の一つに位置づけています。そのために救護スタッフは、医療関係者でない事務職員でもこころのケア研修の受講が必要となっています。こうして、災害時に多くの被災者が受けるこころのストレスの軽減に取り組んでいます。

また最近は、援助する側のこころのケアも重要視されています。災害現場の悲惨な状況を目撃し、被災者に接することで直接的、間接的にス

トレスを受けます。こうしたストレスに対処するため、研修会で正しい知識を得るほか、実際の救護活動終了後にはデブリーフィングの機会を持つなど、組織としての対応が行われるようになっています。

こうした活動は、1995年の阪神・淡路

図表86　こころのケア（日本赤十字社提供）

大震災を契機に始まった、比較的新しい取り組みです。日本赤十字社では、それ以前にも1980年代前半から検討を行ったり、救護班要員の研修会などで教育・訓練を行ったりしてきましたが、その内容は十分なものとはいえなかったようです。1995年以降にさまざまな調査を経て、1997（平成9）年にはこころのケアの手引きが作成されました。そして2000（平成20）年3月の有珠山噴火災害では、日本赤十字社として初めて組織的なこころのケア・プログラムを実施しました。2011（平成23）年2月には、ニュージーランド・クライストチャーチで発生した地震で被災した日本人の家族を支援するため、こころのケアチームが編成され、初めて海外での活動を行いました。その直後の3月に発生した東日本大震災では、津波で家族や財産を失ったり長引く避難生活を強いられたりしたことで、多くの被災者が精神的なダメージを受けたことから、長期間かつ広範囲にわたるこころのケア要員の全国的な派遣調整を行うなど、大規模な活動が展開されました。

また、2016（平成28）年の熊本地震災害でも、こころのケアチームとして149人が現場に派遣されています。

230　第Ⅲ部　日本赤十字社のいろいろな活動

図表87　近年の災害での主な活動

災害名	発生年	主な活動内容
有珠山噴火	2000年	伊達赤十字病院内に「赤十字こころのケアセンター」を開設。被災者に対する心的なケアとして、子どもや高齢者へのレクリエーション、救護班による医療救護活動に併せて実施する「こころのケア」活動、病院の臨床心理士による電話相談を実施。
新潟県中越地震	2004年	発災当初からこころのケア要員が救護班とともに活動を展開。被災地で活動を続けるボランティアに対しても、マッサージ、合唱、舞踊講習などのリラクゼーション法を取り入れ、支援する側のストレス軽減に努めた。取扱件数は、10月23日から12月17日の55日間で4,328件。
能登半島地震	2007年	発災当初からこころのケア要員が救護班に同行し、輪島市内の避難所で高齢者などに対してこころのケア活動を実施。取扱件数は、3月25日から4月17日の24日間で314件。
新潟県中越沖地震	2007年	発災当初にこころのケア要員が救護班に同行し、刈羽村などの避難所でこころのケア活動を実施。取扱件数は、7月18日から19日の2日間で46件。
岩手・宮城内陸地震	2008年	発災後に岩手県支部、福島県支部からそれぞれこころのケア要員が被災地内の避難所に入り、10日間に延べ140人に対してこころのケア活動を実施。
7月21日の大雨災害および台風9号水害	2009年	山口県支部、兵庫県支部のこころのケア要員が避難所や救護所などにおいて、被災者のこころのケア活動を実施。
東日本大震災	2011年	宮城県および岩手県ではこころのケアセンターを設置し、地元の保健師と連携しながら周辺避難所の被災者へのケアを行った他、遺体安置所における遺族や遺族対応にあたっている病院職員スタッフへのケアなどを実施。こころのケアの活動人数は延べ4,058人となり、1万4千人を対象に実施。
熊本地震	2016年	長引く避難所生活を送っていた被災者に対して、こころのケア要員が心身のケアを行った。また、赤十字職員などのケアや、こころのケアコーディネート要員による関係機関との連絡・調整を実施。4月21日から6月13日まで、のべ1,770人に対してケアを行った。

コラム17　日本赤十字社の赤い救護服

　日本赤十字社の職員が災害救護時に着用する服は、通称「救護服」と呼ばれますが、正式には救護員作業衣といいます。赤十字らしい、赤とグレーの服はどこにいても目立ち、被災地では被災者にとって心強い存在となります。

　以前の救護服は1955年に制定されたもので長年にわたり使用されてきましたが、普通の作業服のようなイメージだったため「日本赤十字社としてのアピール度が弱い」などの指摘がありました。そのため、2005年、現在の赤い救護服が登場しました。

　新しい救護服は、機能性、安全性、視認性に優れたものとなっています。素材には撥水性、難燃性、制電性、通気性、抗菌・防臭性のある繊維を採用。赤十字の赤を基調に、胸や背中に赤十字マークをあしらい、日本赤十字社の職員であることが一目でわかるデザインになっています。

　この救護服、男性用、女性用があり、それぞれに夏用と冬用があります。また、右肩に付ける脱着式のワッペンには、各支部の名称入っています。さらに、胸部分には「医師」や「看護師」など職種別のワッペンが付きます。その他、赤い作業帽やベスト、防寒着・雨具なども揃っています。

　これらはすべて、「日本赤十字社救護員服制」という規則で規格などが決められています。

（森　正尚）

図表88　日本赤十字社の救護服（『赤十字の動き』2005年11-12　No.345より）

第12章　日本赤十字社の災害救護活動（2）

1│救護活動の歴史

　本章ではまず、日本赤十字社が過去に行った代表的な救護活動を顧みてみましょう。

1）磐梯山噴火の救護

　1887（明治21）年7月15日から磐梯山の爆発があり、北の麓にあった桧原村では、溶岩流により、500余人の死傷者を出しました。その時、日本赤十字社最初の平時の救護活動として、土肥淳朴など3人の医師が派遣され、治療にあたりました。

　佐野社長もその3日後、現地に入りました。その時、東京の帝国大学の外科研究生であった芳賀栄次郎、三輪

図表89　磐梯山噴火の救護（日本赤十字社提供）

徳寛の2人は、大学総長の渡邊洪基の許可を得て、自発的に現地に向かい、地元医師と協力して救護にあたりました。さらに、赤十字の医師が帰った後も、現地に残り、災害ボランティアの先駆けとしての業績をあげたのです。芳賀は、1897（明治30）年赤十字国際会議の日本代表を務め、1900年には、北清事変、日露戦争の救護に従事するなど、終生、日本赤十字社と縁の深い人でした。

2）濃尾大地震の救護

　1891（明治24）年10月28日、愛知、岐阜の両県にわたって、全長80キロ及ぶ根尾谷断層が動き、内陸部としては、当時としてはわが国最大の規模のマグニチュード8.0の地震が起こりました。

　「瞬時にして全世界が絶滅するような勢いだった」という当時の記録があります。その時の死者は、7千余人、全壊家屋は14万2千余であったといいます。

　日本赤十字社では、翌日、愛知県知事の電報を受けて惨状を知り、直ちに薬品、医療材料を用意し、その夜のうちに医師、看護婦生徒などを現地に派遣しました。翌日同様に、岐阜県にも派遣しました。また11月に入ると、近接する京都支部などからも医師などが駆けつけました。

　愛知県では、小折村と甚目寺村に仮病院を設け、4カ所に出張所を置きました。岐阜県でも、大垣と古橋村と関町に仮病院を設け、3カ所に出張所を置き、その他の各所で1万人を超す患者を診療しました。

　翌年の1892年、日本赤十字社は第6回総会において社則を改正し、その事業の中に「天災ノ場合ニ於ケル負傷者ヲ救護スル事」の規定を入れました。

図表90　濃尾大地震の救護（日本赤十字社提供）

234　第Ⅲ部　日本赤十字社のいろいろな活動

国際赤十字が災害に取り組むことに先立つこと27年前のことです。

3) 関東大震災の救護

　1923（大正12）年9月1日、関東一円にわたり相模湾を震源とするマグニチュード7.9の大地震がありました。東京、横浜を中心に、死者10万余人、全壊・焼失42万余戸に及ぶ未曾有の大惨事となりました。

　大地震が起こった当日、東京、神奈川の支部は直ちに救護員を召集し、臨時救護所を開設し、街頭に溢れる傷病者の救護を始めました。東京府庁前の救護所は、地震の2時間後には、活動が始まっていましたし、その後、すぐに皇居外苑にも作られ、横浜でも、同様に、神奈川町御殿に臨時救護所が、当日、作られました。翌日から栃木、群馬、長野、愛知、大阪、兵庫、福島、北海道などの支部の救護班が出動するにつれて、救護所の数は増え、東京方面で51カ所、神奈川方面で36カ所に達しました。この時、東京、神奈川に出動した救護班は83班、救護員の総数は、1,663人に達しました。この内訳は、医員が256人、看護婦、看護人が1,269人でした。また、埼玉、千葉、茨城、山梨、静岡の各地でも、医員35人、看護婦108人など166人が救護に従事しました。

　この時、日本赤十字社本社も火災で全焼しましたが、直ちに渋谷の赤十字病院内に仮事務所を設け、9月6日理事会を開き、震災救護計画を立て、さらに9日、常議員会を開き、臨時震災救護部を設けるとともに救護予算を編成しました。この予算の総額は、初め300万円でしたが、石黒忠悳常議員から発議があって500万円に増額しました。日赤が日露戦争に費した救護費は514万円ですから、それに匹敵する額でした。その時の救護準備資金は168万円でしたから、根基資金から330万円を繰り出し、アメリカ赤十字社の寄付金20万円を財源に充てて、資金を調達しました。また会計は、全部資金前渡しの方法をとりました。

　また、平山成信社長が自ら臨時震災救護部長に就任し、仮事務所を有楽町の東京支部内に設け、指揮をとりました。また理事の桑田熊蔵は常勤になり、平山社長を助けました。

　桑田は、当時社会政策学者として著名な人物で、貴族院議員でもあり、

図表91　関東大震災時の皇居前の日赤救護所前の風景（五姓田芳柳2世）（日本赤十字社提供）

1919（大正8）年以来、日赤理事を務めていました。

　このような体制により日本赤十字社は、深川、京橋、浅草、麻布、横浜の根岸、東神奈川に臨時病院を建設し、50万人近くの患者の救護を行ったのです。また、その後、発生した赤痢、腸チフスなどのためにも、洲崎と板橋に臨時伝染病院を開設しました。さらに臨時児童収容所を渋谷に設け、多数の孤児をここに収容しました。

　この時、外国からも多数の人が来日し救護にあたりました。特に中華民国の北京紅十字総会から湯爾和氏が来日し、上海紅十字の救護団などは、病院で直接、罹災患者の救護に従事しました。また、アメリカも救援団を派遣し、横浜、麻布などで持参の天幕で病院を開設しました。

4) 空襲の救護

　太平洋戦争末期に東京、大阪などの街は連日、空襲にさらされました。このような時にも、日赤の救護員は、被災者の救護にあたりました。その主なものは、1945(昭和20)年3月9日の夜から10日にかけての東京下町の空襲の被災者に対する東京支部の移動救護、同じく3月14日の大阪空襲の被災者に対する大阪支部の巡回診療、臨時救護所による救護、5月29日の横浜市空襲の被災者に対する神奈川支部の救護などがあります。

　しかし、とりわけ8月6日の広島と8月9日の長崎における原爆投下による被災者の救護は、凄まじいものがありました(長崎の状況は次頁参照)。広島赤十字病院久保文子婦長さんの「ひろしまぴかどん」という手記(『日本赤十字社八十年小史』)によると次のような有様でした。

　　その瞬間、背後の上空で「パッ」という、何かが裂けるような音を聞いた。……からだが前のめりにたおれ、机でしたたかに胸を打つ。目の前がまっ暗くなり、頭上から固いものガラガラと落ちてくる。30秒か30分か、どれだけ時間がたったか分からないが、ほのぼのと眼前が明るくなり、灰色のほこりの床に折り伏している自分を見いだした。真赤にそまった白衣が目にうつり、胸部をそっと押さえてみる。異常はない。顎にさわった指から血がしたたり落ちる。痛みはまったくない。……さあ救護だ。……病院は外がわを残し、内部はみるかげもなく破壊され、薬局の前廊下は、薬物の混合で異様な臭気がたちこめている。……もうこのころの病院は、玄関といわず、どこといわ

図表92　被災直後の広島赤十字病院(日本赤十字社提供)

ず、赤十字を唯一の頼りにしてなだれ込んで来た人々のうなりごえで満ちていた。そして夜に入り、手もとも見えなくなるほど働いていた職員に、明日の仕事に備えて休養をとるように命令が伝わってきた。そこで私たちは、広場に、植木の間に、ジャリの上に横たわる。石の痛さも分からない。乾パンです。あげましょうといわれて、はじめて今朝から、水一てき口にしていないことに気がつく。暗い夜空を仰ぎ、はじめて子どもが苦しまずに死んでいてくれますように祈ると、ほほを熱い涙が流れた。……負傷者は日毎に増える一方、殊に玄関は生き地獄だ。……私たちは夢中であった。……治療を受

被爆直後の長崎ですさまじく壮絶な救護活動を展開した若いナースたち

長崎県赤十字救護看護婦の手記

戦後50年、被爆50年。確かに半世紀が過ぎた。

しかし50年前、すさまじく壮絶な救護活動を展開した若いナース、学生たちの胸の底にある、つらく血のにじむような地獄図のあの光景は、止まったまま決して流れていない。ここに被爆者救護に当たった赤十字看護婦の手記『閃光の影で』（B5判166ページ、長崎県支部刊）から一部を掲載する。彼女らは、平和への祈りと願いを心の底から訴えている。

◇

患者は一様に「水! 水!」と水を欲しがった。そして治療するそばからどんどん死者が出た。殊に外傷が少なく軽傷者と安心した患者の中に死者が多かった。続出する死者は火葬する暇もなく、爪、遺髪を小箱に納め、次々と運んで、病院の裏山に土葬した。

◇

ほとんどの人が全身火傷でした。布を剥ぐと、ウジ虫がいっぱいでした。薬品も不足し、近くの海から海水を汲んできて、ドラム缶で沸騰させ、食塩水の湿布をして処置しました。手が付けられないほどの医薬品不足、人手不足で十分な救護が出来ない。でも救護員は死に物狂いで懸命に頑張って働いた。二度と、二度とあのような救護はしたくない。

◇

治療するにも衛生材料もなく、包帯は供出された着物の裏地や浴衣を裂いて作った。その汚染されたガーゼや包帯を再生するのも、学生の私の仕事でした。

◇

廃墟と化した原子野で「看護婦さん助けて! 水、水をください」と叫ぶ悲痛な声が、50年の歳月を経て今も耳底に残っている。すでに物言わぬ人となり果てた母の乳房にすがって、無心に乳を吸い続けるみどり子、あの光景がまぶたに焼き付いて離れない。

◇

外傷や火傷の傷口にウジ虫がわいている、ボロぎれのように縮んだ皮膚が

ぶら下っている、言葉もなくころがっている、生きている人間の姿ではなかった。日がたつにつれて無傷の人が次々と死んでいく。そんな中で全身火傷の人が出産、元気な産声を聞いた時、生命のすばらしさをしみじみと思った。悲惨な状況の中で唯一、明るい思い出となった。

◇

文字通り不眠不休で何も考える余裕はなかった。運動場の片隅に掘った穴の赤々と燃える火の中に、運ばれた死体は一緒に投げ込まれた。火は夜昼となく何日も燃え続けた。

◇

救護所に来て見ると部屋からあふれるように横たわった人々、性別も分からず、全身火傷の異様なにおいに息をのんだ。学生だった私はどうすることもできず、ただ先輩について回り、指示されたことを必死で行った。狭い解剖室でローソクを持って介助した。先生方は内臓を取り出し、原因らしきものを調べていた。腸の中でウジ虫は元気に動き回っていた。赤十字の看護婦という使命感に支えられ、みんなと一緒に尽くせぬ救護活動を行った。だからこそ平和への、核廃絶への思いはひとしお強い。

◇

核兵器廃絶! 核実験反対!

◇

「直接戦闘に参加していない市民が、一瞬にして10万以上の生命を奪った原爆の凄絶さ、悲惨さ…。原爆を使用したことは非人道の極みです」(故西田トシエさん、婦長)

図表93　長崎原爆救護の記録『閃光の影で』（『赤十字の動き』1995年10月号　No.246より）

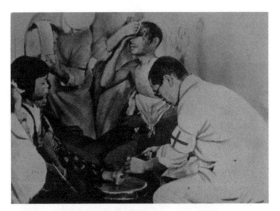

図表94　原爆被災者救護（日本赤十字社提供）

けていないという人が続出した。泣き出す元気もない。この暑さも、疲労感も、日時的観念もない。ピカ当日の記憶にひきかえ余りの多忙に、ただ夢中で働いた。平素の何倍も何十倍も！　山口から日赤救護班がかけつけて下さったことを地獄に仏の心地で聞いたのは何日後だったか。

5）日航機墜落事故の救護

　1985（昭和60）年8月12日、群馬県御巣鷹山に日航機が墜落しました。墜落事故発生の第一報とともに、山梨、長野の両県支部の救護班は、墜落現場を求めて山間を駆けめぐり、翌日に場所が確定すると、群馬県支部をはじめ周辺の支部救護班が相次いで現場に行き、前橋赤十字病院の饗場部長等がヘリコプターで生存者4人を救出しました。この時、520人の死者が出ましたが、その死体検案などに救護班154班、1,033人が出動しました。

　その活動内容は、日本赤十字社発行の『救護体験記－60.8.12 日航機墜落現場から』という冊子にまとめられています。

6）阪神・淡路大震災の救護

　1995（平成7）年1月17日、淡路島の北部深さ20キロを震源とするマグニチュード7.2の地震が起こり、淡路島、神戸市、芦屋市、西宮市などの阪神地区、大阪府の北部の都市などに大きな被害をもたらしました。死者は6,434人（平成18年5月19日消防庁確定数値　以下同じ）、負傷者は約4万3千人、全壊家屋10万余棟、半壊、一部破損を合わせ約53万5

千棟、道路施設の被害7,245カ所、橋梁330カ所、それにガス、水道、電気などのライフラインの途絶、火災の同時発生などの被害をもたらしました。

発災直後から、日本赤十字社は、兵庫県内外から救護班を派遣し、救護所の設置や避難所

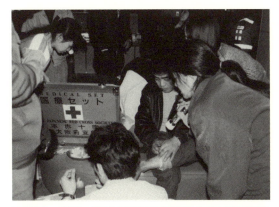

図表95　阪神・淡路大震災の救護（日本赤十字社提供）

への巡回診療などの負傷者救護を実施しました。また、より効果的な救護活動を行うため、神戸市、西宮市、芦屋市、北淡町に合計12カ所の拠点常設救護所を、1月末までに順番に設置しました。さらに2月末からは、これを集約して東部、中央、西部の三つの「救護ステーション」を設置し、医療救護活動、薬剤などの保管、ボランティア活動や生活救援物資補給の拠点としました。

現地に出動した救護班は981班。救護班の要員は、医師912人、看護婦2,637人、主事などが2,410人、総計5,959人にのぼり、38,359人に手当てを行いましたが、これはこの当時、日本赤十字社創設以来の大規模な救護活動になりました。また、各支部からは、この他、兵庫県支部の応援要員として約1,500人が、物資運搬要員として約1,200人が駆けつけました。

なお、ボランティアも兵庫県支部内にあったボランティアセンターに登録された人だけでも1千人以上となりました。各地の奉仕団による活動も多彩なものでした。

これらの活動は、日本赤十字社の本社に設けられた災害対策本部で調整を図ることにし、4月4日までに、32回に及ぶ「災害救護速報」を発行し、各支部や関係方面に情報の提供を行いました。

兵庫県支部でも災害対策本部を置き、現地のセンターとしての役割を

240 第Ⅲ部 日本赤十字社のいろいろな活動

果たしましたが、支部自体も被災したこともあり、隣接した大阪府支部にも対策本部を設け、府域内の救護にあたるとともに、補完的役割も果たしました。

また、同じく被災した神戸赤十字病院には、1月19日から2月18日にかけて他の赤十字病院の医療スタッフ、延べ861人が応援に駆けつけました。

兵庫の血液センターに対しても同様、大阪、岡山の両血液センターが中心になり、全国的な需給調整をした結果、血液製剤の確保ができました。

海外からの安否調査は、本社のみならず現地にも窓口を開き、10カ国から照会があった1,875件について、1件、1件、丁寧に調べ、1,363件を確認し、本国に通知しました。この地震に際しては、NHKの協力を得て、共同募金会とともに義援金の募集を始めましたが、翌年の1月31日までに10億円を超す義援金が寄せられ、募集委員会を通じて被災者に配分しました。

7) 近年の主な災害救護活動

その他、近年の主な災害救護活動は以下のとおりです。

図表96 近年の主な災害救護活動

発生年	災 害 名
2000	三宅島噴火災害
2004	新潟県中越地震災害
2005	福岡県西方沖地震災害
2007	能登半島地震災害、新潟県中越沖地震災害
2008	平成20年岩手・宮城内陸地震災害
2011	東日本大震災災害
2016	熊本地震災害

2 東日本大震災における災害救護活動

1) 災害の概要

　2011（平成23）年3月11日14時46分、宮城県三陸沖を震源とするマグニチュード9.0の巨大地震が発生し、それにより大津波も発生しました。また、福島県沿岸部では、大規模な原子力発電所事故も発生し、多数の人々が避難を余儀なくされ、ところによっては、地域の行政機能が不全になるという事態も発生しました。

　この災害により警察庁が確認している死者・行方不明者は18,520人になっています（2014年2月10日、警察庁発表）。

　これに長引いた避難生活などで亡くなった方々、いわゆる「震災関連死」は、復興庁のまとめによると2,916人（2013年9月30日現在）、合わせると2万人以上の犠牲者にのぼっています。

2) 日本赤十字社の救護活動

　日本赤十字社の本社では3月11日の発災直後、15時30分に被害が大規模かつ甚大で、全国規模の救護活動が必要と判断し、第3次救護体制（レベル3）をとることにしました。災害救護実施対策本部を立ち上げ、初動救護班6人を宮城県支部に派遣し、23時50分に到着しました。

　同時に全国の日赤支部・病院の救護班も迅速に派遣準備を整え、同日中に、日赤

図表97　東日本大震災の被災地に入った日本赤十字社の先遣隊（日本赤十字社提供）

DMAT22班、dERU5班を含む55班が東北を目指して出動しました。

また、東北の現地支部・病院でも同様に救護班が直ちに編成され、出動準備を整えました。中でも石巻赤十字病院では、病院の事務スタッフが発災直後の揺れの状況から、その後の一部始終を、克明にビデオで録画していました。

実はその2日前、宮城県沖でマグニチュード7.3の地震が起きていて職員は、今度地震が起こったらビデオを回して記録を残そうと思っていたというのです。その画面には、発災4分後に「災害医療対策本部」が設置される様子や、病院職員が一瞬にして状況を理解、共有して、「レベル3」の災害医療体制に移行し、院内災害マニュアルに従って行動している様子も映し出されていました。

その後の同病院には、青森の八戸赤十字病院の救護班を皮切りに、20班にも及ぶ日赤病院の救護班などが到着ました。その活動はテレビなどの報道により、多くの人々の眼に触れましたので、ご覧になった方も多いでしょう。

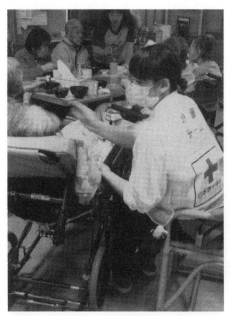

図表98　高齢者への支援（日本赤十字社提供）

福島赤十字病院も、発災直後から日赤救護班が10班以上活動していましたが、原発事故による放射線汚染の懸念が高まり一時中断したものの、3月19日に活動を再開、汚染予防のための防護服・ゴーグル・マスクなどを準備し、線量計を携行し巡回診療を始めました。福島県支部には、広島や長崎の日赤原爆病院の放射線専門医なども、アドバイスチームとして派遣され、それらの活動を支援しました。

岩手県の日赤支部・盛岡赤

第12章　日本赤十字社の災害救護活動（2）　243

コラム18　日赤の強みと課題─石井正医師からのメッセージ

　石巻赤十字病院では、2007年から1年かけて災害時マニュアルを改訂するなど準備を整えていました。その場合、一つ一つの対応に責任者を決め、役割を明確化したのが良かったのです。例えばトリアージ用のテントならば、何張り必要でどこに保管してあり、だれが運んで来るかを明記し、訓練を行なっていました。これが今回、功を奏したのです。

　ただ、想定外のことも起こりました。例えば、被災患者の検査です。発災時には、災害カルテに切り替え、紙伝票を切って患者に対応する訓練をしてきました。ところが検査は、患者のIDを入れないと動かないシステムでした。ところが職員は、現場判断で、身元不明者を含めた全患者の紙カルテ、トリアージ・タッグにIDを振ってくれたのです。

　院内のいたるところに、こういう工夫があり、「想定外」をカバーしてくれました。

　それと今回の活動を通じて、本部機能の重要性を痛感しました。全国のDMATも救護班も、適切迅速な事務処理によって、初めて有効に回ります。

　日赤の強みは、救護班の人数が揃っていて、自ら車両や緊急対応ユニットを持ち、食糧も無線もあるという自己完結能力にあります。日赤が災害救護に果たす役割と責任について、全職員が自覚とプライドを持ち、しかも慢心せず、他の組織と連携しながら活動して欲しいものですね。

（石井正　前・石巻赤十字病院医療社会事業部長、
現・東北大学病院総合地域医療教育支援部教授）
（『赤十字の動き』2012年3月・4月号より）

十字病院も、発災の翌日から、沿岸部被災地へ救護班を派遣し、救援や医療救護に努めました。

　これら被災地へ派遣された全国の赤十字救護班の数は、岩手県内に

345班、宮城県内に383班、福島県内に136班など、延べ894班に達したといいます。

その取り扱い患者数は、3月中に約3万2千人、4月中に約2万4千人、5月中に約1万4千人、合計して延べ75,892人にのぼりました。

今回の救護班の派遣は、6月にも及ぶ長期のものとなりました。そのため東北に入る手前の宇都宮市にある栃木県の日赤支部にロジスティクス中継基地を設置しました。

被災地に出入りする救護班は、ここに立ち寄り、情報の収集や共有、食事、睡眠、休憩などをとることができました。これは今後の大規模救援にとって貴重な体験になったでしょう。

また、日本赤十字社の本社や支部に備蓄されている毛布14万8,493枚、緊急セット3万8,437セットなどが配布されました。さらに初期の段階から、「こころのケア」活動も本格的に行われました。こころのケア要員の活動人数は、延べ4,058人となり、1万4千人を対象に実施されました。その他に介護チームが15班、計67人が陸前高田市や大槌町に派遣され、要介護高齢者の支援活動が行われました。

また赤十字ボランティアも、各地で炊き出しや給水作業、瓦礫の処理、救援物資の仕分け・積み込みなどの活動に献身していますが、その人数は延べ17万9千人にも及びます。

3) 原子力災害への対応

福島県では、放射線による住民の健康への影響について中長期的に調査し、適切な支援を行うことが重要になっています。そのため日本赤十字社では、福島赤十字病院に体内の放射線量を測定する「ホールボディカウンター」を整備して、幼児や小中高生を対象とした検査を行っています。2012年4月から11月までに、5,500人以上が検査を受けました。その他、食品への不安を軽減するため、食品放射線量測定器を109台、福島市などに整備して健康支援活動を行いました。

そして2013（平成25）年10月、こうした経緯や教訓を今後に活かしていくため、日本赤十字社の本社内に「赤十字原子力災害情報センター」を

第12章　日本赤十字社の災害救護活動（2）　245

コラム19　原子力災害対策国際会議の開催

2012年5月14日から3日間、日本赤十字社本社において「原子力災害時の被災者救援に赤十字は、どう立ち向うべきか」をテーマに国際会議が開かれました。

この会議は、2011年の国際赤十字・赤新月社連盟の総会の決議を受けたものです。参加したのは日本のほかに15の国・地域の赤十字・赤新月社です。

その立場は、必ずしも同じではありませんが、3日間の議論を経て、原子力災害の被災者支援は、政府や専門機関だけでなく、国内で草の根の組織を持つ赤十字も取り組むべき課題であることを再確認し、自然災害などの延長線上に原子力災害対策を位置付けること、そのために国際赤十字のネットワークを駆使すること、また、政府や国際機関などとの連携強化に努めること、連盟に原子力災害対策専門担当者を置くことなどで一致しました。

赤十字が着目する具体的な分野として、①職員やボランティアの教育、地域住民への啓発や測定器などの機器の準備　②高齢者や子どもなどに焦点をあてた被災者救援　③住民の健康調査やこころのケアなどがあげられました。その議論の過程で、その施策を進めるための情報の蓄積、ガイドラインの策定などの必要性と共に、支援者に係わる人の安全確保も重要な問題であり、それが確保されなければ活動の継続性が担保されないという議論も行われました。

（『赤十字NEWS』2012年6月号より）

設置しました。「今後の原子力災害の発生に備えた赤十字活動のガイドライン策定と普及」、そして「デジタルアーカイブによる情報の蓄積と発信」の二つを柱にした活動を進めています。

4）義援金の募集と配分

東日本大震災の発生から3日後の3月14日、日本赤十字社と中央共同募金会、NHK、NHK厚生事業団では、義援金の募集を開始しました。

246 第Ⅲ部 日本赤十字社のいろいろな活動

それから1カ月もたたない4月6日の時点で、総額1,283.8億円もの義援金が寄せられました。そのうちの1,082.3億円は、日本赤十字社に寄せられたものでした。このように、日本赤十字社は義援金を受け付ける団体の一つに過ぎませんが、当初から「義援金は日本赤十字社へ」というイメージが強かったといえます。

義援金は全額、つまり100％、被災された方の手元に届く仕組みになっています。時おり「日本赤十字社は手数料を取っている」といわれることがありますが、それは正しくありません。受け取った額は、そのまま義援金の配分委員会に送金され、配分金額や対象など配分委員会が決定します。

4月8日、第1回の義援金配分割合決定委員会が開催されました。この委員会には、学識経験者（3人）、義援金受付団体の代表（4人）、そして被災都道県の代表者が参加しました。会長はさわやか福祉財団理事長の堀田力氏で、義援金の配分方法について審議しました。

その結果、第1次配分として、次のような配分割合が決定されました。

- 死亡、行方不明者　　　　　　　　　　　1人当たり35万円
- 住宅全壊（焼）　　　　　　　　　　　　1戸当たり35万円
- 住宅半壊（焼）　　　　　　　　　　　　1戸当たり18万円
- 原発避難指示、屋内退避指示圏域の世帯　1世帯当たり35万円

しかし、今回の災害では被災範囲が15の道府県にわたっていたこと、また義援金の配分実務を担う市町村の職員自身も被災し、役所としての機能も大幅に低下していたなどの理由により、義援金がなかなか被災者の手元に渡らない問題が発生しました。

義援金配分割合決定委員会は、2011年の6月、12月にも開催されました。6月に決まった第2次配分は、「被災都道県に送金された義援金については、被災都道県の配分委員会が地域の実情に合わせて配分の対象や配分額を決定する」ことが決まりました。

日本赤十字社に寄せられた義援金は、2014年2月19日現在で約301万件、3,902億円にのぼります。この額は、阪神・淡路大震災の際に受

けた金額（1,027億円）の3倍以上に達しています。一方で中央共同募金会も、2014年2月14日現在で約414億円の義援金を受け付けています。これらを合わせた額のうち、3,573億円が2013年12月末の段階で被災者に配分されています（厚生労働省のホームページより）。

5) 義援金を一刻も早くお届けするために

　先に解説した通り、義援金の配分実務を担う自治体そのものが被災したため、被災者の手元に義援金がなかなか届かない問題が発生しました。これがテレビや新聞などメディアの注目を集め、義援金の大部分を受け付けた日本赤十字社には多い時で1日2千件以上もの意見が寄せられました。

　それに対して、日本赤十字社は2011年6月14日、ホームページに以下のようなメッセージを掲載しました（一部省略）。

＊＊＊＊＊＊＊＊＊＊＊＊＊＊＊＊＊＊＊＊＊＊＊＊＊＊＊＊＊

　このたびは、東日本大震災で被災された方々のために、多くの義援金をお寄せいただき、誠にありがとうございます。

　しかしながら、被災された方々へのお届けに時間がかかり、皆様にはご心配をおかけして、大変申し訳ございません。

　義援金のお届けが遅くなっている理由はいくつかございますが、日本赤十字社としましても、「一刻も早く届けたい」という思いは同じです。

　義援金をお寄せいただいた皆様からは、義援金を振り込む際、心温まるメッセージを添えていただくことも多く、お一人お一人の気持ちもお預かりしていることを日々、実感しております。

　皆様からは、主に以下のご質問をいただいていますので、お答えいたします。

Q. どうして遅くなっているのですか？

　義援金の配分は、被災された方々の実情を最も把握している被災地の行政が窓口となっています。

248　第Ⅲ部　日本赤十字社のいろいろな活動

図表99　義援金ポスター（日本赤十字社提供）

義援金を受け取るためには、被災地の行政が罹災証明を発行することが前提ですが、被災地の行政自体が、大きなダメージを受けており、被災された方々の実情把握と罹災証明の発行に時間がかかっています。

とはいえ、配分が順調に進まないことを日本赤十字社としても大変残念に思っています。

Q．日本赤十字社は何をしているのですか？

日本赤十字社の役割は中央共同募金会などとともに義援金受付団体として、皆様からお寄せいただいた義援金を間違いなく受け付け、全額、各被災都道府県からの依頼に基づき速やかに送ることです。

したがって、日本赤十字社が被災された方々に直接お届けすることはありません。

しかし、各都道府県の地域防災計画に基づいて設置される「義援金配分委員会」の構成員でもありますので、その場で、医療救護やボランティア活動などで日々被災された方々と接している活動団体として被災された方々の立場に立ち、また、義援金受付団体として、義援金をお寄せいただいた方々の思いをお伝えして、可能な限り迅速に配分されるよう努めています。

皆さまからのご意見・ご提案もその中で反映してまいりますので、ぜひ、日本赤十字社にお寄せ下さい。

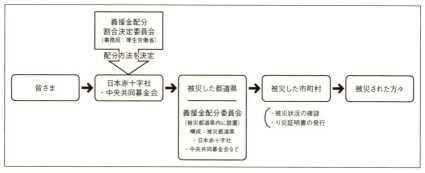

図表100　義援金が被災者へ届くまで（日本赤十字社ホームページより）

Q．義援金はどのくらい被災地に届いているのですか？

　第一次配分では、当時の被害想定から「死亡・行方不明者」「全壊」「半壊」「原発避難指示等」という指標に基づき金額が決められ、15都道府県に対し、35回送金しています。

　第二次配分では、第一次配分の実施状況などを踏まえ、各被災都道県に日赤や共同募金会に寄せられている義援金を各都道県の被災状況に応じた割合で送金するよう方法が新たに決められました。直近の被害状況が確認され次第、速やかに送金いたします。

＊＊＊＊＊＊＊＊＊＊＊＊＊＊＊＊＊＊＊＊＊＊＊＊＊＊＊＊

6）海外赤十字社からの救援金

　東日本大震災以降、100の国と地域の赤十字や政府関係機関から約1千億円もの資金が日本赤十字社に寄せられました。この中にはウガンダやベトナムなど、普段日本赤十字社が支援を行っている国からの資金も含まれます。まさに「困った時は赤十字の仲間として助け合う」という世界性が発揮された例だといえるでしょう。こられの資金は「義援金」とは

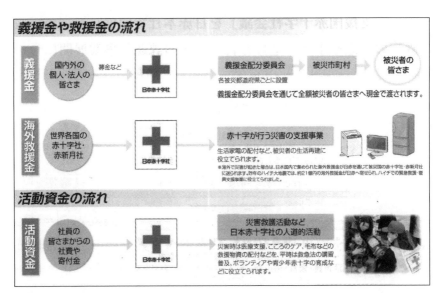

図表101　（日本赤十字社ホームページより）

区別され、「海外救援金」と呼ばれています。

　義援金は、配分委員会を通じて全額、被災された方に渡されました。しかし海外救援金は、支援した国の赤十字社などから「日本赤十字社が直接事業の主体となり、その使途報告や会計報告をしてほしい」など強い要望が寄せられたことなどから、義援金とは異なった扱いを取ることになりました。

　そこで日本赤十字社は、この救援金を被災地の復興支援に充てることとし、生活再建や教育、福祉サービス、医療、原子力発電所事故対応を重点分野に定めて復興支援事業を行っています。日本赤十字社がこうした日本国内での復興支援事業に本格的に取り組むのは、初めてのことです。日本赤十字社の本社内にも「東日本大震災復興支援推進本部」が設置され、多くの職員が専任で業務を行う体制が作られました。

7）復興支援事業

　日本赤十字社は復興支援事業を行うにあたり、次の通りビジョンと基本方針を策定しました。

■復興支援事業のビジョン

　わたしたちは、世界と被災地とをつなぎ、生活再建・教育・福祉サービス・医療の基盤づくりを支援し、安全で安心な社会の復興に貢献します。

■復興支援事業の基本方針
- 国際赤十字のネットワークの効果的な活用
- 広大な被災地における公平かつ迅速な事業実施
- 国、県、市町村、他団体との協調
- 国内外に対する説明責任の確保
- 日本赤十字社の資源を最大限活用し、ハード・ソフトの両面から支援を実施
- 地域に根づく活動への継承

図表102　世界の善意を生かした日赤の復興支援事業

平成25年度までの主な事業　　　　　　　　　　　　　　　　　　　　　平成25年12月末日現在

分野	事業名	事業内容	対象（支援先等）	実績（発災後から平成25年12月末までの累計）
生活再建	生活家電セット寄贈	仮設住宅での生活を始めるにあたって必要な家電を寄贈	仮設住宅等入居世帯	133,183世帯
	集会所備品整備	共用スペースに人が集まりやすい環境をつくり、コミュニケーションの場を整備	被災3県の仮設住宅集会所・談話室	806カ所 34,597点
		仮設住宅屋外にプランターを設置し交流を図る（花いっぱい運動）	福島県内の仮設住宅	36カ所 2,130人
	こころのケア活動	生活の悩みなどに耳を傾けるとともに、コミュニティーづくりを支援	被災3県の避難所、仮設住宅等	262カ所 6,832人
	ノルディックウォーキング（わいわいウォーク）	病気やけがの予防を含め、心身の健康づくりを支援	岩手県宮古市ほか 福島県楢葉町ほか	244回 2,452人
	健康教室等の実施	仮設住宅の入居者らを対象に健康づくりを支援し、生活環境の改善などを図る	被災3県の仮設住宅等	710回 24,841人
	仮設集会所の建設	住民の交流の場となる集会所を建設	福島県川内村、宮城県石巻市	2カ所
	災害対策公営住宅の建設	生活再建の基本となる恒久住宅を整備	岩手県大槌町	1カ所（3地域）
	浪江町民の健康調査	避難している住民を直接訪問し健康チェックを行うとともに、こころのケアやコミュニティーづくりを支援	福島県浪江町（いわき市避難者）	1,121世帯 2,284人
	いわてこどもケアセンターの整備	ストレスにさらされた子どもたちをサポートする環境を整備	岩手医科大学	1カ所
	歯科口腔ケア資機材の寄贈	被災地に住む移動困難者らの口腔ケアや訪問指導を支援	宮城県歯科医師会の県内各支部	口腔ケアキット 11セット 車両5台
福祉サービス	市民福祉センターの建設	宮城県気仙沼市に市民福祉センターを建設	宮城県気仙沼市	1カ所
	高齢者向け共同住宅の建設	高齢者の孤独化を防ぎ、地域コミュニティーの再構築を支援	福島県新地町、相馬市	2カ所
教育	屋内遊び場	屋外活動を制限され、運動不足や精神的ストレスを感じている子どもたちに「すまいるぱーく」を開催	福島県福島市等の未就学児ほか	13回 86,764人（総来場者数）
		福島県国見町に屋内遊び場を設置	福島県国見町	1カ所
	サマーキャンプ	子どもたちがのびやかに過ごし、将来を見つめるプログラムを実施	被災3県の小・中学生	2回 5,788人
	青少年赤十字・奉仕団による被災者支援	ボランティアによる研修会・交流会等の実施	宮城県、福島県	187回 13,436人
	国際交流事業	タイ、フィリピンの中高生との交流	宮城県、福島県	3回 38人
	電子黒板の寄贈	教育現場のデジタル化を支援	宮城県教育委員会（石巻市等の沿岸部の小・中学校）	8校16台
	学校備品の整備	屋外遊具の寄贈	福島県飯舘村	1校（幼・小・中）1式
	こども園の建設	子どもたちが健やかに成長し、学業やスポーツが支障なく行えるように支援	福島県楢葉町	1カ所
	保育園、児童クラブの建設	子どもたちが安心して遊び、学ぶことのできる環境づくりを支援	岩手県山田町ほか3市町	7カ所
医療	公立志津川病院の再建	地域医療を支える病院を再建	宮城県南三陸町	1カ所
	南三陸総合ケアセンターの建設	南三陸町の医療施設の再建を支援	宮城県南三陸町	1カ所
	気仙沼市立本吉病院の改修	改修費・医療機器等の整備を支援	宮城県気仙沼市	1カ所
	災害医療総合研修センターの建設	大震災への対応実績を踏まえ、災害医療の研修・訓練・研究の環境を整備	石巻赤十字病院、石巻赤十字看護専門学校	1カ所
	空気清浄器の寄贈	診療所内の清潔な環境を整備	岩手県立病院仮設診療所	4台
原発事故対応	被ばく量測定機器の整備	内部被ばく検査の実施を支援するため、ホールボディカウンター（WBC）、甲状腺モニター等を寄贈	福島県立医科大学	検査機器1式
			福島赤十字病院	WBC1台 甲状腺モニター2台
			福島県白河市ほか5市町	WBC7台（車載型1台含む）
	食品放射線量測定器の寄贈	原発事故による市民の食品放射能に対する不安の緩和を図る	宮城県教育委員会、福島県福島市ほか2市村	68カ所 109台
防災	防災倉庫の設置	簡易トイレや給水設備、発電機などを有した防災倉庫を設置	被災3県	27市町 倉庫432セット
その他	ボランティアセンターの備品整備	テント、シャワー、AED、家電、プロジェクター等の寄贈	岩手県陸前高田市、宮古市、宮城県女川町	11カ所 227点

※表内は、日赤の復興支援事業のうち、平成25年1月以降新たに実施された事業や、これまでの実績などに変動があった事業等です

（『赤十字の動き』2014年3・4月号より）

こうしたビジョンや基本方針が、具体的な支援となって形になりました。震災直後には仮設住宅に入居される被災者を支援するため、生活基盤として必要な冷蔵庫、洗濯機、テレビ、電子レンジ、炊飯器、電気ポットの生活家電セットが贈呈されました。最終的には2012（平成24）年12月末の受け付けをもって終了し、約13万3千世帯に寄贈されました。また、福島県では原発事故による放射能汚染の影響で、屋外で遊ぶことを制限されている子どもたちのために室内プレイグラウンド「すまいるパーク」を開催し、子供たちがのびのびと遊び、運動できる場を提供しています。2012年は福島市や相馬市、いわき市、白河市で6回開催し、3万5千人を超える来場者がありました。

復興支援事業の分野、事業内容などは、前頁の表の通りです。

こうした海外からの救援金の使い道に関する協議や、進捗報告などを行うため、日本赤十字社は2011年と2012年の2回にわたり支援国赤十字社会議を開催しました。また、事業進捗報告書を英語で発行してホームページに掲載しています（次頁参照）。この結果、日本赤十字社の復興支援事業は、「着実に進展していて、進捗報告もきちんと行われている」として、連盟のみならず世界各国から非常に高い評価を得ています。

8) 日本赤十字社の課題

東日本大震災の経験を踏まえて、日本赤十字社では内部や外部の評価などを通じて、各援助分野で多くの教訓や課題が浮かび上がっています。これらの全体総括を行い、2012年度には今後全社を挙げて取り組む内容とその方向性、具体的解決策が以下の通り策定されました。

■東日本大震災の全体総括で明らかになった課題
- 救護活動における派遣要領、調整系統の明確化
  救護活動時における、日本赤十字社本社とブロック代表支部などの調整系統を明確にした上で、スムーズに救護班やこころのケア要員などが派遣できるようにする
- 救護活動の後方支援体制の強化

Japan: Earthquake and Tsunami

Operations Update n° 8
Glide no. EQ-2011-000028-JPN
August 10, 2012

Period covered by this Operations Update: 27 April 2012 - 9 August 2012

Eleven-year-old "Ko-san", from Iwate gives a high-five to JRCS staff Yasuki Watanabe from the national headquarters (NHQ) on the first day of the summer camp organized by JRCS. The instructors/mentors and the children spent the next four days on the first aid classes, orienteering, noodle making and various other activities. © JRCS

Highlights:
Operations Update No. 8 captures the activities of the Japanese Red Cross Society (JRCS) in response to the Great East Japan Earthquake and Tsunami (GEJET) over the past three months.

- A new project, summer camp for the children from the three affected prefectures, was launched on 21 July. A series of three night/four day camps will be held in eleven separate sessions throughout the summer with a total participation of 3,600 children ranging in age from fifth year in elementary school to the final year in junior high school. A total of 1,000 guardians including JRCS staff, volunteers, private entity partners, nurses and clinical psychotherapist and the travel agency will also participate. The venue is in a resort in Hokkaido[1]; a popular place for summer getaways. The camp is intended to create an environment for the children from the most affected prefectures to be able to feel at ease in nature. Also, the camp aims to be a catalyst for the children to become future leaders of the regions through various experiences and interactions with others. The children will also have the opportunity to learn where the international donations for their recovery are coming from through orienteering activities where they will be quizzed on the flags of the countries and regions from which the donations were sent.

- An indoor play zone, Smile Park, operated in February made a comeback for a longer term this summer, after a strong request from the Fukushima community. The facility allows the children to

---
[1] Hokkaido (北海道, Hokkaidō) is the second largest, northernmost and least developed of Japan's four main islands. Its weather is harsh in winter with lots of snowfall, below zero temperatures and frozen seas, while in summer it does not get as hot and humid as in the other parts of the country. (http://www.japan-guide.com/list/e1101.html)

図表103　海外赤十字社向け ops update 8（日本赤十字社ホームページより）

救援物資の備蓄を行うとともに、救護班などの長期間の活動を支えるために、宿泊や入浴、食事の提供や医療資機材などの補給を可能にするロジスティクス中継基地の設置と活用を行う

- 赤十字のネットワークを生かした連携
  災害直後の活動は日本赤十字社の職員が中心となっているが、今後はさらなるボランティア参加によるきめ細かい対応や他団体との連携を図っていく
- 災害医療コーディネーターやコーディネートスタッフの編成と活用
  救護活動を組織的、有機的に実施するため、まとめ役となるコーディネーター（医師）を中心にチームを編成し、医療面での対外的な窓口や日赤内の調整役としての役割を果たすことを目指す
- 医療救護、こころのケア、救援物資、ボランティアなど、各救護分野の一体的な活動各分野の連携により、活動全体のレベルアップを目指す

■大規模災害への対応能力の強化

- 多様な医療チームや指定行政機関などとの連携強化
  医療救護活動は日本赤十字社だけが実施しているものではないため、さまざまな医療チームや海上保安庁、自衛隊など指定行政機関などとの連携を強化することにより、効果的、効率的な救護の実施を目指す
- 日本赤十字社の災害対応能力強化のための整備
  新たなテント、現地災害対策本部車両、通信司令車などを導入して、能力強化を図る

9) これからの災害への備え

国は、近い将来必ず発生するといわれる東海・東南海・南海地震や首都直下地震に対応するため、応急対応活動要領などを既に策定しています。日本赤十字社は、国の災害対策基本法によって指定公共機関に位置付けられているため、防災業務計画を全面的に改正したほか、東海地震

や首都直下地震、東南海・東海地震の対応計画を策定しています。

これらの対応計画をもとに、日本赤十字社は全社を挙げて救護員などの育成を行っているほか、災害対応能力の強化のための救護資機材の充実を図っています。そして、警察や消防など、それぞれの防災機関と連携しながら救護訓練に参加しています。

その他、防災ボランティアリーダーや、こころのケア指導者の養成も積極的に行っています。

10) 新たな方向性

日本赤十字社の救護は、これまでにも見てきた通り、災害発生直後の応急対応が中心となっています。一方、東日本大震災の経験を通じて、防災や減災といった取り組みや、復旧・復興の重要性も認識されるようになってきました。

防災や減災は、災害による被害を抑止したり、仮に被害が出たとしても最小限に食い止めたりする「将来の災害に備えた」活動です。一方、復旧・復興は、災害が発生した後に行われるもので、「被災地の機能を回復させ、以前の状態に戻す」ほかに、「いまよりも災害に強くする」という目的もあります。東日本大震災では、海外の赤十字社から寄せられた救援金を使って、現在もハード・ソフトの両面で復興支援活動が続けられています。

日本赤十字社は現在、「災害からいのちを守る」ことを目指して、防災から応急対応、復興・復旧までの災害マネジメントサイクルに対応した、より質の高い災害救護の実現に向けた取り組みを進めています。

コラム20　日本赤十字社の本社が被災した場合……

　日赤本社がある東京では、東日本大地震以降、首都圏直下地震が発生する確率が高まってきたといわれています。首都圏直下地震はいくつかの全く異なるタイプがありますが、東京湾北部地震や相模トラフに発生する地震などは、震度7を超すことが予想されます。

　また、富士山をはじめ火山の噴火も、東日本大地震以降、マグマの動きが活発化しているといわれています。その上、台風の巨大化による被害も憂慮されています。

　こうした大規模地震、火山爆発、巨大台風などの発生時に懸念されるのが、日本赤十字社の本社も被災し、災害援護の指揮が取れなくなってしまうことです。

　このような事態でも日本赤十字社の初動救護活動を的確に実施するため、本社災害対策本部機能の代替施設を準備することが必要となります。その代替施設は、東京広尾の日赤医療センター内にある日本赤十字社幹部看護師研修センター（東京都渋谷区）と、東京都赤十字血液センター立川事務所(東京都立川市)の二カ所に整備されています。

　両施設には、東日本大震災での災害救助活動の総括を踏まえ、救援物資などの一次保管機能に加えて救護員の情報収集と一次休憩の設備などを有するロジスティクス中継基地を併設しています。

　しかし、関東一円が被災し、本社災対本部の代替施設の設置を関東県内に設置が困難な場合は、災害対策本部機能は、他の圏域の支部などが代行することも視野に入れて対策が必要でしょう。阪神淡路大震災の経験が豊富な兵庫県支部、それに大阪府支部などが代行することが現実的でしょうが、南海トラフの巨大地震が、太平洋側に連動して起こることを想定すると、日本海側のどこかの県支部にも、この代行機能の整備が必要かもしれません。そのため本社同様の指令機能とロジスティクス基地を持った代替施設を、早急に要所に整備していただきたいものです。

（桝居　孝）

第13章　日本赤十字社の国際活動

1 ｜ 日本赤十字社の国際活動の特徴

1) はじめに―日本赤十字社の国際活動の基本的な考え方

日本赤十字社は、グローバルな国際活動に積極的に参加しています。

現在の世界は、相変わらず各地で民族や宗教による戦争や内紛などが絶えません。また、地球規模の気象状況の変化が洪水、旱魃、飢饉、環境汚染などを、頻繁に引き起こしています。さらに最近は、大地震、津波、火山噴火などが頻発していて人々の不安を呼んでいます。

このように21世紀の現代においても、人々の生命や尊厳が脅かされ、世界が苦痛に満ちていることは、19世紀、20世紀の世界と変わらないともいえましょう。

こうした中で、日本赤十字社は、長年の経験や技術の集積などを生かし、限りある資金や人材を最大限に活用し、援助に習熟した分野を中心に取り組んでいます。また、現場でのニーズの高さによることはもちろんのこと、諸国民が赤十字に期待することも積極的に行っています。

特にその場合、緊急救援、復興支援および災害予防の分野を重要視しています。緊急救援は赤十字活動の根幹をなすため、最優先活動として位置づけているのです。

その他、救援スタッフの育成や資機材の整備をはじめ、国際人道法に関連した人道問題についての世論形成など、幅広い分野での取り組みを行っています。

2) 日本赤十字社の国際活動の特徴

日本赤十字社の国際活動は、医療活動が中心となります。こうした国際的な医療救援活動の体制整備や人材育成のため、五つの赤十字病院(日本赤十字社医療センター、名古屋第二赤十字病院、大阪赤十字病院、日本赤十字社和歌山医療センター、熊本赤十字病院)を国際医療救援拠点病院として指定しています。

緊急救援では、ERUによる医療・保健活動が中心となります。また、連盟の緊急救援アピールに応えて資金の拠出を行うほか、必要に応じてマレーシアの連盟倉庫に備蓄した毛布などの救援物資を被災地に輸送します。近年では、2011(平成23)年のニュージーランド・クライストチャーチ地震の際に被災邦人の「こころのケア」を目的としたチームを派遣した実績もあり、活動範囲は広がっています。

近年は、緊急救援から復興へと続く「継ぎ目のない」支援が増えています。復興支援では、看護師などを派遣して地域保健活動や給水・衛生活動をはじめ、医療施設や学校の再建などにも取り組んでいます。

開発協力では、各国での防災事業のほか、疾病の予防活動、アジア・大洋州地域の救急法支援事業などを行っています。これらはいずれも、地元赤十字社との協力のもと、地域住民が主役となって事業を展開しています。

なお、日本赤十字社から海外に派遣される要員は、すべて所定の研修を修了した国際救援・開発協力要員の登録者です。また、日本赤十字社の国際活動経費は、政府資金ではなく、一般の市民や企業などから随時寄せられる救援金や「NHK海外たすけあい」の資金が主たる財源であることが大きな特徴です。

2 日本赤十字社の国際活動の歴史

1）1910年代〜1920年代の主な国際活動

　国際活動の歴史は、1910年代に遡りますが、1930年代から徐々に少なくなり、やがて途絶えました。それが復活したのは、1960年代になってからです。

　1917（大正6）年にロシア革命が起こり、ソビエト政権が成立しましたが、まだ政権基盤は不安定でした。この頃、ロシア全土に内戦の嵐が吹き荒れました。シベリア地方は、その頃ロシア支配に反抗したポーランド人が大勢いました。内乱が始まると、これらポーランド人は難民となり、戦火の中を逃げまどっているうちに食物も尽き、悲惨な状態になり、日本にせめて保護者のいない孤児だけでも救助してほしいと援助を依頼してきました。

　外務省から要請を受けた日本赤十字社は、1920（大正9）年と1922（大正11）年の2回にわたり、東京と大阪で、孤児765人、付添い80人を受け入れ、ポーランドやアメリカに送りました。この活動はポーランド国民の記憶に長く残り、阪神・淡路大震災の後の1995（平成7）年7月から3週間、阪神地区の子どもがポーランドに招待されました。

　また、1921（大正10）年3月、当時の中華民国の北部に大飢饉が起こりました。日本赤十字社は、民国政府および中国紅十字会の了解

図表104　ポーランド孤児を大阪市立公民病院看護寄宿舎に収容（日本赤十字社提供）

第 13 章　日本赤十字社の国際活動　261

図表 105　日赤救護班の告示（『博愛』大正10年4月号）

を得て、医師5人、看護婦8人を含む18人の救護班を派遣し、天津、通州、北京に診療所を置き、2カ月ほどの間に約5万人の診療を行いました。

　その後、関東大震災(1923)年の際に、当時の中国紅十字会が、いち早く援助に駆けつけたのも、双方の信頼関係があったからです。

2) 1960年代～1970年代の主な国際活動

　1960(昭和35)年、旧ベルギー領コンゴ(現コンゴ民主共和国)で動乱が起こりました。日本赤十字社は、ICRCの要請により日赤中央病院の医師宮本貴文さん、荒木洋司さんの2人、それに本社外事部の渡辺晃一主事を派遣しました。これが戦後初めての海外救援でした。

　その後、1970(昭和45)年のナイジェリア・ビアフラ戦争救援、1971(昭和46)年のバングラデシュ難民救援や1973(昭和48)年のインドシナ救援に医療班を派遣し、さらに1979(昭和54)年にはカンボジア難

262　第Ⅲ部　日本赤十字社のいろいろな活動

民救護のため、タイに医療班を派遣しました。このカンボジア救援は、1986（昭和61）年まで医療チームが16班派遣されたほか、それ以降も支援が続けられました。

3) 1980年代〜1990年代の主な国際活動

　1980年代は前述のカンボジア難民救援を積極的に展開したほか、世界各地で発生する自然災害や武力紛争の犠牲者救援のため、医療チームなどを派遣しました。

　この年代は、1980（昭和55）年のアルジェリア地震救援、同年のマレーシアのベトナム難民救援、1984（昭和59）年のエチオピア干ばつ救援、1985（昭和60）年のメキシコ地震救援などが行われました。また、ベトナムの二重体児（ベトちゃん、ドクちゃん）への医療援助が、1986（昭和61）年から1988年にかけて行われました。この援助は高い関心を呼び、新聞やテレビで詳細に報道されました。

　1990年代になると、まず湾岸戦争が勃発し、日本赤十字社は10人の医療班を派遣してシリアで活動を行ったほか、クルド難民への医療援助を実施しました。また、同じく1990（平成2）年に始まった対ソ連邦人道支援と、ソビエト連邦の崩壊に伴う1991（平成3）年以降の対ロシア人道支援事業など、激変する国際社会の中で、日本赤十字社の国際活動はますますその規模を拡大していきました。

　その他、この年代で代表的なものは、1994（平成6）年以降のルワンダ難民救援、1996（平成8）年12月から翌年4月まで実施したペルー日本大使公邸人質事件への対応、1998（平成10）年のアフガニスタン地震救援、1999（平成11）年のコロンビア地震救援、1999年以降のコソボ紛争救援があげられます。

　また、1999（平成11）年はトルコと台湾で大地震が発生し、日本赤十字社も救援活動に参加しました。これらの災害では国民の関心も高く、トルコに25億円以上、そして台湾に30億円以上の救援金が寄せられました。さらに、1986（昭和61）年のチェルノブイリ原子力発電所の爆発事故に伴う援助活動が、1990（平成2）年から開始されました。

4) 2000年以降の主な国際活動

　2000（平成12）年以降、日本赤十字社はさらに積極的に国際活動を展開し、緊急対応ユニット（ERU）の導入に伴い、海外に派遣するスタッフの数も飛躍的に増えていきます。

　2000（平成12）年にはインドネシアからの独立問題で混乱していた東ティモールへの紛争犠牲者救援を実施したほか、2001（平成13）年のインド地震救援で初のERU出動を果たしました。同じく2001年のエルサルバドル地震救援および同年以降のアフガニスタン紛争・地震救援とその医療復興支援事業、2003（平成15）年のイラン・バム地震救援、2004（平成16）年のスマトラ沖地震・津波救援、2005（平成17）年のパキスタン北部地震救援、2008（平成20）年のミャンマー・サイクロン救援、2015（平成27）年のネパール地震救援など、これ以外にも数多くの活動を行ってきました。また、2011（平成23）年に始まったシリアでの紛争以降、中東人道危機への支援活動にも重点的に取り組んでいます。

3 ｜ 日本赤十字社の国際救援活動

1) 常に緊急即応体制を確立

　国際救援活動で最も大切なのは、いつ、どこで大災害などが発生しても対応できるよう、常に緊急即応体制を確立しておくことです。その上で、援助を必要とする人々へ、どのようにアクセスするのが最も効果的かを考えます。日本赤十字社自らが被災地に赴くこと、資金的に赤十字全体の活動を支援すること、または物資などを支援することなど、選択肢はいろいろありますが、被災国赤十字社の救援活動の支援を第一に考え、国際的な調整のもと、責務を果たすことを目指しています。

2) 緊急救援アピールへの対応

　ある国で大規模な災害や紛争が発生すると、連盟やICRCが被災国赤

十字社とともに調査を行い、援助計画を立てます。この計画に基づき、各国の赤十字社に「緊急救援アピール」を発表して援助を要請し、人や物、資金の協力を求めます。

日本赤十字社は、こうしたすべての緊急救援アピールに資金を出しています。これは世界的にも非常に稀な対応で、連盟やICRCからも大いに歓迎されています。

3) 日本赤十字社の基礎保健ERU

大地震や津波などの大規模災害では、医療保健インフラが大きな損害を受けます。日本赤十字社は、その役割の一部を数カ月間代替できる基礎保健ERUを2001年から整備しています。

第6章でも解説しましたが、ERUとは訓練された専門家と資機材から成る、緊急出動が可能な災害対応ツールです。その活動は、仮設診療所における外来患者に対する小手術を含む基礎的な治療、巡回診療、母子保健、地域保健、予防接種など、非常に幅広いものです。2001年のインド地震救援をはじめ、2004年のスマトラ島沖地震・津波救援、2010(平成22)年のハイチ地震救援、2013(平成25)年のフィリピン中部台風救援など主要な災害現場で10回以上の活動実績があります。日本赤十字社は通常2基のERUを保有していますが、緊急輸送に備えて1基を海外(ドバイ)に、もう1基を日本国内に配置しています。

資機材は、外科治療や予防接種、母子保健など機能ごとに区分された各種モジュールが約170ケースに収納されており、総重量は約12トンです。仮設診療所用のテントをはじ

図表106　ハイチに輸送されたERU資機材(日本赤十字社提供)

め、医療資機材や医薬品、さらにはスタッフの宿泊用テントや食料など、活動に最低限必要なものがすべて含まれています。

ERUチームの基本形は、チームリーダー1人、ヘッドナース1人、医師2人、看護師3人、管理スタッフ（技術員を含む）4人の計11人で編成されます。その他状況により、診療放射線技師や薬剤師、助産師などの専門職を派遣します。これらスタッフは、所定の研修を修了し、ERU要員として登録されています。

図表107　地元のスタッフに指導しながらの活動（日本赤十字社提供）

現場では、日本人スタッフが直接治療を行うことに加え、できるだけ地元の医師や看護師などを採用して活動に参加してもらいます。この場合日本人スタッフは、活動のマネジメントや技術的な指導を中心に行います。これにより、ERU活動が終了後も、地元赤十字社などに寄贈された資機材一式を活用して地元スタッフの運営により支援活動を継続できることになり、本当の意味での持続的な支援が可能となります。

日本赤十字社は、アジア・大洋州地域で唯一の基礎保健ERUの保有社であるため、同地域における災害対応のリーダー的な役割を担い、ERUへの人材派遣を望むオーストラリアや香港などの赤十字からスタッフを受け入れ、共同派遣を行っています。

4）連盟、ICRCへのスタッフの派遣

日本赤十字社は、ERUとしてのチーム派遣のほか、連盟やICRCの個々の活動に対しても専門家を派遣しています。

これまでにも、スーダン難民支援のため、ケニアのロキチョキオに

あったICRC戦傷外科病院に1990年以降、数多くのスタッフを派遣しました。そのほか、パキスタン・ペシャワールのICRC戦傷外科病院や、2011（平成23）年に独立を果たした南スーダンなどにICRCの要請を受けて医療スタッフなどを派遣しています。一方、連盟に対しては、世界各地の復興支援現場に事業管理スタッフや医療スタッフを派遣しています。

5) 救援物資の備蓄

日本赤十字社では、アジア地域で多発する災害に対して迅速に対応するため、マレーシア・クアラルンプールの連盟倉庫に毛布や家族用テントなどの災害救援物資10品目（1万世帯分）を備蓄しています。2011（平成23）年10月にトルコで発生した地震の際や、2013（平成25）年4月に中国で発生した地震の際には、同倉庫に備蓄していた救援物資（テント、毛布など）を被災地に緊急輸送しました。

6) 給水・衛生災害対応キットの整備

日本赤十字社では、緊急即応体制整備の一環として、アジア・大洋州地域における給水・衛生災害対応キットの配備を進めています。

このキットは、あらかじめ災害多発国またはその周辺地域に整備され、いざという時は配備先の赤十字社のスタッフにより展開され、水が供給されます。そのため、キットの配備とともに、現地スタッフの運用訓練がとても重要となります。

日本赤十字社は、2011年以降、ネパールやバングラデシュ、インド、ベトナム、東ティモール、フィジー、サモアなど多くの国で

図表108　ネパールに配置された給水・衛生キット
（日本赤十字社提供）

第13章　日本赤十字社の国際活動　267

配備を進めました。バングラディシュでは、キット配備後の2014年と2016年の洪水災害に際して活用され、安全な飲料水の供給のほか、ボランティアを通じた衛生普及活動などの活動が行われました。

4 日本赤十字社の復興支援活動

1) 海外救援金を有効活用するために

　海外で大規模な自然災害が発生すると、多くの救援金が日本赤十字社に寄せられます。これらの資金は、緊急救援後の復興支援にも充てられます。最近では2008年のミャンマー・サイクロン(14億2,915万円)や中国大地震(51億7,489万円)、2010年のハイチ地震(21億6,000万円)やチリ地震(6億2,989万円)など、多くの救援金が寄せられた被災地での復興支援活動を展開してきました。

　これら復興支援活動の課題は、救援金の使い道やその結果などをタイムリーに寄付者の方々に報告すること、そして最後の1円に至るまで、しっかりと事業の進捗管理を行うことです。とても単純で当たり前のことですが、これを確実に行うため、日本からスタッフを長期間派遣するなど、取り組みを続けています。

　復興支援の分野は、非常に多岐にわたります。スマトラ地震・津波災害やハイチ地震のほか、2010年のチリ地震の復興支援活動では、津波被害が甚大な沿岸部の生計再建としてボートやエンジンを配布したほか、漁業や生産加工に携わる団体への支援を実施しました。

　こうした取り組みは、将来の災害に備える災害対策(防災)事業へと発展し、再度災害に見舞われても地域住民自身が対応できるよう、また被害を最小限に留めるよう、災害に強い地域社会作りを支援しています。

　それではここで、最近行われた復興支援事業の中から2例をご紹介しましょう。

2) スマトラ島沖地震・津波災害

　2004(平成16)年12月26日にスマトラ島沖で発生したマグニチュード9.0の巨大地震と、それにより引き起こされた大規模な津波は、インドネシアをはじめとする東南アジア地域、南アジア地域、東アフリカ地域に至る広範囲に甚大な被害をもたらし、死者・行方不明者はインドネシアで約16万7千人、スリランカで約3万6千人など、被災各国で計22万7千人以上にのぼりました。日本での反響も大きく、最終的には約98億7千万円の救援金が日本赤十字社に寄せられました。

　日本赤十字社は、最も大きな被害を受けたインドネシアとスリランカで救援活動を展開しました。インドネシアには基礎保健ERUが出動し、医師・看護師など約100人を派遣して1万人以上を診療しました。そのほか、テントや蚊帳、補助食品など救援物資の提供、さらには連盟、ICRCへの資金拠出などの緊急救援活動を実施しました。

　緊急救援の後も、被災者の住まいや保健衛生など、多くの支援ニーズが残りました。そのため日本赤十字社は、救援から復興へ切れ目のない支援を継続しました。最終的には、被災者生活再建、保健医療衛生、災害対策、被災児童支援などの分野で中・長期的な復興支援事業を実施しました。

　具体例としては、津波で家を失った人の住宅2,214戸を再建したほか、保健医療施設83カ所を再建しました。また、医療サービスが行き届かない地域での眼科の巡回診療を実施し、延べ1,613人に対する白内障の手術と23,138人に眼鏡を提供したほか、津波で被災した沿岸部でマングローブ約109万本の植林と地元

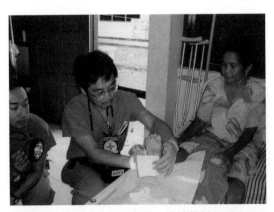

図表109　スマトラ島沖地震・津波救援(日本赤十字社提供)

住民への防災啓発活動を実施しました。そのほか、被災児童への文具セット約30万6千組の配付や、日本から水上安全法指導員を派遣して指導者の養成を行いました。

こうして2012年3月末までに、すべての事業を完了しました。最終的に、計155人(インドネシア125人、スリランカ30人)を派遣しました。そのうち復興事業担当として派遣されたのが60人ですが、これは日本赤十字社が最後まで事業の進捗管理を行い、救援金の使途管理を行ったことの証といえるでしょう。

3) ハイチ大地震災害

2010(平成22)年1月12日午後5時頃(現地時間)、ハイチ共和国首都ポルトープランスの南西約25キロを震源としたマグニチュード7.0の大地震が発生し、死者約23万人、負傷者約31万人という甚大な被害をもたらしました。被災者は人口の3分の1にあたる300万人にのぼり、最大時には約150万人が避難民キャンプで避難生活を送りました。

日本赤十字社は、基礎保健ERUを出動させ、6カ月間で6班66人を派遣しました。ポルトープランスと同市の西約40kmに位置するレオガン市では、2カ所の仮設診療所での診療、巡回診療、予防接種などの支援活動を展開しました。

また、2010年7月からは連盟との協力のもと、レオガンにスタッフを派遣し、保健および給水・衛生分野での復興支援を行っています。これらは、母子保健や感染症の予防など保健・衛生知識の普及、安全な水の供給、衛生設備の整備などを行う

図表110　ハイチ復興支援活動(日本赤十字社提供)

270 第Ⅲ部 日本赤十字社のいろいろな活動

ものです。保健事業では、ボランティア育成の研修を行い、研修を終えたボランティアは、村内での健康相談に応じています。給水・衛生事業では、住民が衛生について学び、水が原因となる病気を予防するため、水場の清掃やゴミ収集活動に取り組んでいます。また、給水所やトイレを住民の協力で建設し、水委員会を結成しています。事業終了後も維持管理できるよう、運営管理や修復技術の研修も実施しています。

さらに、2010年10月中旬からコレラが大流行しました。約47万人が感染し、死者は7千人にのぼりました。日本赤十字社は、2011年6月までに6班31人の医療チームを派遣し、ポルトープランス国立刑務所での患者の治療、カルフール市でのコレラ治療センターの運営（カナダ赤十字社と共同）、ポルタピマン県でのコレラ治療ユニットの運営（英国赤十字社と共同）を行い、約2,600人を治療しました。同時に、現地スタッフの研修や地域の人々に衛生知識の普及活動を行い、予防に努めました。

5 日本赤十字社の開発協力活動

1) 自らの手で持続可能な開発を目指して

開発協力活動は、途上国が災害対策、保健医療などの分野で抱えている長期的な人道ニーズに関する問題を、地元の赤十字社と協力しながら改善していく取り組みです。途上国の赤十字社の活動を活性化するため、継続的な支援を行うことで、その国の人々が主体になった「自らの手で持続可能な」開発が実現します。その結果、たとえインフラ整備が十分でない地域でも回復力（レジリエンス）が高まり、将来にわたって人の生命と健康を守れるようになります。

2) 災害対策

災害による被害を減らすためには、将来起こり得る災害に備え、対策を講じることが大切です。日本赤十字社は、地元の人々の協力を得なが

ら災害対応能力を高め、地元の赤十字社が行う地域に根ざした災害対策活動を支援しています。

ベトナムでは、1997（平成9）年度から2016（平成28）年度まで、ベトナム赤十字社のマングローブ植林事業の支援を行いました。

図表111　堤防の前面に植林されたマングローブ林
（日本赤十字社提供）

この事業は、沿岸地域にマングローブ植林することで「緑の壁」を築き、台風が来襲しても高潮の力を弱めて防波堤の役割を果たしました。これにより洪水を防ぎ、沿岸地域住民の生命や財産を守ることができたのです。2015（平成27）年までに1万ヘクタール以上に植林されました。マングローブはまた、根元に集まる魚介類の捕獲や、花に群がる蜜蜂からの蜜の採集、燃料や建材の確保などによって、住民の収入向上にも役立ちました。

3）保健衛生

日本赤十字社は、長年にわたり保健や医療サービスへのアクセスが困難なアフリカ地域での保健衛生活動を実施しました。これは、世界の最も貧しい国（人間開発指数低位国）がアフリカに集中していること、また、妊産婦死亡率および5歳未満児死亡率などが世界で最も高いなど、保健医療が危機的な状況にあるためです。

ケニアでは、5歳未満児の感染症や新生児特有の病気を減らすため、2007（平成19）年から2017（平成29）年まで、ケニア赤十字社との協力で地域保健強化事業「愛ホップ（IHOP: Integrated Health Outreach Project）」を行いました。地元ボランティアや地域保健師への研修、保健省との移動巡回診療などを行う事業です。この「愛ホップ」によって、事業地のガ

コラム21　事業の成果は母子の笑顔

　ケニア北東部の乾燥地帯であるガルバチューラで、子どもたちとお母さんのいのちと健康を護る地域保健強化事業「愛ホップ」に4年前から携わっています。

　この地方の人たちは、旱魃(かんばつ)や洪水で家や家畜を毎年のように失っています。水道や電気もなく、バスも走っていません。子どもは毎日、朝と夕の2回、20リットルの容器を抱え、井戸や川に水汲みに行かねばなりません。旱魃の時には食糧と水が不足し、一口のおかゆでさえ、3日に1回しか食べられないこともあります。

　子どもたちは栄養失調状態となり、マラリアや発熱、下痢症、肺炎などで簡単にいのちを落としています。また、妊婦は遠く離れた診療所に行くときに、ロバの荷台に数時間も揺られなければなりません。

　この過酷な環境で暮らす子どもやお母さんのために、愛ホップは地域保健員を育成し、地域に根付いた保育医療体制を築いています。支えているのは「海外たすけあい募金」です。愛ホップの取り組みにより、予防接種、保健衛生指導、妊産婦検診などが地域に大きく普及されてきました。子どもたちの予防接種率は向上し、下痢症が頻繁に流行していた地域でも件数は減少してきており、「地域保健の向上に貢献している」と多くの方から感謝されています。

　これらの成果を維持するには、生活支援や保健衛生活動の継続が不可欠です。一人でも多くの子どもたちとお母さんの笑顔といのちを守るため、私も力を尽くしたいと思います。

（日赤ケニア駐在員　五十嵐真希）
（『赤十字NEWS』2012年12月号より）

図表112　村の新生児と五十嵐要員
（日本赤十字社提供）

ルバチューラ県では地域住民の生活に変化が見られるなど、大きな成果があがりました。

また、20年もの内戦が終結したウガンダ北部では、妊産婦は十分な医療サービスを受けられず、出産のたびに母子ともに生命の危険にさらされていました。そのため日本赤十字社は、2010（平成22）年から2015（平成27）年までウガンダ赤十字社と協力し、北部地域で母子保健事業を行いました。妊産婦を対象に、出産の安全性を高めるために不可欠な医療資材一式（通称：ママバッグ）の配付や、安全な出産に関する正しい知識の普及、妊産婦ケアを行う保健ボランティアの育成、保健医療施設への資機材整備を実施しました。

図表113　赤十字の支援を受けて無事出産した女性
（日本赤十字社提供）

4）これまでの代表的な開発協力活動

ここでは、過去に行われた開発協力活動の中から、代表的なものをご紹介しましょう。

バングラデシュでは、南部のハチヤ島とモンプラ島で1986（昭和61）年から災害対策事業が行われました。同国のベンガル湾沿岸地帯は、頻繁にサイクロンや洪水の被害に見舞われていました。そのため日本赤十字社は、同国赤新月社と共同で29棟の高床式サイクロンシェルターを建設しました。このシェルターは、サイクロン来襲時には避難所として人々の生命を守りますが、平時は学校や地域の活動拠点として活用されています。

ネパールでは、1983（昭和55）年から2004（平成16）年まで保健衛生事業を行いました。井戸の掘削などによる安全な飲料水の供給、保健衛

図表114　バングラデシュのサイクロンシェルター（日本赤十字社提供）

図表115　ネパールでの安全な飲料水の供給（日本赤十字社提供）

生教育、簡易トイレなどの整備を通じて、農村地域の人々の健康状態を改善し、生活の質の向上に貢献しました。このうち飲料水供給は、20年間で総計11,407本のポンプ式浅井戸と、240基の自然流下式の簡易水道が設置されました。その結果、下痢などの患者が減少し、女性や子どもは、水汲みの重労働から解放されるなど、大きな成果があがりました。この事業は現在でも評価されており、日本赤十字社の地域防災事業を担当する藤巻三洋駐在員は、ある日現地でこんな小話を聞いたそうです。「日赤が過去に支援した村を見つけるのは簡単だ。村の水飲み場に行って、古い水道をひねってもまだ水が出てくればそれは日赤が支援した村だ」というものです。

カンボジアでは、1992（平成4）年から2001（平成13）年まで、プノンペン市チャムカーモン地区にある赤十字ヘルスセンターに対して母子保健医療事業を行いました。医師や助産師など40人以上を派遣したほか、施設の整備や医療資機材の供与を行い、医療水準の向上に寄与しました。

血液事業では、1995（平成7）年度から2003（平成15）年度まで、延べ11人の血液センター職員をラオス赤十字社に派遣し、血液の検査技術

の向上と献血思想の普及などの支援を行いました。首都のビエンチャンでは、当初2.7％だった献血率が、2003年度には100％に達し、国全体でも献血率が40％まで上昇しました。また、ラオス国内で輸血されるほぼすべての血液に対して、HIV抗体などの輸血前検査が実施されるようになりました。

6 国際救援・開発協力要員の育成

1）海外派遣スタッフの育成

　日本赤十字社は、お金や物による援助だけでなく、スタッフの派遣を通じた人的貢献によって「顔の見える援助」の強化を目指しています。そのために必要な救援、医療、保健など、専門性を持った人材確保を行っています。

　特に医療救援要員の確保のため、前述のように五つの赤十字病院を「国際医療救援拠点病院」として位置づけ、人材の育成と研修を行っています。

　災害などの緊急救援では、約1カ月から最長4カ月程度の派遣となります。復興支援や開発協力活動の場合はより長期の派遣となり、数年間にわたる場合もあります。こうした多様な派遣形態に対応するため、数多くの派遣スタッフを確保する必要があります。

　2013（平成25）年現在、日本赤十字社の海外派遣スタッフ登録者は約500人ですが、約

図表116　基礎保健ERU研修会（日本赤十字社提供）

7割が日本赤十字社の職員、残りが外部の人材です。特に職員は医療関係者が多く、外部人材は長期派遣が可能な復興支援事業などに携わる人が多いのが特徴です。

　日本赤十字社の救援スタッフは、語学などさまざまな要件をクリアし、救援活動に必要な技術やノウハウ、安全管理の方法などに関する複数の研修を修了の上登録された救援のプロです。ボランティアは、派遣されません。

　では次に、その研修体系を見ていきましょう。

2) 海外派遣スタッフを育成するための研修体系

　まず日本赤十字社の国際活動に参加するためには、所定の研修を修了して「国際救援・開発協力要員」として登録されることが必要となります。

　日本赤十字社の国際活動に関する基本的な研修体系は下の図の通りですが、このほかにも安全管理に関する研修や、事務管理要員、技術要員、医療要員それぞれの専門研修などが行われています。

　最初の研修は、「国際救援・開発協力要員研修Ⅰ」です。これは赤十字で国際活動を目指す世界中の人が受講する、WORC（World of Red Cross and Red Crescent）と呼ばれるオンライン上の研修です。インターネット環境があれば、誰でも受講できます。すべて英語ですが、概ね25時間程度で修了し、最後に試験を受けます。これに合格すれば、第一段階はクリアです。

　その後、ERU活動への参加を希望する人は「基礎保健ERU研修」、その他のICRC活動や復興支援事業、開発協力事業への参加を希望する人は「国際救援・開発協力要員研修Ⅱ（IMPACT）」を受講します。これらの研修もすべて英語で行われます。これらの研修を受講するためには、職務経験が3年以上、英語力はTOEICのスコアが730点以上であることが最低要件となります。

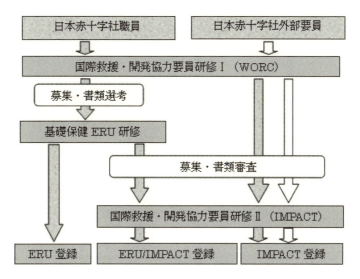

図表117　海外派遣スタッフ育成研修体系（日本赤十字社ホームページより）

3）海外派遣要員の安全の確保

　赤十字の海外派遣スタッフの派遣先は、その多くが途上国など生活環境が厳しいことに加え、治安の不安定な場所も多いため、その安全管理には特に配慮が必要となります。

　しかし2012（平成24）年1月、パキスタンでICRCの英国人スタッフが誘拐され、4月末に遺体で発見されるという痛ましい事件が発生するなど、人道支援活動をめぐる環境はますます厳しくなっています。

　人道支援活動は、現場の安全が確保されて初めて、可能になります。日本赤十字社は、これまでも連盟やICRC、各国赤十字社などと連携しながら派遣スタッフの安全管理に努めてきましたが、近年はさらに体制を強化しています。また、危機管理意識の向上のため、日本赤十字社が主催する危機管理研修の受講を義務付け、安全確保や危険回避の方法などを習得させた上で派遣しています。さらに、派遣スタッフの心理的な支援を行うため、こころのケアにも積極的に取り組んでいます。

　派遣スタッフ一人ひとりが、心身面での健康を維持し、安全な環境で活動できること、これが何よりも大切です。

コラム22　本当に必要とされる人材とは

　赤十字の海外派遣スタッフを目指すには、さまざまな要件をクリアし、各種研修会を修了しなければなりません。しかしそれ以外にも、重要な要素があります。

　まずは、「チームワークを大切にし、良い人間関係が作れる」ことです。救援の現場では、世界各国から集まった人たちと力を合わせ、お互いの得意分野を生かせるよう調整を行い、一人でも多くの人の命と健康を守るため活動を行います。その際、最も重視されるのは「チームワークと良い人間関係」であることを、多くの経験者が語っています。

　次に大切なのは「厳しい環境でも健康を維持し、前向きに楽しめること」です。救援の現場は「被災地」、多くの人が苦しんでいます。救援スタッフは現場で懸命に活動しますが、自分一人の力ではすべての人を救うことができない現実を目の当たりにし、無力感に襲われることがあります。それに加え、スタッフの住環境も簡素なもので、多くの場合は簡単な食事やテントでの寝泊りとなり、プライバシーの確保も困難になります。こうした厳しい環境でも前向きに活動し、自分自身の身体とこころの健康を維持し、活動の目標を達成して無事帰国することが求められます。救援スタッフも生身の人間、寝食を忘れて現場で倒れないよう、自己管理が重要になります。

（森　正尚）

第14章　日本赤十字社の血液事業

1 血液事業の歴史

1）はじめに ― 日本赤十字社で最も有名な事業

　日本赤十字社の血液事業は、赤十字の事業の中でも最も知られています。過去の調査でも、「赤十字と聞いて何をイメージしますか」との問いに対し、多くの人が「献血」と答えています。ここでは、その血液事業を紹介しましょう。

2）血液は生きている

　血液は、人間の生命を維持していくために欠くことのできないものです。体内から一定量が失われると命を落とすことになりますし、血液の持つ機能が正常に働かなくなると重篤な病気になったりします。しかしこの血液は、科学が進歩した現在でも人工的に作ることができません。また、血液は生きた細胞で、いわば臓器です。長い期間にわたって保存することはできません。

　そのため、手術やけがなどの治療を行う場合に必要な輸血用などの血液は、絶えず新鮮なものを確保する必要があります。以前は日本でも、血液が売買されていた時代がありました。そのため患者が感染症を起こ

280 第Ⅲ部 日本赤十字社のいろいろな活動

すなど、大きな問題となりました。さらに、血液を売る人の中にも、売血回数を重ねて健康を害する人が出てきました。また、臓器を売買することに伴う生命倫理上の問題もありました。そのため1964年より、国内での血液の確保は「無償の原則」により献血によることになりました。

人道や公平、奉仕などの原則を掲げる日本赤十字社が、その献血の担い手になり、併せて血液製剤の製造も行うことになりました。これが血液事業です。

3) 日本赤十字社の血液事業の歴史

わが国の輸血の歴史は、日赤救護班の医長としてフランスに赴いた塩田広重が、第一次世界大戦救護の現場で、ヨーロッパの輸血の現状を知り、試みたことまで遡るといいますが、1930（昭和5）年、東京駅で暴漢に狙撃された浜口雄幸首相が、塩田の行った輸血により一命を取り止めたことで、改めて注目されました。

その後、1934（昭和9）年8月1日から、大阪支部病院（現在の大阪赤十字病院）が輸血奉仕部を院内に作り、当時の青年団、宗教団体、学生、方面委員（現在の民生委員の前身）などに呼びかけ大阪市内の各病院や医師とも連絡を取り、輸血奉仕事業を始めました。この事業は、厳重な健康診断、血液型検査を行い、供血者には、人道を訴え、受血者のうち生活に困っている者には、無料提供を行うなど、赤十字精神に基づく事業として行われましたが、戦争が進むにつれて中止になったようです。

第二次世界大戦後の1948（昭和23）年、ストックホルムで開かれた第17回赤十字国際会議では、各国赤十字社が、血液事業に積極的に参加し、必要とあれば自ら血液センターを設立すること、供血者の無償供給などが決議されました。

同年、アメリカ赤十字社からも日本赤十字社に輸血事業の援助の申し出もあり、これらを受けて、日本赤十字社は1949年に輸血対策委員会を設置しました。そして1952（昭和29）年4月に日本赤十字社中央病院（現日本赤十字社医療センター）に日本赤十字社血液銀行東京業務所を開設し、血液事業を開始しました。

またその翌年から、地方のいくつかの日赤病院にも、次々と血液銀行が設置されました。さらに1954年には日赤中央病院の隣に日赤輸血研究所もでき、新たな取り組みが行われました。

しかし、1955（昭和30）年になると民間の商業血液銀行による売血が盛んになり、献血者が激減しました。そのため、売血による供給者の貧血と、受血者の輸血後肝炎が社会問題となりました。これに対して、1962（昭和37）年には青少年赤十字奉仕団が中心となって高校生、大学生による「黄色い血」追放のキャンペーンが始まりました。

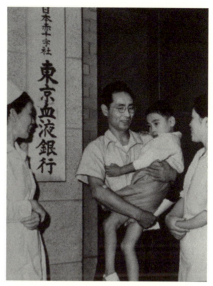

図表118　東京血液銀行開設（日本赤十字社提供）

ところが1964（昭和39）年、ライシャワー駐日アメリカ大使が暴漢に襲われ、輸血によって血清肝炎に感染する事故が起こりました。これを機に政府は政策転換を図り、輸血用血液は献血により確保する体制を確立することを、閣議で決定しました。こうして、国および地方公共団体による献血思想の普及と、日本赤十字社または地方公共団体による献血受入れ体制の整備が推進されることになりました。

翌年には、一部の県を除き40都道府県に赤十字血液センターができ、さらに1974（昭和49）年には、民間血液銀行の預血制度も廃止になり、献血100％の体制が確立されました。そして1983（昭和58）年には、すべての公立血液センターの移管が終了し、日本赤十字社による献血受け入れ態勢、検査・製造・供給の体制が確立されました。

その後2003（平成15）年になって、「安全な血液製剤の安定供給の確保に関する法律」（いわゆる「血液法」）が制定され、前述の閣議決定を拠り所にした献血推進事業に初めて、法的な裏付けがされました。併せて、

282　第Ⅲ部　日本赤十字社のいろいろな活動

同時に薬事法の改正も行われ、安全な血液製剤の製造に向けた体制整備が求められました。

　こうして見ると、日本赤十字社の血液事業は、比較的新しいことがわかります。今日、日本赤十字社の血液事業は、国、都道府県や市町村をはじめ、血液製剤の製造・販売業者、実際に製剤を使用する医療機関、患者の方々、そして献血に協力する企業やボランティアなど、多くの人々の協力により成り立っています。

4) 血液事業の三つの分野

　日本赤十字社の血液事業は、献血だけではありません。大きく分けて、三つの分野に分かれています。一つ目は「採血業」、献血される方々からの採血です。二つ目は「製造業」、献血された血液の検査と血液製剤の調製です。そして三つ目は「販売業」、血液製剤を医療機関などへ供給する事業です。

　その他、日本赤十字社は、「日本骨髄バンク」の事業に協力しています。日本全国の献血ルームなどで骨髄提供希望者の登録を受け付け、登録データの管理や適合ドナーのデータ検索業務などを行っています。

　また、「日本さい帯血バンクネットワーク」の事業にも協力しています。2012 (平成24) 年現在、全国四カ所のブロック血液センター (北海道、関東甲信越、近畿、九州) で分離や検査、製造保存、提供などを行っています。

　国際活動としては、アジア地域(インドネシア、タイ、ネパール、ラオス、フィリピンなど)の赤十字社職員に対し研修を実施しています。

2 献血者からの採血

1) 人工的に作り出せない血液

輸血や血液製剤を作るために必要な血液は、今のところ人工的に作り

出すことができないため、健康な方から自発的に無償で血液をもらう「献血」に支えられています。また、輸血用の血液製剤は長期保存ができないため、常に迅速かつ安定的に供給する体制を整備しておく必要があります。しかし、近年の少子高齢化の影響もあり、献血者の確保は大変難しい状況にあります。

　日本赤十字社は、日本全国の血液センターをはじめ、人通りの多い駅前や商店街などに設置された献血ルームや街頭の移動採血車などで、幅広く献血を呼びかけています。また、職場や自治会、学校などでの「団体献血」にも力を注いでいます。

2）全血献血と成分献血

　献血には、全血献血と成分献血があります。

　全血献血は、すべての血液成分を献血するもので、400ml献血と、200ml献血の2種類があります。200ml献血は16歳から可能ですが、400mlは17歳からとなっており、対象年齢に若干の差があります。しかし、単純比較でも400ml献血の方が200ml献血の倍あるため、より少ない人数で輸血量が賄えます。すなわち、輸血による副作用の危険性を減らすことができ、輸血の安全性を高めることができます。患者さんの体への負担も軽くなることもあり、日本赤十字社では400ml献血を推進しています。

　成分献血は、装置を用いて血液中の血漿（けっしょう）や血小板だけを採取し、体内で回復に時間のかかる赤血球は再び体内に返す方法です。そのため成分献血は体への負担も軽く、多くの血漿や血小板を献血してもらうことができるた

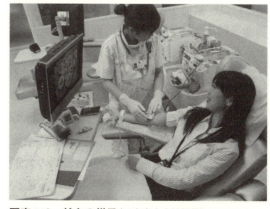

図表119　献血の様子（日本赤十字社提供）

284　第Ⅲ部　日本赤十字社のいろいろな活動

め、日本赤十字社では献血基準を満たした人には、積極的に呼びかけを行っています。

3) 献血の方法

　献血に行くと、まず受付で身分証明書などの提示を求められます。これは安全で責任ある献血をお願いするために、本人確認を行うためのものです。その上で献血カードによってさらに本人確認を厳格化しています。

　次に、問診票に健康状態などを記入し、その後医師による詳細な問診と、血圧測定が行われます。また、貧血の心配がないかを調べるため、ヘモグロビンの濃度測定と血液型の事前判定を行います。成分献血の場合は、血小板数の測定も併せて行います。

　これらを終え、献血可能であると判断されれば、採血ベッドで献血が開始されます。全血献血は10〜15分程度で終わりますが、成分献血は採血量に応じて40〜90分ほどかかります。献血後は、休息を取り、用意された飲み物などで十分に水分の補給を行います。こうして献血は終了ですが、ごくまれに貧血状態になることがあるため、階段や屋外での歩行には注意が必要です。

　なお、事前の問診の段階で、献血を断られることがあります。当日の体調不良や貧血、低血圧、体重の不足など、さまざまな要因が考えられます。また、過去に輸血を受けた場合や、一定期間内に予防接種を受けた場合なども、これに該当します。詳細は、日本赤十字社のホームページに紹介されています。いずれにしても、献血者の健康を第一に考えた結果であることはもちろんですが、献血された血液の安全性を確保する上からも、非常に大切なことです。

　日本赤十字社では、継続的に献血された方々へ感謝の意を表するため、その回数に応じて表彰を行っています。献血回数が10回、30回、50回などに達した方に対して、ガラス器などを贈呈しています。

第14章　日本赤十字社の血液事業　285

コラム23　献血はいのちのリレー

　2011（平成23）年の8月、全国学生献血推進協議会の代表90人が札幌に集まり、若者の献血者拡大への広報活動などを真剣に話し合いました。その時，呼びかけの言葉として使われたのが、「献血はいのちのリレー　つなぐのは私たちです！」。

　1962（昭和37）年に、献血の必要性を広く国民に訴え、輸血政策の転換の糸口を開いたのは、当時の大学生、高校生、それに勤労青年でした。

　それから50年。当時の青年は、いずれも献血年齢の上限に達しています。例えば、長野県の木村仁さん。子どもさんの怪我で輸血を受けたことで献血を始め、当時の献血年齢の限度、64歳までに献血手帳に押されたスタンプは208になったといいます。

　また、お祖父さんが輸血で救われたことを契機に16歳で献血を始め、大学1年の現在でも献血を続けている学生奉仕団の高宮さんは、「知ることが大切。献血は誰かのいのちを支えている」と話しています。

　この学生献血推進協議会の代表者会議では「同世代から同世代への効果的な広報」がテーマになり、ディベートが行われました。この席上でも、献血の呼びかけにツイッターなどの活用も有効ではないかとの報告もあったようです。全国代表を務める角田藍美さん（北海道大学）は、「若者を振り向かせるためには、私たちの感性が役にたつはず」と話されたといいます。呼びかけの言葉一つ聞いても、確かに若々しい感性に満ちていますね。

（『赤十字NEWS』2011年9月号より）

4）減り続ける献血者数

　1985（昭和60）年度、876万人を超えていた献血者数も徐々に減り始め、2000（平成12）年度には遂に600万人を割って582万人になりました。その後2007（平成19）年度には496万にまで減少しましたが、2012（平成24）年度は525万人（全血献血371万人、成分献血154万人）となっています。

286　第Ⅲ部　日本赤十字社のいろいろな活動

　近年、日本は本格的な少子高齢社会を迎えましたが、輸血用の血液や血液製剤などの大半は、高齢者の医療に使用されています。東京都の調査では2011（平成23）年、輸血を受けた患者さんの約85％が50歳以上です。その一方で、献血者の年齢層は76％が50歳未満で、まさに若い世代の献血が高齢者医療を支えています。

　そのため、今後も幅広い年齢層から献血に協力してもらえる体制作りが急務です。その中でも、特に10代、20代の献血者数が毎年減り続けていていることが、大きな問題となっており、各種キャンペーンやマスメディアを通じての広報啓発活動など、積極的に取り組んでいます。

　一方、年間を通じて必要とされる血液の量はほぼ一定ですが、献血者の数には季節的変動があり、特に冬場から春先にかけて減少します。これは風邪やインフルエンザの流行などで体調を崩す方が増え、学校や企業など、一度に多くの献血者が得られる機会が減ってしまうためです。この傾向は、ゴールデンウィークやお盆、年末、年始なども同様です。このような場合、全国にある血液センター間の相互協力により、医療機関へ血液が確実に届くようにしています。

コラム24　1日約3,000人のいのちを救う輸血

　輸血を受ける患者さんは1日に約3,000人いるといわれています。献血による血液は、輸血を必要としている人たちのために大事に使われています。輸血を受ける患者さんの約85％が50歳以上の方であることは前述の通りですが、がんや白血病の治療に一番多く使われています。

　東京都の調査結果によると、2010（平成22）年に輸血された方の疾病別の状況を見ると、がんが39.3％で一番多く、次いで血液および造血器関係が18.1％、循環器系が16.6％、消化器系が8.4％などとなっています。

（『赤十字NEWS』2013年1月号より）

第 14 章　日本赤十字社の血液事業　287

採血基準

献血いただく方の健康を守るために、さまざまな基準を設けています。

採血方法別の採血基準

献血の種類／項目	全血献血		成分献血	
	200mL 全血献血	400mL 全血献血	血漿成分献血	血小板成分献血
1回献血量	200mL	400mL	600mL 以下（循環血液量の12%以内）	
年齢	16歳〜69歳※	男性：17歳〜69歳※ 女性：18歳〜69歳※	18歳〜69歳※	男性：18歳〜69歳※ 女性：18歳〜54歳
体重	男性：45kg以上 女性：40kg以上	男女とも50kg以上	男性：45kg以上 女性：40kg以上	
最高血圧	90mmHg以上			
血色素量（ヘモグロビン濃度）	男性：12.5g/dL以上 女性：12.0g/dL以上	男性：13.0g/dL以上 女性：12.5g/dL以上	12.0g/dL以上（赤血球指数が標準域にある女性は11.5g/dL以上）	12.0g/dL以上
血小板数	———	———	———	15万/μL以上
年間献血回数	男性：6回以内 女性：4回以内	男性：3回以内 女性：2回以内	血小板成分献血1回を2回分に換算して血漿成分献血と合計で24回以内	
年間総献血量	200mL献血と400mL献血を合わせて 男性：1,200mL以内 女性：　800mL以内		———	———

献血にご協力いただける方の安全を第一として、国が定めた基準などにより、医師が総合的に判断してお願いしています。
※65歳以上の方の献血については、献血いただく方の健康を考慮し、60〜64歳の間に献血経験がある方に限ります。

採血の間隔表

今回の献血／次回の献血	200mL 全血献血	400mL 全血献血	血漿成分献血	血小板成分献血※
200mL 全血献血	男女とも4週間後の同じ曜日から献血できます	男性は12週間後・女性は16週間後の同じ曜日から献血できます	男女とも2週間後の同じ曜日から献血できます	
400mL 全血献血				
血漿成分献血		男女とも8週間後の同じ曜日から献血できます		
血小板成分献血※				

※血漿を含まない場合には、1週間後に血小板成分献血が可能になります。
ただし、4週間に4回実施した場合には、次回まで4週間以上期間をあけてください。

図表120　採血基準（日本赤十字社ホームページより）

288　第Ⅲ部　日本赤十字社のいろいろな活動

5) 採血基準

　献血する場合には、献血者の健康を守るため、医学的な検討を経て、国が定めた採血基準があります。現在の基準は、2011（平成23）年4月1日より施行されているものです（前頁表参照）。

3 ｜ 献血された血液の検査と血液製剤の調製

1) 血液の検査

　日本赤十字社は、献血されたすべての血液について、安全対策としてさまざまな検査を行っています。

　その過程で、献血者に対する感謝の意を表するため、また健康管理に役立ててもらうため、希望者に対しては血液型のお知らせのほか、生化学検査（総コレステロールや総蛋白など）や血球計数検査（赤血球や白血球、血小板の数、ヘモグロビン量など）の結果を献血後約2週間程度で親展にてお知らせするサービスを行っています。また、ヘモグロビンの濃度が低いために献血ができなかった申込者には健康相談などを実施しているほか、受付時にB型・C型肝炎や梅毒、HTLV-1（成人T細胞白血病の原因ウイルス）抗体の検査結果通知を希望した人には、異常があった場合のみ献血後1カ月以内に親展で通知しています。

　かつて、このように検査された血液製剤を使用しても、その後肝炎にかかる人が多く見られ、大きな社会問題となりました。これは、ウイルスに感染していても日が浅いために十分増殖していなかったり、まだウイルスに対する抗体ができていなかったりするため、血液を検査しても陰性と判定されてしまう期間があるためです。この期間は「ウインドウ・ピリオド」と呼ばれ、輸血後のHIV感染でも非常に大きな問題となっています。

　日本赤十字社では、このウインドウ・ピリオドをできるだけ短縮し、血液製剤のさらなる安全性を高めるため、1999（平成11）年から核酸増

幅検査(NAT)を実施しています。この検査は、ウインドウ・ピリオド期間の血液中にある極めて微量なウイルスを検出する高感度な検査法の一つです。その方法は、遺伝子の一部の核酸を取り出して増幅させ、増えた核酸を検出することで遺伝子の有無を確認します。この検査方法は従来のものより感度が高く、ウインドウ・ピリオドも短縮されますが、それでもピリオドがなくなるわけではありません。

　感染してからすぐの時期に検査した場合、NATでも陰性となる可能性があるといわれています。そうなれば、ウイルスに感染した血液が輸血に使用される可能性も出てきます。それを防ぐためにも、ウイルスに感染している可能性のある人が検査目的で献血することは、絶対に避けなければなりません。現在では、保健所が匿名で検査してくれます。

　こうした努力の結果、輸血用血液製剤を介した感染症は大きく減少していますが、今後とも安全性をさらに高めるため、検査では検出が困難な微量なウイルスなどへの対策を行っていくこととしています。

2) 血液製剤

　献血で得られた血液は、その後大きく分けて「輸血用血液製剤」と「血漿分画製剤」に姿を変え、医療機関に届けられます。

　輸血用血液製剤には、主に全血製剤、赤血球製剤、血小板製剤、血漿製剤の4種類があります。献血の約70％は全血献血ですが、多くの血液は遠心分離によって血漿成分と赤血球成分に分離されて、赤血球、血小板、そして血漿の製剤になります。この中で最も需要の高いのは血小板製剤で、毎年医療機関に供給される輸血用血液製剤の約半分が、この血小板製剤です。血小板製剤に次ぐのが赤血球製剤、3番目が血漿製剤です。全血製剤は、成分輸血が主流となったため、現在ではほとんど使用されていません。この輸血用血液製剤は、すべて日本国内の献血で賄われており、日本赤十字社が独占的に製造と供給を行っています。

　これら製剤には保存温度が厳密に決められているほか、有効期間があります。例えば血小板製剤なら20 〜 24℃で保存し、有効期間は採血日を含めて4日間です。血漿製剤のように有効期間が1年間というものも

ありますが、赤血球製剤の一部は製造後12時間や24時間というものもあります。ここからも、血液の安定的な確保が非常に重要であることがわかります。

血漿分画製剤は、血液の血漿から治療に必要な血漿タンパク質を分離精製し集めたもので、主にアルブミン製剤や免疫グロブリン製剤、血液凝固因子製剤があります。この中で最も需要が高いのはアルブミン製剤で、事故などで大量の出血がありショック状態に陥った時や、熱傷や肝臓病、腎臓病などの治療に使われていますが、未だ多くを輸入に頼っています。国内自給率は、2000（平成12）年度に30％だったものが2011（平成23）年度には59％にまで増えていますが、今後も自給率の向上が求められます。また、重症感染症治療などに使われる免疫グロブリン製剤の国内自給率は2011年度の段階で95％ですが、一部を輸入に頼っています。さらに血友病の治療に使われる血液凝固因子製剤は、海外の遺伝子組み換え製剤のシェアが伸び、国内自給率は2割程度に下がってきています。

こうした中、日本赤十字社は、同じく血漿分画製剤を製造・販売する田辺三菱製薬（株）グループの（株）ベネシスとの事業統合に向けて動き出し、2012（平成24）年には新たに営利を目的としない一般社団法人日本血液製剤機構（JBPO）を設立して事業を開始しました。こうして血漿分画製剤の生産能力の向上、製造効率の向上を図り、国内自給を高めることを目指しています。

図表121　日本赤十字社が供給する血漿分画製剤（日本赤十字社提供）

第14章　日本赤十字社の血液事業　291

　現在、日本赤十字社は、JBPOが製造した血漿分画製剤の供給を行っています。

　なお、日本赤十字社は、2005（平成17）年4月に医薬品の製造販売業の許可を取得しています。そのため、製造販売業者として、製造した輸血用血液製剤および血漿分画製剤の品質確保のためのさまざまな取り組みを行っています。

4 │ 血液製剤の医療機関などへの供給

1）日本全国を七つのブロックに分けて広域的に対応

　日本赤十字社は、全国の医療機関にいつでも血液を供給できるよう、24時間体制を整えています。日本赤十字社は、2012（平成24）年度からこれは日本を七つのブロック（北海道、東北、関東甲信越、東海北陸、近畿、中四国、九州）に分け、日本赤十字社本社直轄の各ブロック血液センターを一つの単位とする広域的な需要の把握、在庫管理、供給体制などを整備しています。なお、従来から各都道府県に設置された血液センターは、「ブロック内地域センター」として、引き続き各都道府県内での採血業務を中心に行っています。

　医療機関から血液製剤の依頼を受けると、多くの場合は血液センターの職員が直接その医療機関に供給します。多くの場合、緊急度が高いため、血液製剤を積んだ車両は緊急指定を受けています。時々街角でサイレンを鳴らして走る赤十字車両を見かけることがあるのは、そのためです。なお、場所によっては、委託を受けた配送専門の法人や医薬品卸業者が配送・供給を行っていることもあります。

292　第Ⅲ部　日本赤十字社のいろいろな活動

図表122　ブロック血液センターの配置（『赤十字NEWS』2012年11月号より）

第15章　赤十字のボランティア、青少年赤十字、安全講習、福祉事業

1 ボランティアとは

「ボランティア」の語源は、ラテン語の「自由意志」（Voluntas）、そこから派生してフランス語のVolontaire、英語のVolunteer（ともに「志願者、有志者」）が生じました。

太平洋戦争の終わった後、日本赤十字社にアメリカ赤十字社の顧問団が来られ、ボランティア育成が担当であったマーガレット・グーチ・ダフィーさんによってこの言葉が紹介されました。

その場合でも、日本赤十字社では、「ボランティア」ではなく、「篤志者」という言葉を相変わらず使っていました。この言葉は、1887（明治20）年に結成された「日本赤十字社篤志看護婦人会」以来、ずっと社内で使われていたからです。

1947（昭和22）年8月に、日本赤十字社の本社が広く配った「篤志者とは」というパンフレットは、原文はダフィーさんの書いたものですが、次のような解説がされていました。

1. 無理をしてはいけません。篤志的な奉仕だからと義務として始めた場合には、それは退屈な苦役になってしまいます。奉仕するこ

とで交際が多くなり、世間が広くなります。自己を成長させ、能力、手腕を増大させる機会でもあります。

こうした利点を自覚し、集団の一員としての自尊と満足を得ることができるものでなくてはなりません

2. 人は自己の手腕を発展させるところに、自己表現と人格成長の機会があります。とはいっても家庭を犠牲にし、幸福を傷つけるようではいけません。自分はどれくらいの時間を奉仕に捧げることができるかを考えることです。篤志者は過労にならぬ程度の時間だけ奉仕することにするのです。

3. 常に協調的でチームワークをもって仕事をすることです。礼儀、親切、ユーモアの3つは、常に仕事の場における対人関係の問題を解消します。

4. 篤志者は経験と訓練を通じて指導的地位を保ちますが、能力以上の仕事を引き受けるならば、絶望的失敗におちいり、挫折のおそれがあります。

5. 赤十字事業は、最初は篤志運動として出発しましたが、形や範囲を拡大するにつれて、各分野に熟練した技能を持つ有給職員を使用する必要が出てきました。篤志者は有給者に、有給者は篤志者に相互依存し、これが赤十字事業の特徴になっています。

今読んでみても、なかなか面白い解説ですが、これはアメリカの日常的な「ボランティア活動」を、当時の日本の女性にも紹介し、参加を呼びかけた言葉でしょう。

今では日本赤十字社の社内でも「篤志者」という言葉は使われていません。それはもちろん「ボランティア」という言葉が一般化したからです。

阪神・淡路大震災の時、新聞、テレビなどで災害現場の状況を知った人々が、被災者のために何かできないかと大勢駆けつけ、その数は地震発生から半年間だけで延べ約127万人に及んだといいます。このようなボランティア活動の模様は、国内ばかりでなく世界中に報ぜられました。1995（平成7）年がボランティア元年といわれる所以です。

第15章　赤十字のボランティア、青少年赤十字、安全講習、福祉事業　295

　アメリカの大学で13年間、肝臓移植を手がけ、世界的に評価されていた藤堂省さん（現　北海道大学教授）は、連日アメリカでも大きく報道されるボランティアの姿を見て帰国を決意しました。それまで藤堂さんは、日本人は自分の利害に関係のないことには無関心だと思っていたのだそうです。しかしテレビなどで、その姿を見て、これなら日本でも移植医療の素地が作れると思われたそうです。

　東日本大震災では、災害の規模があまりに大きく、被災地が広範にわたり、しかも原発被害が重なったことから、一般のボランティアによる支援は、当初は阪神・淡路大震災のようにはいかなかったといいます。

　それでも日本赤十字社のボランティアは、すぐ動き始めました。これも赤十字の組織的活動の一環として、日頃から役割分担などが、はっきりしていたからでしょう。無線奉仕団による素早い情報収集の動き、第11章でお話した防災ボランティアなどによる炊き出し、給水作業、救援物資などの管理などは、日頃の訓練がものをいいました。

　ただ、その後は一般ボランティアの方々が、驚くべき速さで情報サイトを立ち上げたりして、目覚しい働きをしました。これらの方々の多くは、「必要とされている支援」と「提供できる支援」をピンポイントで結び、現地のボランティアと緊密な結びつきのもと着実な支援をしました。

　このように東日本大震災では、ボランティア活動も大きく変わる契機になりました。今後の災害に対処するための、重大な教訓を残す結果にもなっています。

　しかし、ボランティアの精神というものは、変わりないものです。既に第7章で述べたように、ボランタリー・サービスは、赤十字の基本原則です。

　そこで赤十字におけるボランティアの現状について、改めて考えてみましょう。

2 赤十字奉仕団の結成

図表123

　赤十字事業に参加するボランティアは、個人として活動する「個人ボランティア」も何人もいますが、多くの人は「奉仕団」の一員として活動します。

　この奉仕団は、1947(昭和22)年頃から、一部の地域で結成を見ましたが、その動きが本格化したのは、翌年の1948年のことです。

　先ほど述べたダフィーさんの活躍もあって、1948年から1950年頃まで、全国的に5千を超す地域奉仕団が作られました。この頃は奉仕団の草創期で、具体的な活動成果を求めて手探り状態でしたが、1948(昭和23)年の福井地震、1950(昭和25)年のジェーン台風、1959(昭和34)年の伊勢湾台風などの災害に遭遇して、炊き出しや避難所でのお世話、救援物資の配分などの手伝いなどに真価を発揮しました。

　例えば、ジェーン台風の場合は、できたばかりの大阪の奉仕団の団員が大活躍をしました。その時のことを杉本好太郎さん(元大阪府支部副参事)は、次のように書いています。

　　日本赤十字社奉仕団の真価を問う日は意外に早くやってきました。昭和25年9月、関西地方を襲ったジェーン台風は、風速45メートル。西大阪一帯は高潮のため、陸に船は上がり、水は二階まで浸かり、屋根に避難している人も多く、溺死体がプカプカ浮いていました。
　　この悲惨な被害地区の団員の中から、自らの被害をかえりみず救助作業を行おうという動きが期せずして起こりました。胸まで泥水に浸かり、浮いている犬、猫の死体をかきわけ、薬品を運び、怪我人を救出し、救護物資を運びました。婦人団員は、手のただれるの

第 15 章　赤十字のボランティア、青少年赤十字、安全講習、福祉事業　297

もかまわず 35 万人余の握り飯を作りました。

この活動に対し、1950 (昭和 25) 年 10 月 14 日、参議院厚生委員会は当時の状況報告を聞くとともに、異例の感謝決議を行いました。

3 ｜ 赤十字奉仕団の発展と展望

1951 (昭和 26) 年になって奉仕団の連絡と調査研究組織として「赤十字奉仕団中央委員会」が結成されました。その頃の奉仕団は、地域奉仕団のほかに職域または学生によって組織された奉仕団があり、これらの代表も参加しました。

1956 (昭和 31) 年には、赤十字奉仕団規則が制定され、奉仕団の目的や性格を明らかにするとともに、その運営の基本を体系づけました。この時、市町村の区域を単位とする「地域奉仕団」のほかに、学生を含めた青年によって構成される「青年奉仕団」と特定の職能を持つ者によって構成される「特殊奉仕団」を「特別奉仕団」として位置づけました。

1998 (平成 10) 年は、この地域奉仕団が結成されてから 50 周年でしたが、これを記念して中央や地方で記念行事が開かれました。

また、2001 (平成 13) 年には、国際ボランティア年を迎え、活動全般についての見直しも進められました。

それからちょうど 10 年たった、2011 (平成 23) 年には、ハンガリーのブダペストで開かれた「国際ボランティア年 10 周年会議」に、防災ボランティアの坂本宏明さんが出席し、東日本大震災においては、ボランティアセンターを設置し、シャトル便の運行など延べ 7 万人にも及ぶボランティアが活動したとの報告を行い大きな反響を呼びました。

一方、2005 (平成 17) 年から 2006 (平成 18) 年をピークに、全国の市町村の大合併が再び始まり、市町村数は、それまで 3,200 ほどあったものが、数年の間に 1,700 ほどに半減しました。その影響もあって地域奉仕

298　第Ⅲ部　日本赤十字社のいろいろな活動

団の数は、以前よりだいぶ減ってきました。

　2017 (平成29) 年3月現在の奉仕団の状況は、次の通りです。

地域奉仕団	2,137団	1,217,766人
青年奉仕団	158団	7,222人
特殊奉仕団	648団	34,165人
個人ボランティア		4,761人
計	2,943団	1,263,914人

　「地域奉仕団」は、社会に貢献したいと思いを持つ方々が、地域ごとにボランティアのグループを作り、高齢者支援活動や児童の健全育成、防災活動それに赤十字の支援活動など多彩な活動を行ってきた歴史があります。ところが戦後70年が過ぎ、高度成長やバブルの時代を経て、近年では大都市、中小都市、農山村を問わず、単身所帯が4割に迫るようになり、人々のつながりも薄れ、「無縁社会」とまでいわれるようになってきました。

　地域奉仕団も、そのメンバーが高齢化してきたことは否めません。

　一方、東日本大震災後には、日本列島の地殻変動もあり、近い将来、南海トラフなどの巨大地震、火山噴火などの到来も予想されることから、命をどのように守るかが、地域社会の大きな課題になってきました。

　具体的には、災害発生直後、住民は行政に頼り切らず、水や食糧1週間分以上を、どこにどのように確保するのかも求められています。また、地域の高齢者や子どもを、どのような体制で救助するのかという切実な問題もあります。これを「共助」とか「自助」といいますが、地域社会でできることを、まず行っていこうという考え方です。

　そのためにも、地域社会の絆を意識的に取り戻す活動が必要で、「地域奉仕団」の真価が問われる時代になってきたのだと思います。

　「青年奉仕団」は、将来の赤十字活動の中心となるべき青年や学生が奉仕活動を行っているもので、この中には学生だけで組織されている学生

奉仕団と勤労青年と学生が一緒になって組織している青年奉仕団があり、献血活動、防災活動、HIV・エイズの予防活動などを行っています。この活動も「地域奉仕団」と同じ問題を抱えていますが、青年や学生が中核となって、地域社会を支えていただきたいものです。

コラム25　若者にHIV・エイズ予防を呼びかけ

　15歳の時から赤十字ボランティアに参加し、障害者スポーツに触れたことがきっかけで、理学療法士の仕事を選びました。今は京都青年奉仕団の一員として、若い人たちにHIV・エイズの予防を呼びかける活動を続けています。

　青年奉仕団では、京都第一赤十字病院の専門医の先生からの後押しを受け、「ピア・エデュケーション」というプログラムを取り入れています。このプログラムの参加者は、HIVやエイズの知識をクイズや話し合いなどを通じて学んでいます。

　若い人たちに「パートナーの気持ちを汲み取って、コミュニケーションを図ることが大切なんだ」と伝えています。

　HIVの問題は性にかかわります。この活動を始めて5年になりますが、人前で話すことに恥かしさを覚えることがあります。けれども若い人たちは想像以上に耳を傾けてくれます。そのことが嬉しくて全国各地で活動を続けた結果、今では北海道、宮城、秋田、茨城、千葉などの青年奉仕団も同様に動き出しています。

　日本は先進国で数少ないエイズ発症者が増え続けている国ですが、HIV感染者には、僕と同じ20代、30代前半の若者が占める割合が高くなっているのです。若い人たちと性について真面目に話ができる人間関係を築き、安心して相談できる場所を増やしていきたいと思っています。

（京都第一赤十字病院　佐藤文寛）（『赤十字新聞』2010年4月号より）

　また「特殊奉仕団」は、特殊な技能を持ち、特定の領域での奉仕活動だけを専門に行っているもので、この中には、赤十字飛行奉仕団、災害救助奉仕団、アマチュア無線奉仕団、救急法・水上安全法奉仕団、看護奉

仕団、病院奉仕団、手話奉仕団、芸能奉仕団、写真奉仕団、点訳・録音奉仕団、語学奉仕団、理容奉仕団、海上奉仕団、山岳奉仕団、スキーパトロール奉仕団、はり・きゅう・マッサージ奉仕団、ビューティケア奉仕団、ノルディックウォーキング奉仕団などがあります。

　こう列挙してみると、今回の東日本大震災で活躍された奉仕団の活動が眼に浮かびます。

　また、奉仕団という組織の中ではなく、個人ボランティアとして本社、支部、病院、血液センター、社会福祉施設で働くボランティアの方々も、全国で4千人ほどいます。

　さらに「赤十字防災ボランティア」と呼ばれる方々もいます。日頃から救護訓練、研修などに参加し、災害救護のノウハウを取得し、今回の東日本大震災でも活躍されましたことは、先ほどお話をした通りです。

　そこで、最近におけるこれらの赤十字奉仕団や個人ボランティアの活動例を紹介しましょう。

4 | 赤十字奉仕団の活動例

1) 愛知万博の「国際赤十字・赤新月館」における活動

　2005（平成17）年に愛知万博に設けられた「赤十字パビリオン」は、世界的な規模で赤十字が被災地や紛争地での緊急医療や生活支援を行う状況を、影像や音楽などを使い、入場者の方々に体験していただくという一見地味なものでした。

　ところが入場者が、予想していた15万人の3倍を超すことになり、大ブレイクをしました。これらの方々の中には、若い人も多く出口のメッセージボードには感動の言葉が溢れ出ていました。その成功の背後には、奉仕団や個人ボランティアの協力がありました。

　すなわち愛知県内の52の赤十字地域奉仕団、10の特殊奉仕団、それに個人ボランティアが、毎日6人体制で開館期間185日の間、交代で同

館につめて活動をしました。

それに地元の日本赤十字豊田看護大学の学生、地元愛知だけでなく東京、大阪の語学奉仕団の団員なども会場で外国人の応接にあたりました。また、愛知県内の赤十字病院に勤務されていた看護師さ

図表124　愛知万博の国際赤十字・赤新月館（日本赤十字社提供）

んも「赤十字救急奉仕団」として、熱中症や貧血などのお客さまの看護をしました。このように多くの赤十字奉仕団などの活躍が、赤十字の存在を多くの人々に知らせるという成果を生んだのです。

2）東日本大震災直後の福島の赤十字奉仕団の活動

東日本大震災の直後、会津若松ふれあい体育館では、発災直後の3月16日から4月15日までの1月間だけでも、会津若松市女子赤十字奉仕団が、毎日300食の炊き出しを行いました。炊き出しは毎日、昼食と夕食の2回実施。毎回、10人前後の団員が交代で実施しました。同奉仕団の栗城美保さんは「避難されてきた方に、せめて暖かい食事を召し上がってほしいという気持ちで続けてきました」と話したといいます。

ふれあい体育館に避難した大熊町の男性は「ここで4カ所目、着の身着のままで避難してきたので、当座の生活資金もない」とため息をつかれるという状況だったといいます。

同奉仕団の諏訪幸子委員長は「大変な思いをされている被災者の役に少しは立てたのでは……」と語っておられたそうです。大地震、原発事故が起こって間もなくの頃のことです（『赤十字NEWS』2011年5号）。

302　第Ⅲ部　日本赤十字社のいろいろな活動

3)視覚障害援助赤十字奉仕団の活動

　1959(昭和34)年に誕生した点訳奉仕団と1966(昭和41)年に誕生した録音奉仕団が一緒になって、1982(昭和57)年に視覚障害福祉施設・神奈川県ライトセンターの中にできたのが、視覚障害者援助赤十字奉仕団です。

　この奉仕団では、センター所蔵の本や個人的にリクエストされた本の点訳、同じく蔵書の録音、対面朗読、テープ雑誌・拡大写本の製作、さらに視覚障害者のレクリエーション――例えば、キャンプ、ハイキング、クリスマス会、日帰り登山、屋外のゲーム・餅つき、さらにはアルペンスキーやクロスカントリーなどの実施、情報提供などを650人のメンバーで行っています。

4)語学奉仕団の活動

　1964(昭和39)年に東京で開かれた国際身体障害者スポーツ大会における通訳ボランティアが母体となって翌年、設立されたのが本社直轄の語学奉仕団です。それから50年たった2013(平成25)年の秋、設立当初、皇太子妃として応援された皇后さまをお迎えし、記念の会が行われました。このような語学奉仕団は地方にもあります。

　本社の語学奉仕団は、今でも障害者のために街中のトイレ、公衆電話などの施設や道路や駅などの状況のチェックを行ったり、国外から障害者を迎え国際シンポジウムなどを行ったりしています。

5 青少年赤十字の始まり

　1919(大正8)年第一次世界大戦が終わり、人々は歓呼して平和を迎えました。アメリカのウイルソン大統領の唱える民主主義と民族自決の主張は、欧米のみならずアジアでも支持されました。特にわが国では1914(大正3)年以来、吉野作造博士の民本主義の主張によりデモクラ

シーは、はやり言葉になっていました。

その年、フランスのベルサイユで平和条約が開かれ、講和条件が議論されていましたがちょうどその頃、前にお話した赤十字社連盟を作るための会議が、フランスのカンヌおよびパリで開かれていました。その年の初め採択された国際連盟規約は、その第25条で連盟国の赤十字が平和事業のために相互協力をすることを決めていましたが、それを受けてアメリカ、イギリス、フランス、イタリア、日本の5カ国の赤十字社の代表者が集まったのです。

この赤十字社連盟の第1回総会が、1920（大正9）年にスイスのジュネーブで開かれましたが、ここで各国赤十字社は、赤十字の平時事業の一つとして「少年赤十字」を作ることを決定したのです。

もともと「少年赤十字」は、第一次世界大戦中の1914（大正3）年、カナダ赤十字社のケベック州支部で始まりました。ヨーロッパの戦場の負傷兵の救護のための包帯などを作る作業が人手不足に陥ったため、少年たちに助けを求め、これに応ずる者を団員として登録したのです。この方式はやがてカナダの他の州にも及び、1917（大正6）年、アメリカが参戦すると、今度はアメリカにも及び、小・中学校の児童が参加しました。それも、カナダ、アメリカ、オーストラリアなどでは、単に救護材料を作るだけでなく、赤十字事業全般を援助するものに成長し、これを「少年赤十字」と呼んだのです。

戦後の1917年、アメリカなどの少年赤十字の団員たちは、ヨーロッパの戦災被災者、特に孤児の援助などを行うようになりました。多くの慰問品が慰問文とともにヨーロッパに送られました。

今度はこれらの国の子ども同士の親しい交流が始まりました。子どもたちは、お互いに海を越えて生活状態や心情を知り合うようになったのです。この活動を高く評価し、平和の維持と将来の赤十字の担い手を育てるため、大戦後もこのような運動を育てようというのが少年赤十字の創設の狙いでした。

多くの国の赤十字は、それまでは戦場における兵士の救護を赤十字活動の使命にしていましたが、平和の到来とともに赤十字の平時事業が強

304 第Ⅲ部 日本赤十字社のいろいろな活動

調されるようになったのです。

このようにして少年赤十字運動は、そもそもの初めから「平和主義」、「国際協調主義」を標榜していました。

1922（大正11）年ジュネーブで開かれた第2回赤十字社連盟総会は、次のような決議をしました。

　　少年赤十字は、自分および他人の健康に対する関心を深めその保持増進に努め、ボランティア精神を体得し、その実行に努め、公民としての義務を理解し、外国児童に対する友誼的援助の精神を養うことを目的に組織されなければならない。

6 日本の青少年赤十字

日本赤十字社は、この原則を忠実に守り、この主旨を児童に徹底させるため、井上圓治調査部長の指導のもと三つの標語——「健康の保持増進」「良国民たるの理解体得」「赤十字博愛精神の涵養」を作りました。

1922（大正11）年5月5日、日本赤十字社は全国の支部に通達し、少年赤十字の組織作りを始めました。滋賀県伊香郡の12町村の小学校、同県守山小学校に少年赤十字ができたのは、その年のことです。この少年赤十字運動は、同年中に埼玉県、秋田県と徐々に広がりました。その翌年には、さらに東京、京都、大阪、兵庫、群馬、茨城、山梨などにも結成されました。

そこに1923（大正12）年9月1日、関東大震災が起こったのです。この大震災が少年赤十字の結成に意外な影響を与えました。各地のできたばかりの少年赤十字団は、その組織をあげて罹災者の救援に努めたことが、広く知られるようになったのです。

例えば、東京の牛込余丁町の少年赤十字団、麻布の鳥居坂の少年赤十

第15章　赤十字のボランティア、青少年赤十字、安全講習、福祉事業　305

字団、八王子の少年赤十字団、村山の少年赤十字団などが飲み水の配給、避難者の道案内、団員の作った食料の配給といった大人顔まけのボランティア活動を行いました。

また、福島県郡山の少年赤十字団、茨城県笠岡の少年赤十字団、大阪府の市岡、九条の少年赤十字団など、罹災を免れたところの団からは教科書20万冊、文房具61万点などの物資が罹災地の児童に送られました。しかも外国の少年赤十字からも見舞状や慰問品が多数送られてきました。このことが刺激になってこの年に結成された少年赤十字団は、12府県に及び、年末には団数939、団員21万余になりました。

図表125　アメリカから送られてきた交換アルバム(大山崎歴史資料館蔵)(©大山崎歴史資料館)

翌年は、さらに北海道、愛知など10の道県にも広がるとともに、外国赤十字との手紙やアルバム交換などが始まりました。相手国は、イギリス、アメリカ、ベルギー、オーストリアなどでしたが圧倒的に多かったのはポーランドです。1920年と1922年の2回にわたる孤児救済の結果でしょう。さらにその翌年の1925(大正14)年には、交換の相手国はニュージーランド、シャム(現在のタイ)、ハンガリー、セルビア、エストニアといった20カ国に広がりました。また同年には、少年赤十字団の数も2,200を超え、団員数も54万人を突破しました。驚くべき速度での普及です。このような活動は、1930年代まで続きました。

国際理解教育というと、1946(昭和21)年に発足したユネスコにより進められ、本格的に日本で進められるようになったのは、1970年代のことですが、1920年代から30年代にかけても、このような少年、少女の国際交流があったのです。その模様は、1926(大正15)年に日本赤十

図表126 『少年赤十字』の表紙絵(岡本帰一・画、日本赤十字社蔵)

字社が発刊した『少年赤十字』という機関誌に詳しく載っています。

　この『少年赤十字』は、日本の少年読物のパイオニア・巖谷小波の指導によって創刊され、絵本画家・岡本帰一などが表紙絵を飾ったユニークな雑誌でした。日本最初の「国際理解教育」を進めた雑誌として、再評価されるべきものでしょう。

　1934(昭和9)年には、東京で第15回赤十字国際会議が開かれ、少年赤十字も大きな役割を担いましたが、この後から、少年赤十字は、当時の中学校、高等女学校、青年学校にも広がり、「青少年赤十字」を名乗るようになりました。しかし、1940年代になるとその活動は、戦争の影響で急激に潤んでいきました。

7 戦後の青少年赤十字の再建

　それが復活したのは、戦後の1947(昭和22)年になってからです。この年、オードレイ・H・バセットさんが顧問に就任し、翌年「青少年赤十字の手引き」を作りました。そこでは、少年たちの意思を重んじ、団

の代表者は、すべて児童、生徒があたることになり、教師は指導者になりました、以前は、校長が団長で、団員は小学校5年生以上に限られていました。

1960（昭和35）年には、後にアンリー・デュナン記章を受章した橋本祐子さんが青少年課長に就任し、1971（昭和46）年まで11年間に大きな発展を遂げました。その後、1973年にかけて青少年赤十字中央審議会が設置され、指導者の養成、情報資料の整備などが図られました。

図表127

8 現在の青少年赤十字

現在の青少年赤十字は、その目的を「青少年が赤十字の精神に基づいて、世界の平和と人類の福祉に貢献できるよう、青少年自身が日常生活のなかで望ましい人格と精神を自ら形成すること」と定めています。教育基本法の前文が示す精神と同じです。

また、「**気づき、考え、実行する**」という自主性を育てるために、わかりやすい三つの実践目標を掲げています。次のようなものです。

「**健康・安全**」──あらゆる人のいのちと健康の大切さを知り、人間尊重のこころを養います。

「**奉仕**」──社会の一員として、だれかのためにできることを考え実行していきます。

「**国際理解親善**」──世界の平和の実現を目指して、海外の国や人びとについて正しく理解し、交流を深める活動をしています。人間として社会のため、人のためつくす責任を自覚し、実行します。

青少年赤十字加盟校では、この実践目標を授業でも取り入れています。

具体的には、児童・生徒が、自ら問題点に気づき、それを解決する方法を考えることを重視し、実行を促すという方式の促進です。

このような青少年赤十字加盟校の児童・生徒を指導する教師の方々を対象に、「青少年赤十字トレーニング・センター（略称「トレセン」）指導者養成講習会」が、全国や府県単位、教育事務所などの地域単位で行われています。

この講習会では、受講した教師が、お互いに経験や実行案などを話し合い、その力量を高め合って、加盟校に帰り実践するという、良い循環のもとに行われています。

そのために問題発見・解決のためのワークシートを作って見るという手法などがとられています。青少年赤十字加盟校では、このような教師の指導のもと、さまざまな形のプログラムが実行されています。

例えば奈良市立佐保小学校では、全校児童を対象に、1年間かけてアフリカ原産のケナフという一年草植物を育て、それから卒業証書用の紙を漉く事業を行っていました。

これにはケナフ栽培を通じて環境問題を考えるほか、学年に応じた役割を果たし、実践能力を養うとともに、学年を超えた縦割班で作業を行い、異学年間のつながりを深めるという目的もありました。

図表128　ドリーム・ケナフ・イン・佐保（『赤十字新聞』2008年9月号より）

第15章　赤十字のボランティア、青少年赤十字、安全講習、福祉事業　309

　また、生徒・児童向けにはリーダーシップ・トレーニング・センターが、各地で開催されています。開催の形態は各都道府県により異なりますが、小学校、中学校、高等学校の生徒・児童が参加し宿泊を重ね、年齢を超えた班別編成をして、フィールドワークなども行い、青少年赤十字に関する基礎的な知識を学び、併せて相互の協力の方式やリーダーシップのとり方、ボランティアの精神を学ぶのです。

　今回の東日本大震災後は、例えば和歌山市立東山東小学校のように、岩手県山田町に救援に行っている日赤和歌山医療センターの職員を通じて、現地の小学校に寄書きを贈ったり、校内でバザーなどを催し、その収益で被災地救援を行うとともに、体験学習として現地に救護に行った赤十字の職員などから、現地での活動状況などを聞き、併せて各種災害の場合に必要な行動様式を具体的に学んだ学校も多かったのです。

　また最近は、小学校、中学校、高等学校の加盟校の教師に、「赤十字救急法」（心肺蘇生法、AEDの使用など）を含む「健康安全プログラム」の講習などを行い、児童・生徒たちに対する健康・安全教育の支援をめざしています。

　ちょっと変わった例として、福井県武生市で2001（平成13）年度に8カ月かけて行われた「赤ちゃん抱っこ」というプログラムを紹介しましょう。

コラム26　「赤ちゃん抱っこ」

　「赤ちゃん抱っこ」は、中学校の生徒たちが、お母さんが連れてくる赤ちゃんを抱っこして、命のぬくもりを感じるという教育プログラムである。

　このプログラムの報告を伺ったのは、2002（平成14）年、福井市で行われた青少年赤十字の指導者研修会の席上であった。福井県武生市立武生第2中学校のJRC担当の2人の教諭によると、その準備は、次のように行われたという。

　2001（平成13）年度の新学期が始まって間もなくの5月、地元武生市の協力を得て、保健婦さん、育友会、保護者ボランティアの人々

も参加し、この企画は始まった。翌月から地元のお母さん方に参加を呼びかけたところ、応じた母子は、なんと120組にも及んだという。

生徒たちは、まず「赤ちゃん人形」を使い、赤ちゃんの抱き方やおむつの替え方を習った。始めは人形のおむつを替えるのにも一苦労で、抱き方もうまくできなかったが、慣れるに従って、男子、女子を問わず生徒は、人形に対しても笑顔を浮かべながら、世話ができるようになったという。

実施の1月前には、保健や養護の先生も参加し、生徒は「生命の誕生」というビデオを観て学習した。

11月7日から9日にかけて3日間、中学校で「赤ちゃん抱っこ」は行われた。この間、5クラスの生徒たちは、それぞれ6人のグループに分かれ、3組の母子と1つの班になり、1時間を過ごした。ふだん、比較的表情が乏しい生徒も、笑顔で赤ちゃんをあやす姿が、至るところで見られたという。

幸い、担当教諭の先生が、当日の影像や保護者の感想、生徒の感想を丹念に残しておられたので、筆者もこのプログラムに参加した方々の感激を再体験できた。

このプログラムは、どの程度の発育段階の赤ちゃんを対象にするかとか、感染症など安全面でのチェックをどうするかなど、実施面での配慮事項は多いであろうが、青少年赤十字の活動の一つとして、皆さまのご参考に供したい。

(桝居　孝)

また、青少年赤十字の国際理解親善活動は、戦前からの長い伝統があるものですが、最近の中学校や高等学校の加盟校では、積極的にアジアの諸国などに出かけ、現地の青少年赤十字メンバーとの交流を深めたりすることが多いのが目立ちます。

その場合でも、以前はシンガポール、フィリピン、ネパールなどが多かったのですが、最近は山形県の青少年赤十字加盟校の33の高等学校のように、カンボジアの農村部という具体的な地域を設定し、眼に見える交流を定期的に繰り返すというところも出てきました。

2012（平成24）年11月には、21の国と地域から41人のメンバーが来日し、国ごとに分かれて支部の研修に参加しました。例えばマレーシアのメンバーは静岡県の献血ルームを訪ね、献血について学習をしました。

海外メンバーと日本の青少年赤十字メンバー75人が顔を揃えた交流集会は、富士山の麓、御殿場市で行われましたが、各国が抱える社会問題と「人間の尊厳」をテーマに討議を行いました。

国際的な問題を取り上げる場合には、人道的見地から、多数の子どもが犠牲になっている対人地雷の問題、世界で推定25万人といわれる子ども兵の問題、世界各地の紛争によって家族と離ればなれになった最大の犠牲者である子どもの問題、さらには不衛生な水や食料などによる栄養失調や下痢、結核、はしかなどの病気の問題などについても学習しました。

このような深刻な人道上の問題に取り組むことによって、世界的な連帯と平和の達成の必要性を体験したのです。

2017（平成29）年3月現在、青少年赤十字の加盟校は、小学校、中学校、高等学校、特別支援学校、それに幼稚園、保育所を合わせ、13,857校、328万人ですが、指導者である教師の数も20万人を超えています（下表参照）。

図表129　青少年赤十字加盟校数

（2017年3月31日現在）

幼稚園・保育所	1,662園・所	145,900人
小　学　校	6,832校	1,899,857人
中　学　校	3,366校	961,980人
高　等　学　校	1,852校	266,413人
特別支援学校	145校	11,902人
計	13,857校・園・所	3,286,052人
指　導　者		204,170人

312　第Ⅲ部　日本赤十字社のいろいろな活動

9 | 日本赤十字社の安全講習事業と福祉事業

1）救急法

戦後の救急法講習会は、1947（昭和22）年、災害救護に役立つものという形で出発しました。1949（昭和24）年からアメリカの救急法の知識、技術、普及方法を学び、翌年に「救急法講習規定」を定めました。さらに1974（昭和49）年からは、本社のみならず支部の指導員の養成に努めました。また、1986（昭和61）年からは心臓マッサージの普及にも努めることにし、「蘇生法」の講習を行うことにしました。このように、この講習は、思わぬ事故や災害にあった人、急病にかかった人に対して、医師や救急隊に引き継ぐまでの応急手当てを内容としてきました。

1994（平成6）年からは、さらに救急法と蘇生法を一本化し、「心肺蘇生法」とし、ボランティアの多数の指導員の協力のもとに、各地で講習会を開き、心肺蘇生方法とAEDの使い方、日常生活における事故防止、出血や骨折などの怪我の手当て、止血のしかたなどを、理論・実技を通じて教え、社会的に高い評価を得ていました。

さらに2011（平成23）年からは、この一次救急の手順が、国際的な動きに呼応した国内普及者向けの新指針の中で変更されたことに伴い、新しい内容の「救急法基礎講習」を実施しています。

2）水上・雪上安全法

戦後の水上安全法は、1948（昭和23）年の「溺者救助法」から始まりましたが、翌年には現在の「水上安全法」と改められ、その後、「救急法」と同様に1974（昭和49）年に講習規定を制定しました。

「雪上安全法」は、スキー場などでの事故防止や、怪我人の救助と手当ての方法、スキーパトロールなどに必要な知識と技術の習得が内容で、従来から支部によっては行われていたところもありました。

1998（平成10）年からは、それが全国的に統一した基準で行われるこ

これらの講習も多数のボランティアの協力により、泳ぎの基本や溺れた人や雪上のけが人の救助、水や雪上での事故防止などの内容の一般講習を行っています。

図表130　水上安全法（日本赤十字社提供）

また、一定の泳力のある人を対象に救助員養成講習を行い、認定証を出したり、スキー指導員の養成講習も行ったりしています。

3)健康生活支援講習・幼児安全法

もともと家庭看護法は、1947(昭和22)年、アメリカ赤十字社から来られたエディス・オルソンさんの指導のもとに、31人の教師が看護婦の中から選ばれ、翌年から行われていました。1951(昭和26)年には、「家庭看護講習規程」が定められ、第1部を一般家庭の病人看護、第2部を妊婦、乳児、老人などの看護や育児としました。さらに同年、家庭看護教師の制度を定め、認定講習を行うことになりました。

1971(昭和46)年からは、従来の制度に加えて老人看護が新設されました。さらに1980(昭和55)年からは、講習規程が改正され、第1部を「基礎家庭看護」、第2部を「幼児家庭看護」、第3部を「老人家庭看護」に名称を変えました。

その後も1993(平成5)年からは、基礎家庭看護と老人家庭看護を一本にし、「一般家庭看護法」に改めました。そうして家庭における看護のしかた、食事や薬のこと、老人介護のしかたなどを各地域で講習していました。

また「幼児家庭看護」も、2000(平成12)年から「幼児安全法」と名称を変え、子どもを社会全体で育むという考え方で、子どもに起きやすい事

314 第Ⅲ部　日本赤十字社のいろいろな活動

コラム27　北海道の赤十字スキーパトロールの50年

　北海道に昭和36（1961）年に発足した、スキー場などでけがをした人などの救助を目的とする赤十字スキーパトロール（SP）という特殊奉仕団が道内各地にあります。

　昭和48（1973）年からは、救助技術の向上を目指して「SP競技大会」を行ってきました。競技種目は、傷病者を「アキヤ」と呼ばれるソリに乗せて、雪の斜面を搬送する「アキヤ操作技術」など3種目です。この競技は、タイムを競うだけでなく、障害部位を手当てする技術（救急法）と傷病者を安全に搬送する技術（搬送法）なども採点の対象になります。アキヤの前後を支えるペアは、掛け声を掛け合いながら、タイミングよくターンし、全長1,000メートルのコースを下るのです。聞くだけでもスリル満点の競技ですが、スキー技術とともにチームワークが勝敗を分けるといいます。

　平成24年大会には、道内SPの12チーム82人が参加し、練習の成果を競い合いましたが、優勝した小樽チームの監督兼選手の藤崎祐士さんは「競技に参加するようになり、精神的余裕を持って実際の救助活動に臨めるようになりました」と語っています。

（『赤十字NEWS』2012年4月号より）

故の予防と手当て、子どもの病気と看病のしかた、子育てにおける社会資源の活用を内容とするものになっています。

　「一般家庭看護法」も2009（平成21）年から、名称を「健康生活支援講習」と改め、誰もが高齢期を健やかに過ごすための健康増進と事故予防、地域での高齢者の支援に役立つ知識と技術、自立に向けた介護の知識・技術に内容を再編しました。

4）災害時高齢者生活支援講習

　今回の東日本大地震でも痛感されたことですが、災害による避難中、あるいは避難所生活において、高齢者の心身のケアをどのようにしたらいいかは、すべての人々が知っていなければならない重要な知識です。

第15章　赤十字のボランティア、青少年赤十字、安全講習、福祉事業　315

そのため赤十字は、以前から救急員、救助員、健康生活支援員などの講習に努めていますが、これらの講習に加えて、地域のご要望に応じて、2時間程度の短期講習で学べるコースも用意しています。

講習事業を進めるためには、多数の有能な指導者が必要なことはいうまでもありませんが、一般的な知識の普及もそれに劣らない大事なことだからです。

2013（平成25）年2月、東京都赤十字血液センターでは、年間複数回、献血協力をしている携帯メールクラブ会員を対象とした、「災害時の生活支援講習」を開催しました。これも主として高齢者のニーズを対象とするものです。災害が高齢者に及ぼす影響やホットタオルの作り方、それに高齢者の心を和ませるリラクゼーションなどが内容です。

10 ｜ 社会福祉施設の運営

日本赤十字社は、社法第35条により、社会福祉事業法が定める第1種、第2種の社会福祉事業を経営することになっていますが、現在、28の社会福祉施設を経営しています。

主なものは、児童福祉施設として、家庭で養育できない2歳までの乳児を養育する乳児院が岩手県、秋田県、長野県、徳島県などに八つと保育所が東京都の武蔵野と北海道の小樽、釧路に三つ、それに児童養護施設として東京都の「赤十字子供の家」があります。また、高齢者施設として常時介護を要する老人を入居させる特別養護老人ホームが岩手県、埼玉県、福岡県、鹿児島県、沖縄県などに八つあります。沖縄県の「日赤安謝福祉複合施設」は、世代間・地域間の交流施設として地域社会の中心施設として設置されています。そのほか、肢体に機能障害がある児童を治療し、機能訓練や生活指導などを行う医療型障がい児入所施設が青森県、大阪府、徳島県に三つ、徳島県の障がい者支援施設、千葉県の補装具製作施設、北海道の点字図書センター、神奈川県の視覚障がい者

図表131　レクロス広尾の外観（日本赤十字社提供）

情報提供施設などのユニークな施設もあります。

なお、2012年（平成24年）4月からは、日本赤十字社の病院や看護大学がある東京都渋谷区広尾に複合型施設「日本赤十字社総合福祉センター」（愛称：レクロス広尾）が開設されました。ここには日赤医療センターや日赤看護大学と連携し、常時介護を必要とする人のための特別養護老人ホーム（定員110人）、病状が安定期にあり入院治療の必要はないが、リハビリや看護介護を必要とする人のための介護老人保健施設（定員100人）、さらに認知症と診断された人が共同生活を送る高齢者グループホーム（定員18人）、身体障害者支援施設（定員10人）の四つの施設が設置されています。また、ここは全国の日赤の福祉施設の基幹センターとしての機能を持ち、研修なども行なっています。

　これらの日本赤十字社の社会福祉施設においては、いずれも日赤の医療施設やボランティアとも連係し、在宅の障害者や介護が必要な老人などのための支援活動も行っています。

　特に特別養護老人ホームでは、最近、デイサービス、ショートステイ、相談サービスなどを行うところが増えてきました。

　このように、日本赤十字社は社会福祉事業の面でも、その長い伝統を生かし、日本全国のモデルになるよう励んでいるのです。

資料編

日本赤十字社法(抄)

昭和27年8月14日　法律第305号

第1章　総則

(目的)

第1条　日本赤十字社は、赤十字に関する諸条約及び赤十字国際会議において決議された諸原則の精神にのっとり、赤十字の理想とする人道的任務を達成することを目的とする。

(国際性)

第2条　日本赤十字社は、赤十字に関する国際機関及び各国赤十字社と協調を保ち、国際赤十字事業の発展に協力し、世界の平和と人類の福祉に貢献するように努めなければならない。

(自主性の尊重)

第3条　日本赤十字社の特性にかんがみ、その自主性は、尊重されなければならない。

(法人格及び組織)

第4条　日本赤十字社は、法人とする。

2　日本赤十字社は、社員をもって組織する。

(標章)

第5条　日本赤十字社は、その標章として、白地赤十字を使用する。

(主たる事務所)

第6条　日本赤十字社は、主たる事務所を東京都に置く。

(定款)

第7条　日本赤十字社は、定款をもって、左に掲げる事項を規定しなければならない。

(1)　目的

(2)　名称

(3)　事務所の所在地

(4)　社員に関する事項

(5)　役員、理事会、代議員及び代議員会に関する事項

(6)　業務及びその執行に関する事項

320 資料編

(7) 資産及び会計に関する事項

(8) 公告の方法

2 定款は、厚生労働大臣の認可を受けて変更することができる。

(登記)

第8条 【略】

(解散)

第9条 【略】

(一般社団法人及び一般財団法人に関する法律の準用)

第10条 一般社団法人及び一般財団法人に関する法律(平成18年法律第48号)第4条(住所)及び第78条(代表者の行為についての損害賠償責任)の規定は、日本赤十字社について準用する。この場合において、同条中「代表理事その他の代表者」とあるのは、「社長、副社長、理事その他の代理人」と読み替えるものとする。

第2章　社員

(社員の平等取扱)

第11条 何人も、社員となるにつき、及び社員の権利義務につき、人種、国籍、信条、性別、社会的身分又は門地によって、差別されることがない。

(社員の加入)

第12条 日本赤十字社は、社員として加入しようとする者があるときは、正当な理由がないのに、その加入を拒んではならない。

(社員の脱退)

第13条 社員は、何時でも、脱退することができる。

2 社員は、左に掲げる事由によって脱退する。

(1) 死亡

(2) 社費の未納額が定款で定める額に達したこと。

(3) 除名

3 前項第3号の除名は、定款で定める事由に該当する社員につき、定款の定めるところにより、代議員会の議決によってすることができる。

4 除名は、除名した社員にその旨を通知しなければ、これをもつてその社員に対抗することができない。

(社員の権利)

第14条 社員は、左に掲げる権利を有する。

日本赤十字社法（抄）　321

(1)　この法律の定めるところにより、日本赤十字社の役員及び代議員を選出し、並びにこれらの者に選出されること。

(2)　毎事業年度の日本赤十字社の業務及び収支決算の報告を受けること。

(3)　日本赤十字社に対し、その業務の運営に関し、代議員を通じて意見を述べること。

2　日本赤十字社は、公告をもつて、前項第2号の報告に代えることができる。

（社費）

第15条　社員は、定款の定めるところにより、社費を納めるものとする。

第3章　管理

（役員）

第16条　日本赤十字社に、役員として、社長1人、副社長2人以内、理事61人以内及び監事3人以内を置く。

（役員の職務権限）

第17条　社長は、日本赤十字社を代表し、その業務を総理する。

2　副社長は、定款の定めるところにより、日本赤十字社を代表し、社長を補佐して日本赤十字社の業務を掌理し、社長に事故があるときはその職務を代行し、社長が欠員のときはその職務を行う。

3　理事は、定款の定めるところにより、日本赤十字社を代表し、社長及び副社長を補佐して日本赤十字社の業務を掌理し、社長及び副社長にともに事故があるときは社長の職務を代行し、社長及び副社長がともに欠員のときは社長の職務を行う。

4　監事は、日本赤十字社の業務を監査する。

（副社長又は理事の代表権の制限）

第17条の2　副社長又は理事の代表権に加えた制限は、善意の第三者に対抗することができない。

（仮理事）

第17条の3　社長、副社長及び理事が欠けた場合において、事務が遅滞することにより損害を生ずるおそれがあるときは、厚生労働大臣は、利害関係人の請求により又は職権で、仮理事を選任しなければならない。

（利益相反行為）

第17条の4　日本赤十字社と社長、副社長又は理事との利益が相反する事項については、社長、副社長又は理事は、代表権を有しない。この場合においては、

監事が日本赤十字社を代表する。

（役員の選出）

第18条　役員は、社員の中から、代議員会において、選出する。

（役員の任期）

第19条　役員の任期は、3年とする。

（理事会）

第20条　社長、副社長及び理事をもつて理事会を構成する。

2　理事会は、定款の定めるところにより、日本赤十字社の重要な業務の執行について審議する。

（代議員会）

第21条　日本赤十字社に代議員会を置く。

2　代議員会は、定款の定めるところにより社員の中から選出された代議員をもつて組織する。

3　代議員会は、少くとも毎年1回、定款の定めるところにより、招集する。

（代議員会の議決事項）

第22条　左に掲げる事項は、代議員会の議決を経なければならない。但し、代議員会が軽微と認めた事項は、この限りでない。

(1)　収支予算

(2)　事業計画

(3)　収支決算の承認

(4)　定款の変更

(5)　その他定款で定めた事項

（代議員の任期）

第23条　代議員の任期は、3年とする。但し、補欠の代議員の任期は、前任者の残任期間とする。

（役員の解任）

第24条　【略】

（事業年度）

第25条　日本赤十字社の事業年度は、毎年4月1日に始まり、翌年3月31日に終る。

第26条　削除

第4章　業務

（業務）

日本赤十字社法（抄）　323

第27条　日本赤十字社は、第1条の目的を達成するため、左に掲げる業務を行う。

(1)　赤十字に関する諸条約に基く業務に従事すること。

(2)　非常災害時又は伝染病流行時において、傷病その他の災やくを受けた者の救護を行うこと。

(3)　常時、健康の増進、疾病の予防、苦痛の軽減その他社会奉仕のために必要な事業を行うこと。

(4)　前各号に掲げる業務のほか、第1条の目的を達成するために必要な業務

2　前項第1号及び第2号に掲げる業務には、第33条第1項の規定により国の委託を受けて行うものを含むものとする。

（救護員の確保）

第28条　日本赤十字社は、前条第1項第1号及び第2号に掲げる業務(以下「救護業務」という。)に従事させるために必要な者(以下「救護員」という。)を常時確保しておかなければならない。

（救護員の養成）

第29条　日本赤十字社は、前条の救護員を確保するために、必要があるときは、医師、看護師その他の特殊技能者を養成しなければならない。

2　前項の養成は、日本赤十字社が学資その他の費用を負担して日本赤十字社の目的、特に日本赤十字社の行う救護業務に深い理解を有する者について行う。

3　前2項の規定による養成を受けた者は、日本赤十字社が、これらの者が救護員として救護業務に従事するのでなければその救護業務を適正に行うことができないと認めて、救護業務に従事すべきことを求めたときは、これに応ずるように努めなければならない。

（使用者の協力）

第30条　【略】

（実費弁償）

第31条　日本赤十字社は、救護員が日本赤十字社の行う救護業務に従事した場合においては、その実費を弁償しなければならない。

（扶助金の支給）

第32条　日本赤十字社は、救護員が日本赤十字社の行う救護業務に従事し、そのために負傷し、疾病にかかり、又は死亡した場合においては、災害救助法(昭和22年法律第118号)第7条(従事命令)の規定により救助に関する業務に従事した者に係る扶助金に関する同法の規定の例により、扶助金を支給しなければならない。

324 資料編

（国の救護に関する業務の委託）

第33条 国は、赤十字に関する諸条約に基く国の業務及び非常災害時における国の行う救護に関する業務を日本赤十字社に委託することができる。

2 前項の場合において、国は、同項の規定により委託すべき業務の実施に必要な施設又は設備を、あらかじめ、整備すべきことを日本赤十字社に命ずることができる。

3 国は、日本赤十字社が第1項の規定により委託された業務を実施するために支弁した費用を補償する。但し、他の法律に別段の定があるときは、その定に従う。

4 国は、日本赤十字社が第1項の規定により委託された業務を実施するため必要な施設又は設備を整備する場合においては、その整備に要する費用の全部又は一部を負担する。

（運送及び通信に関する便宜供与）

第34条 鉄道事業者その他運送又は運送取扱を業とする者は、日本赤十字社が迅速かつ適正に救護業務を実施することができるように、救護員又は救護用の物資の運送に関し、便宜を与えるように努めなければならない。

2 総務大臣、電気通信事業者又は基幹放送事業者（放送法（昭和25年法律第132号）第2条第23号に規定する基幹放送事業者をいい、放送大学学園（放送大学学園法（平成14年法律第156号）第3条に規定する放送大学学園をいう。）を除く。）は、日本赤十字社が迅速かつ適正に救護業務を実施することができるように、救護業務に関する通信に関し、便宜を与えるように努めなければならない。

（社会福祉事業の経営）

第35条 日本赤十字社は、社会福祉法（昭和26年法律第45号）の定めるところにより、同法に規定する第1種社会福祉事業及び第2種社会福祉事業を経営するものとする。

2 日本赤十字社が前項の規定により社会福祉事業を経営する場合においては、社会福祉法第7章（社会福祉事業）の規定及びこれに係る罰則並びに独立行政法人福祉医療機構法（平成14年法律第166号）の適用については、日本赤十字社は、社会福祉法人とみなす。

第5章　監督及び助成

（報告及び検査）

第36条 厚生労働大臣は、日本赤十字社に法令、法令に基いてする行政庁の処

分又は定款を守らせるために必要があると認めるときは、日本赤十字社に対し、その業務若しくは財産の状況に関し報告をさせ、又はその職員をして日本赤十字社の事務所その他の場所に立ち入り、業務若しくは財産の状況若しくは帳簿、書類その他の物件を検査させることができる。

2　前項の職員は、同項の規定により立入検査をする場合においては、その身分を示す証票を携帯し、関係人の請求があつたときは、これを呈示しなければならない。

3　第1項の規定による立入検査の権限は、犯罪捜査のために認められたものと解釈してはならない。

（監督処分）

第37条　厚生労働大臣は、日本赤十字社が、その業務に関し、法令、法令に基いてする行政庁の処分又は定款に違反したときは、日本赤十字社に対し、必要な措置を採るべき旨を命ずることができる。

（解任勧告）

第38条　厚生労働大臣は、日本赤十字社の役員が、日本赤十字社の業務に関し法令、法令に基いてする行政庁の処分若しくは定款に違反し、又は著しく公益を害する行為をしたときは、日本赤十字社に対し、その役員の解任を勧告することができる。

（助成）

第39条　国又は地方公共団体は、日本赤十字社が、その業務の実施に必要な施設又は設備を整備する場合において、必要があると認めるときは、日本赤十字社に対し、補助金を支出し、又は通常の条件よりも日本赤十字社に有利な条件で、貸付金を支出し、若しくはその他の財産を譲渡し、若しくは貸し付けることができる。【以下略】

第6章　罰則

第40条　【略】

第41条　【略】

日本赤十字社定款（抄）

昭和27年10月31日　厚生大臣認可
改正　平成28年6月

第1章　総則

第1条　本社は、日本赤十字社法（昭和27年法律第305号）に基いて設立された法人とする。

第2条　本社は、日本赤十字社と称する。

第3条　本社は、赤十字に関する諸条約及び赤十字国際会議において決議された諸原則の精神にのっとり、赤十字の理想とする人道的任務を達成することを目的とする。

第4条　本社は、赤十字に関する国際機関及び各国赤十字社と協調を保ち、国際赤十字事業の発展に協力し、世界の平和と人類の福祉に貢献するよう努める。

第5条　本社は、赤十字の基本的原則に従いその自主性を堅持して運営する。

第6条　本社の標章は、白地赤十字とする。

第7条　本社は、主たる事務所を東京都港区芝大門一丁目1番3号に置く。

第8条　本社の公告は、社長の指定する本社発行の定期刊行物又は電子公告によって行うほか、官報に掲載して行う。

第9条　この定款の変更は、厚生労働大臣の認可を受けて行う。

第10条　本社は、法律によるのでなければ解散しない。

第2章　会員等

第11条　本社に会員及び協力会員を置く。

(1)　会員　　　　本社の目的に賛同し、運営に参画する個人又は法人

(2)　協力会員　　会員以外の者であって、本社の目的に賛同し、活動を支援する個人又は団体

2　会員をもって日本赤十字社法上の社員とする。

3　協力会員に関する事項は、別に規則をもって定める。

第12条　何人も、会員となるにつき、及び会員の権利義務につき、人種、国籍、信条、性別、社会的身分又は門地によって、差別されることがない。

第13条　会員として加入しようとする者は、別に定める規則に従って、その申

込をしなければならない。

2　社長又は支部長が本社の業務に特別な貢献があると認めた者は、前項の規定にかかわらず、会員とすることができる。

第14条　会員は、何時でも脱退することができる。

2　会員は、次に掲げる事由によって脱退する。

(1)　死亡(法人の場合にあっては、解散)

(2)　会費(日本赤十字社法の社費をいう。以下同じ。)の未納額が第16条第1項に定める額の2倍に達したこと。

(3)　除名

3　除名は、次の各号の一に該当する会員につき、代議員会の議決によってこれをすることができる。この場合においては、その代議員会の会日から7日前までに、その会員に対しその旨を通知し、且つ、代議員会において弁明する機会を与えなければならない。

(1)　本社の名誉をき損した会員

(2)　本社の信用をき損し、又は本社の業務を妨げる行為をした会員

4　除名は、除名した会員にその旨を通知しなければ、これをもってその会員に対抗することができない。

第15条　会員は、次に掲げる権利を有する。

(1)　日本赤十字社法及びこの定款の定めるところにより、本社の役員及び代議員を選出し、並びにこれらの者に選出されること。

(2)　毎事業年度の本社の業務及び収支決算の報告を受けること。

(3)　本社に対し、その業務の運営に関し、代議員を通じて意見を述べること。

2　法人が会員となった場合は、前項に規定する会員の権利(役員に選出される権利を除く。)は、その法人を代表する役員が行う。

3　第1項第2号の報告は、公告をもって、代えることができる。

第16条　会員は、会費として年額2,000円以上を納めるものとする。

2　第13条第2項の規定により会員となった者は、前項の規定にかかわらず、会費を納めないことができる。

第17条　多額の会費を納めた会員又は本社の業務について特別の功労のあった会員に対しては別に定める規則により、特別社員の称号をおくる。

2　本社に重要な関係があると認められる会員に対しては、理事会の議決を経て、名誉社員の称号をおくり、別に定める規則により、名誉社員章を交付する。

第18条　会員又はその他の者であって本社の業務について著しい功労のあった

328　資料編

者に対しては、別に定める規則により、有功章をおくる。

2　前項の規定により有功章をおくられた会員は、第16条第1項の規定にかかわらず、会費を納めないことができる。

第3章　名誉総裁、名誉副総裁、顧問及び参与

第19条　本社は、皇后陛下を名誉総裁に奉戴する。

第20条　本社は、皇族を名誉副総裁に推戴する。

第21条　本社に、顧問及び参与を置き、社長が委嘱する。

2　顧問及び参与は、本社の重要な業務につき、社長の諮問に答え、又は意見を述べる。

第4章　役員、理事会等

第22条　本社に、役員として、社長1人、副社長2人以内、理事61人及び監事3人を置く。

第23条　社長は、本社を代表し、その業務を総理する。

2　副社長は、社長の定めるところにより、本社を代表し、社長を補佐して本社の業務を掌理し、社長に事故があるときはその職務を代行し、社長が欠員のときはその職務を行う。

3　理事は、社長の定めるところにより、本社を代表し、社長及び副社長を補佐して本社の業務を掌理し、社長及び副社長にともに事故があるときはその職務を代行し、社長及び副社長がともに欠員のときはその職務を行う。

4　監事は、本社の業務を監査する。

第24条　社長、副社長及び監事は、会員の中から、代議員会において、選出する。

2　理事のうち、47人は、各支部1人の割をもって代議員の中から、14人は、本社の業務に関し特に関係のある者であって会員であるものの中から、代議員会において、選出する。

第25条　理事のうち、その定数の5分の1をこえる者が欠けたときは、1カ月以内にこれを補充しなければならない。

第26条　役員の任期は、3年とする。

2　代議員の中から選出された理事は、代議員でなくなっても、前項の任期中、なおその職にあるものとする。

第27条　役員は、他の役員又は有給職員と兼ねてはならない。

第28条　役員は、名誉職とする。

日本赤十字社定款（抄）　329

2　常時勤務する役員には、勤務に相当する報酬を給することができる。

第29条　【略】

第30条　【略】

第31条　社長、副社長及び理事をもって理事会を構成し、理事会は、本社の重要な業務の執行について審議する。

2　理事会は、社長が招集し、社長がその議長となる。

3　理事会は、理事会を構成する役員の2分の1以上が出席しなければ、会議を開くことができない。

4　理事会に出席しない者でも、文書をもって他の出席した理事会を構成する役員に委任したときは、前項の適用については、出席とみなす。

5　理事会の議事は、出席者の過半数をもって決し、可否同数のときは、議長の決するところによる。

第32条　左に掲げる事項は、理事会に付議しなければならない。但し、定例に属する事項は、この限りでない。

(1)　代議員会に付議すべき事項

(2)　諸規程の制定及び改廃

(3)　1件につき金額1億円以上の借入金（短期借入金を除く。）

(4)　1件につき金額5,000万円以上の不動産の処分

(5)　重要な契約又は協約

(6)　その他社長が特に必要と認めた事項

第33条　理事会に、常任理事会を置き、理事会において委任した事項について審議する。

2　常任理事会は、社長、副社長及び理事13人以内をもって構成する。

3　常任理事会の理事は、理事の互選とする。

4　常任理事会の理事に欠員を生じたときは、その補欠に係る理事は、社長が指名する。この場合においては次の理事会において、その同意を得なければならない。

5　理事会は、第1項の規定により常任理事会に委任した事項については、常任理事会の議決をもって理事会の議決とすることができる。

第34条　【略】

第34条の2　多年社長の職にあって、本社の事業について、著しい功労のあった者に対しては、代議員会の議決を経て、名誉社長の称号をおくることができる。

330　資料編

第5章　代議員及び代議員会

第35条　本社に代議員会を置く。

2　代議員の定数は、223人とする。

3　代議員会は、会員の中から選出された代議員をもって組織する。

第36条　代議員は、各支部の評議員会において選出する。

2　各支部の評議員会において選出すべき代議員の数は、別表第1のとおりとする。

第37条　左に掲げる事項は、代議員会の議決を経なければならない。但し、代議員会が軽微と認めた事項は、この限りでない。

(1)　収支予算

(2)　事業計画

(3)　収支決算の承認

(4)　定款の変更

(5)　名誉副総裁の推戴

(6)　その他社長が特に必要と認めた事項

第38条　代議員の任期は、3年とする。但し、補欠の代議員の任期は、前任者の残任期間とする。

第39条　代議員は、有給職員と兼ねてはならない。

第40条　代議員は名誉職とする。

第41条　代議員会は、少くとも毎年1回社長が招集し、社長がその議長となる。

2　監事又は代議員の5分の1以上から、会議の目的たる事項を示して請求のあったときは、30日以内に代議員会を招集しなければならない。

第42条　代議員会を招集するときは、会日の少くとも5日前に会議の目的たる事項を通知しなければならない。但し、緊急の場合に際し代議員会を招集する場合においては、この限りでない。

第43条　代議員会は、代議員2分の1以上が出席しなければ、会議を開くことができない。

2　代議員会に出席しない者でも、文書をもって、議案に対して賛否の意見を提出し、又は文書をもって他の出席した代議員に委任したときは、前項及び第45条の規定の適用については、出席とみなす。

3　第29条又は第30条の規定による議決をなす場合には、前項の規定は、適用しない。

第44条　同一議案につき再度代議員会を招集した場合又は緊急の場合に際し代

議員会を招集した場合においては、前条第1項の規定にかかわらず、会議を開くことができる。

第45条　代議員会の議事は、出席者の過半数をもって決し、可否同数のときは、議長の決するところによる。

第46条　社長は、特別の事情があるときは、代議員会を招集しないで、代議員に議案を送付し、文書をもって賛否の意見を徴し、会議に代えることができる。

第6章　業務及びその執行

第47条　本社は、第3条の目的を達成するため、左に掲げる業務を行う。

(1)　戦時、事変等において、赤十字に関する諸条約に基き、戦傷病者の救護、捕虜抑留者の援護及び文民の保護に従事すること。

(2)　地震、火災、風水害その他の非常災害時又は伝染病流行時において、傷病その他の災やくを受けた者の救護を行うこと。

(3)　常時、健康の増進、疾病の予防、苦痛の軽減その他社会奉仕のために必要な事業を行うこと。

(4)　前各号に掲げる業務のほか、第3条の目的を達成するために必要な業務。

2　前項第1号及び第2号に掲げる業務には、国の委託を受けて行うものを含むものとする。

第48条　本社は、前条の業務を遂行するため、左に掲げる事業を行う。

(1)　救護員を確保し、その養成訓練を行い、救護材料を準備するほか、救護に関する組織及び装備を整備すること。

(2)　安否調査、赤十字通信その他捕虜抑留者の援護に必要な事業を行うこと。

(3)　病院及び診療所を経営すること。

(4)　血液センターの経営その他血液事業の普及発達を図ること。

(5)　不慮の事故や急病に対する応急の手当等の方法を普及し、その指導を行うこと。

(6)　高齢者の健康増進と自立を促進するための介護の方法を普及するほか、巡回診療その他による保健指導を行うこと。

(7)　赤十字奉仕団の育成及び指導並びに青少年赤十字の普及を行うこと。

(8)　身体障害者の更生援護に必要な事業及び施設を経営すること。

(9)　児童及び妊産婦の保護その他社会福祉のために必要な事業及び施設を経営すること。

(10)　赤十字に関する諸条約の周知徹底を図ること。

332 資料編

(11) 赤十字精神の普及並びに社旨の普及宣伝を行うこと。

(12) その他前条の業務に関連して必要と認められる事業

第49条 本社は、第47条第1項第1号及び第2号に掲げる業務(以下「救護業務」という。)に従事させるために必要な者(以下「救護員」という。)を常時確保する。

2 前項の救護員の確保は、一定の計画に基き、必要な要員を登録して行う。

3 救護員の委嘱その他救護員に関する事項は、別に規則をもって定める。

第50条 本社は、前条第1項の救護員を確保するために、看護師を養成し、必要があるときは、医師その他の特殊技能者を養成する。

2 前項の養成は、別に定める規則により、学資その他を負担して本社の目的、特に本社の行う救護業務に深い理解を有する者について行う。

第51条 本社は、救護員が本社の行う救護業務に従事した場合においては、別に定める規則により、その実費を弁償する。

第52条 本社は、救護員が本社の行う救護業務に従事し、これがため負傷し、疾病にかかり、又は死亡した場合においては、災害救助法(昭和22年法律第118号)第7条(従事命令)の規定により救助に関する業務に従事した者に係る扶助金に関する同法の規定の例により、別に定める規則により扶助金を支給する。

第53条 本社は、その業務を執行するため、必要な職員を置く。

2 職員に関する事項は、別に規則をもって定める。

第7章 資産及び会計

第54条 本社の事業年度は、毎年4月1日に始まり、翌年3月31日に終る。

第55条 本社の資産は、左に掲げるものより成る。

(1) 本社の所有する動産及び不動産

(2) 会費、事業収入及び寄附金品

(3) 委託収入及び補助金

(4) 資産より生ずる収入

(5) その他の収入

第56条 本社の会計を分って一般会計及び特別会計とする。

2 特別会計は、本社が特定の事業を行う場合、特定の資金を保有してその運用を行う場合、その他特定の歳入をもって特定の歳出に充て一般歳入歳出と区分して経理する必要がある場合に限り、設置するものとする。

第57条 歳入歳出は、すべて、収支予算に編入するものとする。

日本赤十字社定款（抄）　333

第58条　本社に、非常の場合に処するため、特別準備基金を設置する。

2　特別準備基金は、他の資産と区別して管理し、第47条第1項第1号及び第2号に掲げる業務のために要する経費に充てる場合を除いて、これを運用し、費消し、又は流用してはならない。

第59条　本社は、代議員会の議決を経て、特別の用途に充てるため資金を積み立てることができる。

第60条　資産の管理、処分その他については、別に規則をもって定める。

第8章　支部

第61条　本社は、都道府県の区域に支部を置き、その都道府県名を冠称する。

2　支部の下部機関として、福祉事務所（市及び都の区の区域を所管する福祉事務所を除く。）の所管区域並びに市（地区本部を置く市を除く。）及び都又は市の区（以下「区」という。）の区域に地区を、町村の区域に分区を置き、それぞれその地方名を冠称する。但し、特別の事情があるときは、本文の区域によらないで別に区域を定めて地区を置き、又は市（地区本部を置く市を除く。）若しくは区の区域につき区域を分けて、その区域ごとに分区を置くことができる。

3　政令指定都市（地方自治法第252条の19に規定する指定都市をいう。）に、前項の規定による地区を総轄するため、地区本部を置き、その市名を冠称する。

第62条　支部に、支部長1人、副支部長3人以内及び監査委員3人以内を置く。

2　支部長は、支部の業務を管理する。

3　副支部長は、支部長の定めるところにより、支部長を補佐し、支部長に事故があるときはその職務を代行し、支部長が欠員のときはその職務を行う。

4　監査委員は、支部及びその下部機関における業務の管理、執行及び会計を監査する。

第63条　支部に、支部顧問及び支部参与を置くことができる。

2　支部顧問及び支部参与は、支部長の諮問に答え、又は意見を述べる。

第64条　支部長、副支部長及び監査委員は、支部の区域内における会員の中から評議員会において選出した者につき、社長が委嘱する。

2　支部顧問及び支部参与は、支部長の推薦により社長が委嘱する。

第65条　監査委員は、支部長、副支部長又は有給職員と兼ねてはならない。

第66条　支部に、支部の業務につき協賛を求めるため、協賛委員を置き、支部長が委嘱する。

334 資料編

第67条　地区本部に、地区本部長1人及び副地区本部長2人以内を置く。

2　地区に、地区長1人及び副地区長2人以内を置く。

3　分区に、分区長1人及び副分区長2人以内を置く。

第68条　地区本部長、副地区本部長、地区長、副地区長、分区長及び副分区長は、各当該区域内における会員の中から、支部長の推薦により、社長が委嘱する。

2　地区本部長、地区長及び分区長は、各当該区域内における業務を掌る。

3　副地区本部長、副地区長及び副分区長は、それぞれ地区本部長、地区長又は分区長の定めるところにより、地区本部長、地区長又は分区長を補佐し、地区本部長、地区長又は分区長に事故があるときはその職務を代行し、その欠員のときはその職務を行う。

第69条　支部長、副支部長及び監査委員の任期は、3年とする。

第70条　支部に、評議員会を置く。

2　評議員会は、支部の区域内における会員(法人が会員となった場合は、その法人を代表する役員)の中から選出された評議員をもって組織する。

3　評議員会は、支部長が必要があると認めた場合に招集し、支部長がその議長となる。

第71条　評議員会は、支部の重要な業務について、審議し、又は支部長の諮問に答えるほか、代議員、支部長、副支部長及び監査委員の選出にあたる。

第72条　評議員の定数は、別表第2のとおりとする。但し、支部の事情により社長において特に必要があると認めたときは、定数を増加することができる。

第73条　評議員は、各地区の区域において、選出する。但し、必要がある場合は、評議員の定数の5分の1をこえない評議員につき、地区の区域によらないで、支部の業務に関係のある者であって会員であるものの中から、支部長が選出することができる。

2　各地区の区域において選出すべき評議員の数及び前項但書の規定により選出すべき評議員の数は、支部長が定める。

3　前2項の規定により選出すべき評議員の数は、一般選出を行う場合でなければ、これを増減することができない。

第74条　各地区の区域において選出すべき評議員は、市若しくは区の地区又は各分区における会員の中から選出する。

2　前項の規定による選出に関し必要な事項は、別に規則をもって定める。

第75条　評議員の任期は、3年とする。但し、補欠の評議員の任期は、前任者の残任期間とする。

日本赤十字社定款（抄）　335

第76条　支部長、副支部長、監査委員、支部顧問、支部参与、地区本部長、副
　地区本部長、地区長、副地区長、分区長、副分区長及び評議員並びに協賛委員は、
　名誉職とする。
第77条　この定款で定めるもののほか、支部に関し必要な事項は、別に規則を
　もって定める。
　附　　則
1　この定款は、認可の日から施行する。但し、この定款施行の際現に存する日
　本赤十字社（以下「旧法人」という。）の定款は、旧法人が日本赤十字社法によ
　る日本赤十字社（以下「新法人」という。）となるまでの間、旧法人に関しなお
　その効力を有するものとする。

【以下、略】
　附　　則（平成28年6月本達甲第3号）

1　この変更は、平成29年4月1日から施行する。
2　この変更の施行の日の前日に社員である者（社費の未納額が、毎年納めるべ
　き額の3倍に達している者を除く。）は、この変更の施行の日から起算して1
　年を経過する日（その日までに変更後の第13条第1項又は第2項の規定により
　会員として加入することが認められた場合には、当該日）までの間は、会員と
　みなす。

　別表第1

北海道支部	11人	青森県支部	3人	岩手県支部	4人
宮城県支部	4人	秋田県支部	4人	山形県支部	4人
福島県支部	6人	茨城県支部	6人	栃木県支部	5人
群馬県支部	5人	埼玉県支部	6人	千葉県支部	6人
東京都支部	13人	神奈川県支部	6人	新潟県支部	7人
富山県支部	3人	石川県支部	3人	福井県支部	2人
山梨県支部	2人	長野県支部	6人	岐阜県支部	4人
静岡県支部	7人	愛知県支部	9人	三重県支部	4人
滋賀県支部	2人	京都府支部	5人	大阪府支部	9人
兵庫県支部	9人	奈良県支部	2人	和歌山県支部	3人

336 資料編

鳥取県支部	2人	島根県支部	2人	岡山県支部	5人
広島県支部	6人	山口県支部	4人	徳島県支部	2人
香川県支部	3人	愛媛県支部	4人	高知県支部	2人
福岡県支部	9人	佐賀県支部	2人	長崎県支部	4人
熊本県支部	5人	大分県支部	3人	宮崎県支部	3人
鹿児島県支部	5人	沖縄県支部	2人		

別表第2

北海道支部	45人	青森県支部	25人	岩手県支部	25人
宮城県支部	25人	秋田県支部	25人	山形県支部	25人
福島県支部	30人	茨城県支部	30人	栃木県支部	25人
群馬県支部	25人	埼玉県支部	30人	千葉県支部	30人
東京都支部	60人	神奈川県支部	35人	新潟県支部	30人
富山県支部	25人	石川県支部	20人	福井県支部	20人
山梨県支部	20人	長野県支部	30人	岐阜県支部	25人
静岡県支部	35人	愛知県支部	40人	三重県支部	25人
滋賀県支部	20人	京都府支部	30人	大阪府支部	45人
兵庫県支部	40人	奈良県支部	20人	和歌山県支部	20人
鳥取県支部	20人	島根県支部	20人	岡山県支部	25人
広島県支部	30人	山口県支部	25人	徳島県支部	20人
香川県支部	20人	愛媛県支部	25人	高知県支部	20人
福岡県支部	40人	佐賀県支部	20人	長崎県支部	25人
熊本県支部	30人	大分県支部	25人	宮崎県支部	25人
鹿児島県支部	30人	沖縄県支部	20人		

各国赤十字社・赤新月社等一覧

（平成30年1月1日現在）

国際委員会承認順	国名	国際委員会承認年	マーク	国際委員会承認順	国名	国際委員会承認年	マーク	国際委員会承認順	国名	国際委員会承認年	マーク	国際委員会承認順	国名	国際委員会承認年	マーク
1	ベルギー	1864	✚	49	エルサルバドル	1925	✚	97	タンザニア	1963	✚	145	チャド	1988	✚
2	イタリア	1864	✚	50	カナダ	1927	✚	98	トリニダード・トバゴ	1963	✚	146	モザンビーク	1988	✚
3	スウェーデン	1865	✚	51	ドミニカ共和国	1927	✚	99	ブルンジ	1963	✚	147	ドミニカ	1989	✚
4	ノルウェー	1865	✚	52	オーストラリア	1927	✚	100	ベナン	1963	✚	148	セントビンセント及びグレナディーン諸島	1989	✚
5	スイス	1866	✚	53	インド	1929	✚	101	マダガスカル	1963	✚	149	ソロモン諸島	1991	✚
6	オーストリア	1867	✚	54	ニュージーランド	1932	✚	102	ネパール	1964	✚	150	セイシェル	1992	✚
7	トルコ	1868	☾	55	イラク	1934	☾	103	ジャマイカ	1964	✚	151	セントクリストファー・ネイビス	1992	✚
8	オランダ	1868	✚	56	ニカラグア	1934	✚	104	ウガンダ	1965	✚	152	アンティグア・バーブーダ	1992	✚
9	英国	1870	✚	57	ハイチ	1935	✚	105	ニジェール	1965	✚	153	ナミビア	1993	✚
10	デンマーク	1876	✚	58	エチオピア	1935	✚	106	ケニア	1966	✚	154	スロバキア	1993	✚
11	ルーマニア	1876	✚	59	ホンジュラス	1938	✚	107	ザンビア	1966	✚	155	チェコ	1993	✚
12	ギリシャ	1877	✚	60	ミャンマー	1939	✚	108	マリ	1967	✚	156	スロベニア	1993	✚
13	ペルー	1880	✚	61	アイルランド	1939	✚	109	クウェート	1968	☾	157	クロアチア	1993	✚
14	アルゼンチン	1882	✚	62	リヒテンシュタイン	1945	✚	110	ガイアナ	1968	✚	158	ウクライナ	1993	✚
15	ハンガリー	1882	✚	63	シリア	1946	☾	111	ソマリア	1969	☾	159	バヌアツ	1993	✚
16	アメリカ	1882	✚	64	レバノン	1947	✚	112	ボツワナ	1970	✚	160	マルタ	1993	✚
17	ブルガリア	1885	✚	65	フィリピン	1947	✚	113	マラウィ	1970	✚	161	アンドラ	1994	✚
18	ポルトガル	1887	✚	66	モナコ	1948	✚	114	レソト	1971	✚	162	赤道ギニア	1994	✚
19	日本	1887	✚	67	パキスタン	1948	☾	115	バーレーン	1972	☾	163	トルクメニスタン	1995	☾
20	スペイン	1893	✚	68	ヨルダン	1948	☾	116	モーリタニア	1973	☾	164	ウズベキスタン	1995	☾
21	ベネズエラ	1896	✚	69	インドネシア	1950	✚	117	シンガポール	1973	✚	165	アルメニア	1995	✚
22	ウルグアイ	1900	✚	70	サンマリノ	1950	✚	118	バングラデシュ	1973	☾	166	アゼルバイジャン	1995	☾
23	南アフリカ	1900	✚	71	スリランカ	1952	✚	119	フィジー	1973	✚	167	ベラルーシ	1995	✚
24	フランス	1907	✚	72	ドイツ	1952	✚	120	中央アフリカ	1973	✚	168	マケドニア旧ユーゴスラビア	1995	✚
25	チリ	1909	✚	73	アフガニスタン	1954	☾	121	ガンビア	1974	✚	169	ブルネイ	1996	☾
26	キューバ	1909	✚	74	大韓民国	1955	✚	122	コンゴ共和国	1976	✚	170	キルギス	1997	☾
27	メキシコ	1912	✚	75	朝鮮民主主義人民共和国	1956	✚	123	バハマ	1976	✚	171	キリバス	1997	✚
28	中国	1912	✚	76	ラオス	1957	✚	124	パプアニューギニア	1977	✚	172	パラオ	1997	✚
29	ブラジル	1912	✚	77	チュニジア	1957	☾	125	モーリシャス	1977	✚	173	タジキスタン	1997	☾
30	ルクセンブルク	1914	✚	78	スーダン	1957	☾	126	スワジランド	1979	✚	174	ジョージア	1997	✚
31	ポーランド	1919	✚	79	ベトナム	1957	✚	127	トンガ	1981	✚	175	ガボン	1999	✚
32	フィンランド	1920	✚	80	モロッコ	1958	☾	128	カタール	1981	☾	176	ボスニア・ヘルツェゴビナ	2001	✚
33	タイ	1920	✚	81	リビア	1958	☾	129	イエメン	1982	☾	177	モルドバ	2001	✚
34	ロシア	1921	✚	82	ガーナ	1959	✚	130	ルワンダ	1982	✚	178	クック諸島	2002	✚
35	コスタリカ	1922	✚	83	リベリア	1959	✚	131	ジンバブエ	1983	✚	179	カザフスタン	2003	☾
36	コロンビア	1922	✚	84	モンゴル	1959	✚	132	ベリーズ	1984	✚	180	ミクロネシア	2003	✚
37	パラグアイ	1922	✚	85	カンボジア	1960	✚	133	サモア	1984	✚	181	コモロ	2003	☾
38	エストニア	1922	✚	86	ナイジェリア	1961	✚	134	バルバドス	1984	✚	182	東ティモール	2005	✚
39	ボリビア	1923	✚	87	トーゴ	1961	✚	135	カーボベルデ	1985	✚	183	パレスチナ	2006	☾
40	ラトビア	1923	✚	88	シエラレオネ	1962	✚	136	サントメ・プリンシペ	1985	✚	184	イスラエル	2006	◇
41	エクアドル	1923	✚	89	ブルキナファソ	1962	✚	137	ギニアビサウ	1986	✚	185	セルビア	2006	✚
42	アルバニア	1923	✚	90	コンゴ民主共和国	1963	✚	138	アラブ首長国連邦	1986	☾	186	モンテネグロ	2006	✚
43	グアテマラ	1923	✚	91	マレーシア	1963	✚	139	セントルシア	1986	✚	187	モルディブ	2011	☾
44	リトアニア	1923	✚	92	アルジェリア	1963	☾	140	ギニア	1986	✚	188	キプロス	2012	✚
45	エジプト	1924	☾	93	カメルーン	1963	✚	141	アンゴラ	1986	✚	189	南スーダン	2013	✚
46	パナマ	1924	✚	94	コートジボワール	1963	✚	142	スリナム	1986	✚	190	ツバル	2015	✚
47	イラン	1924	☾	95	サウジアラビア	1963	☾	143	ジブチ	1986	☾	191	マーシャル諸島	2017	✚
48	アイスランド	1925	✚	96	セネガル	1963	✚	144	グレナダ	1987	✚				

✚ は赤十字社（156社）　☾ は赤新月社（34社）　◇ はイスラエル・ダビデの赤盾社

※標章としての赤新月の向きについては、特に定めはない。それぞれの社が設立時に右向き又は左向きを定める。

338　資料編

主要参考文献

第1章

- 『ソルフェリーノの思い出』アンリー・デュナン著　木内利三郎訳　日赤出版普及会　1969年
- 『私のアンリー・デュナン伝』橋本祐子著　学研　1978年
- 『赤十字の創始者アンリー・デュナン』ピエール・ボワシエ著　太田成美訳　蒼生書房　1988年
- 『人道と博愛・平和と中立の二大巨人』丸岡隆二著　自費出版　1991年
- 『赤十字の源泉を求めて』太田成美訳・著　日本赤十字社　1999年
- 『赤十字巡礼』岸井敏著　日赤会館　2001年
- 『戦争と救済の文明史』井上忠男著　PHP新書　2003年
- "Dunant's Dream" C.Moorehead　Harper Collins 1998年
- 『アンリ・デュナン』江間章子著　童話社　2004年
- 『救護員生徒　教育資料　全』　日本赤十字社　明治44（1911）年、2011年　㈶日本赤十字看護師同方会により復刊
- 『赤十字読本』手塚義明編著　日本赤十字社　昭和15（1940）年
- 『世界を繋ぐ旗』大野潤著　日本赤十字社岡山県支部　1952年
- 『フローレンス・ナイチンゲールの生涯』セシル・ウーダムスミス著　武山満智子／小南吉彦訳　1981年
- 『ナイチンゲール』長島伸一著　岩波書店　1993年

第2章

- 『日本赤十字社史稿』日本赤十字社　1911年
- 『日赤の創始者 佐野常民』吉川龍子著　吉川弘文館　2001年
- 『よみがえれ博愛精神』佐賀県川副町教育委員会　1985年
- 『緒方洪庵と適塾』藤野恒三郎監修　梅渓昇ほか編集　適塾記念会　1980年
- 『医戒』フーヘランド著・杉田成卿訳・杉本つとむ解説　現代教養文庫　1972年
- 『箱館戦争』竹内収太著　五稜郭タワー　1983年
- 『米欧回覧実記 第5巻』久米邦武・田中彰校注　岩波文庫　1982年
- 『岩倉使節団「米欧回覧実記」』田中彰著　岩波現代文庫　2002年

主要参考文献　339

- 「岩倉使節団の赤十字訪問」桝居孝『綜合文化』2号所載　1999年
- 『天皇と赤十字』オリーヴ・チェックランド著・工藤教和訳　法政大学出版局　2002年
- 『日本の合戦8 明治維新』人物往来社　1965年
- 「西南戦争時における博愛社の初期活動について」岩松要輔　『葉隠研究』第54号　2004年
- 『橋本綱常博士の生涯』橋本永芳　アンリー・デュナン研究所　1977年

第3章

- 『日本赤十字社史稿』日本赤十字社　1911年
- 『日赤の創始者 佐野常民』吉川龍子　吉川弘文館　2001年
- 『大給恒と赤十字』北野進著　銀河書房　1991年
- 『博愛社誕生―最後の尼崎藩主　桜井忠興』片島幸雄編　日赤兵庫県支部　1988年
- 『明治の社会』(日本文化研究 第6巻)下村富士男著　新潮社　1959年
- 『ドイツ貴族の明治宮廷記』O・V・モール著・金森誠也訳　新人物往来社　1988年
- 『ミカド』W・E・グリフィス著　亀井俊介訳　岩波文庫　1995年
- 『皇后の近代』片野真佐子著　講談社選書マチエ　2003年
- 『日本赤十字社副社長　小澤男爵講和百題』町田熊雄編　博愛発行所　1916年
- 『伊藤博文と明治国家形成』坂本一登著　吉川弘文館　1991年

第4章

- 『同方』昭和5(1930)年新年号　同年7月号　日本赤十字看護婦同方会出版部発行　2009年
  (財)　日本赤十字社看護師同方会により復刊
- 『紅そめし』石本しげる著　北風書房　1982年
- 『戦争と救済の文明史』井上忠男著　PHP新書　2003年
- 『日本赤十字社と人道援助』黒澤文貴・河合利修編　東京大学出版会　2009年
- 『高山盈の生涯』吉川龍子著　蒼生書房　1987年
- 『近代日本看護史 I ―日本赤十字社と看護婦』亀山美智子著　ドメス出版　1983年
- 『日本赤十字社魂―上海特別救護班の班長の記録』陰山寀著　自費出版　1971

年

・『一外科医の回想』陰山宋著　自費出版　1974年
・『火筒の響き』山崎近衛著　高知新聞社　1977年
・『遥かなりプログ山』日赤第302救護班大阪班　1981年
・『ビルマの風鐸』福田哲子著　叢文社　1996年
・『ウエーキ島』中里久夫著　自費出版　1960年
・『それでも日本人は「戦争」を選んだ』加藤陽子著　朝日出版社　2009年
・『殉職従軍赤十字看護婦追悼記・火筒の後に』　アンリー・デュナン教育研究所
　　　1978年
・『同方』昭和12(1937)年6月号(萩原タケ子記念号)日本赤十字看護婦同方会出
　版部発行、2008年　日本赤十字看護師同方会により復刊
・『太平洋戦争における人種問題』クリストファー・ソーン著　市川洋一訳　草思
　社　1991年

第5章

・『太平洋戦争中の国際人道活動の記録(改訂版)』桝居孝著　日本赤十字社
　1994年
・"from Sarajevo to Hiroshima" Andre Durand Henry Dunant Institute 1984年
・『一外交官の思い出のヨーロッパ』与謝野秀著　筑摩書房　1981年
・『時代の一面─大戦外交の手記』東郷茂徳著　中公文庫　1989年
・『日米交換船』鶴見俊輔・加藤典洋・黒川創著　新潮社　2006年
・『日本軍の捕虜政策』内海愛子著　青木書店　2005年
・『聞き書き 日本人捕虜』吹浦忠正　図書出版社　1987年
・『敵国人抑留─戦時下の外国民間人』小宮まゆみ著　吉川弘文館　2008年
・『欧米人捕虜と赤十字活動─パラヴィチーニ博士の復権』大川四郎編訳　論創
　社　2005年
・『図説 アメリカ軍の日本焦土作戦』太平洋戦争研究会編著　ふくろうの本　河
　出書房新社　2003年
・『ある日系二世が見たBC級戦犯の記録』大須賀・M・ウイリアムズ著　大須賀
　照子・逸見博昌訳　1991年
・『法廷の星条旗─BC級戦犯横浜裁判の記録』横浜弁護士会　日本評論社　2004
　年
・『魂鎮への道─無意味な死から問う戦争責任』飯田進著　不二出版　1997年

主要参考文献　341

- 『海上護衛戦』大井篤著　朝日ソノラマ　1983年
- 『阿波丸はなぜ沈んだか』松井覚進著　朝日新聞社　1994年
- 『アメリカ強制収容所』小平尚道著　玉川選書　1983年
- 『戦争と栄養』長尾五一著　西田書店　1994年
- 『ドクター・ジュノーの戦い』M・ジュノー著　丸山幹正訳　勁草書房　1991年
- 『興安丸』高木武三郎著　鴻盟社　1955年
- 『最後の帰国船』高木武三郎著　鴻盟社　1958年
- 『日本赤十字社八十年小史』　日本赤十字社　1957年
- 『赤十字百年』　佐藤信一著　朝日出版　1963年
- 『日本赤十字社法制定五十周年記念―そして新たな旅立ち』日本赤十字社　2002年

第6章
- 『赤十字関係者のための国際人道法普及入門』日本赤十字社　2000年
- 『赤十字標章ハンドブック』井上忠男編訳　角田敦彦・河合利修・森正尚訳　東信堂　2010年
- 『赤十字と国際人道法 普及のためのハンドブック』日本赤十字社　2006年
- 『スフィア・プロジェクト2011年版』特定非営利活動法人難民支援協会　2012年
- 『大災害に立ち向かう世界と日本 災害と国際協力』佐伯印刷(株)出版事業部　2013年

第7章
- 『赤十字の源泉を求めて』太田成美訳・著　1999年
- 『赤十字標章ハンドブック』井上忠男編訳　角田敦彦・河合利修・森正尚訳　東信堂　2010年
- 『赤十字の諸原則』ジャン・ピクテ著　井上益太郎訳　日本赤十字社　1958年
- 『解説　赤十字の基本原則』ジャン・ピクテ著　井上忠男訳　東信堂　2006年
- 『赤十字と国際人道法　普及のためのハンドブック』日本赤十字社　2006年
- 『知っていますか?このマークの本当の意味』日本赤十字社　2007年
- 『人道支援―ボランティアの心得』野々山忠致著　集英社新書　2007年

342　資料編

第8章

- 『ソルフェリーノの思い出』アンリー・デュナン著　木内利三郎訳　日本赤十字社　1969年
- 『国際人道法の発展と諸原則』ジャン・ピクテ著　井上忠男訳　日本赤十字社　2000年
- 『赤十字標章ハンドブック』井上忠男編訳　角田敦彦・河合利修・森正尚訳　東信堂　2010年
- 『赤十字と国際人道法 普及のためのハンドブック』日本赤十字社　2006年
- 『赤十字関係者のための国際人道法普及入門』日本赤十字社　2000年
- 『ジュネーヴ条約及び追加議定書の基本的法則』日本赤十字社　1991年
- 『国際人道法』藤田久一著　有信堂高文社　1993年
- 『武力紛争の国際法』村瀬信也・真山全編　東信堂　2004年
- 『ベーシック条約集2013』東信堂　2013年
- 『赤十字条約集』日本赤十字社　1983年
- "International Humanitarian Law ~Answers to your questions" ICRC　1998年

第9章

- 『日本赤十字社創立130年周年記念誌』日本赤十字社　2007年
- 『いま、赤十字で』日本赤十字社　1984年
- 『折々の記－秋田赤十字病院「院長室の窓から」』宮下正弘　2012年
- 『日本赤十字社のイメージと組織の課題』(概要)日本赤十字社　1992年
- 『赤十字の諸原則』ジャン・ピクテ著　井上益太郎訳　日本赤十字社　1958年
- 『医の現在』高久史麿編　岩波新書　1999年
- 『東日本大震災 石巻災害医療の全記録』石井正著　講談社ブルーバックス　2012年

第10章

- 『救護員生徒 教育資料 全』日本赤十字社　明治44年、2011年　㈶日本赤十字看護師同方会により復刊
- 『看護婦養成史料稿』日本赤十字社　昭和2(1927)年、2007年　㈶日本赤十字社看護師同方会により復刊
- 『高山盈の生涯』吉川龍子著　蒼生書房　1987年
- 『大阪赤十字病院百年史』大阪赤十字病院　2009年

主要参考文献　343

- 『大阪赤十字看護専門学校百年史』大阪赤十字看護専門学校　2009年
- 『看護の歩み、看護の将来』早川かつ　大阪府なにわ塾編　1994年
- 『大阪赤十字病院　国際医療救援部の活動 2011年』大阪赤十字病院　2011年
- 『石巻赤十字病院の100日間』石巻赤十字病院＋由井りょう子　小学館　2011年

第11章
- 『災害時のこころのケア』日本赤十字社　2003年
- 『救護班要員マニュアル』日本赤十字社　2011年12月改訂版

第12章
- 『救護体験記－60.8.12日航機墜落現場から』日本赤十字社　1986年
- 『阪神・淡路大震災 救護活動の記録』日本赤十字社　1996年
- 『世界からの気持ちをカタチに 東日本大震災復興支援活動のご報告』日本赤十字社　2012年
- 『日本赤十字社の活動と展望』富田博樹、救急医学　VOL.37 NO.1　へるす出版　2013年
- 『東日本大震災―救護活動から復興支援までの全記録』日本赤十字社　2013年

第13章
- 『スマトラ島沖地震・津波 ERU 救援活動記録』日本赤十字社　2006年
- 『スマトラ島沖地震・津波災害復興支援記録集』日本赤十字社　2012年
- 『日本赤十字社国際救援・復興支援事業活動報告書 きもちのしるし 2011年4月～2012年3月』日本赤十字社　2012年
- 『開発協力報告 2001』日本赤十字社　2002年

第14章
- 『メスと鋏』塩田廣重著　桃源社　1963年
- “Blood Services 2012”　日本赤十字社　2012年

第15章
- 『赤十字の旗 なにわに百年』日本赤十字社大阪府支部　1988年
- 『心を尽くし 身を尽くし―日赤退職者とボランティア』桝居孝著　㈱日赤振興

344 資料編

会　2006年
・『雑誌「少年赤十字」と絵本画家岡本帰一』桝居孝著　竹林館　2002年
・『指導情報 青少年赤十字』
・『赤十字奉仕団・ボランティアの概況』

その他、日本赤十字社『社史稿』および『博愛』、『事業報告書』、『赤十字のしくみと活動』、『赤十字の国際活動』、『赤十字新聞』（2011年4月号より『赤十字NEWS』と改題）、社内報『赤十字の動き』、日本赤十字国際人道研究センター『人道研究ジャーナル』、日本赤十字社ホームページ、赤十字国際委員会ホームページ、国際赤十字・赤新月社連盟ホームページなどを参考に、本書の原稿作成を行った。

あとがき

　旧著『世界と日本の赤十字』を出版したのは、1999年のことです。阪神・淡路大震災が起こり、日本赤十字社の救援活動が注目され、また、ボランティア活動に多くの人々が参加し始め、「ボランティア元年」と名付けられて間もなくの頃でした。

　それまで私は10数年にわたって、大阪赤十字看護専門学校と日本赤十字愛知短期大学で「赤十字概論」の講義をしてきました。当時、適当な教科書が見当たらなかったので、やむなく手書きのレジメを使っていました。

　それを活字化したものが旧著でしたが、幸いなことに、多くの赤十字関係の大学・専門学校で使っていただき、赤十字職員や一般の読者の方からも、ご愛読いただきました。

　その後、改訂も考えましたが老齢の身には、いささか荷が重過ぎると思ってあきらめかけていました。そこに東日本大震災が起こりました。

　大震災直後から、日本赤十字社は、全社的に総力をあげて災害救援に取り組みました。連日のように日本赤十字社の活動が報道され、注目を浴びる中で、激励もたくさんいただきましたが、お叱りを受ける場合もありました。

　その中には、急所をついた重要なご指摘・ご意見も多々あったと思いますし、反面、赤十字のしくみや事業をご存じないためのご意見もあったのではと思います。これらのご指摘・ご意見に的確にお応えするのは、赤十字職員の大事な務めであり、これらを糧とし改善を図ることの重要性を痛感しました。

　今こそ旧著を書き直し、赤十字のことを社内、社外の大勢に知らせる時だと思ったのです。しかし広範多岐にわたる赤十字事業だけでも、ざっと概観することはたいへんなことです。この仕事は一人ではできないなと思いました。

　特に第一線の現場の仕事は、年々変わってきています。現場を離れる

と知識、経験がどうしても古くなってきます。これを補ってくれる人として、真先に頭に浮かべたのが共著者の森正尚さんです。

森さんは、私が大阪府支部にいた時に、国際人道法の研究者・藤田久一先生(関西大学教授・後に東京大学教授)のご推薦により支部に採用した人ですが、今に至るまで赤十字の仕事を、全力をあげて取り組んで来られた方です。

語学力も行動力も学識も抜群で、国内の数々の活動経験も豊かで、インド、イラン、スマトラ島、パキスタン、ミャンマー、ハイチなどの被災地に度々出かけ、どんな人に出会っても臆せず、懐に飛び込むという性格で、国際・国内の救援の第一線や災害救護の現場を駆け回っているタフガイです。

東日本大震災の起こった年に本社の国際部国際救援課長に就任しました。当時、単身赴任をされていましたが、その休日・休暇時間の多くを、この本の執筆に充ててくれました。

この人を相棒に得たのは、最も幸いなことでした。2人は40歳近く歳が離れていますが、この2年間ばかり、対等の研究者として忌憚なく議論をし、情報・知識を交換し、それぞれの個人的見解をまとめることができました。

実はコラムを入れようというアイディアも森さんからもらいました。お陰で今まで知られていなかった赤十字の貴重な「物語」が発掘され、思いがけないお方の証言などを次代に残すことができ、たいへん嬉しく存じます。

また、日赤本社の方々などのご好意により、「社史稿」、雑誌『博愛』、『人道研究ジャーナル』、『赤十字NEWS(赤十字新聞)』、職員向け広報誌『赤十字の動き』などの貴重な記事、写真、図版などを参照させていただき、これらの一部を転載することもお許しいただきました。赤十字情報プラザも、駆け込み寺のように使わせていただきました。

また、赤十字国際委員会の駐日事務所からも、貴重な写真・図版の掲載を、お認めいただきました。さらに故・太田成美さん、吉川龍子さんなど多くの先輩・知友の方々からも、多くのご教示をいただきました。

特に看護師同方会の旧資料の拡大復刻版が、たいへん役に立ちました。ここに記して謝意を表します。

　さらに、㈱東信堂の下田勝司社長、二宮義隆さんにも、お世話をかけました。

　最後に近衞忠煇社長には、国際赤十字・赤新月社連盟の会長としての激務の中、本書のために過分な巻頭文を賜り心から御礼を申し上げます。

2014年2月

　　　　　　　　　　　　　　　　　　　　　　　桝居　孝

あとがき

　桝居さんの旧著『世界と日本の赤十字』は、私の愛読書でした。ボランティアさんや若手職員などの研修会で話をする時のネタ帳として、たいへん重宝していたのです。

　2012年の春、桝居さんからお話をいただき、図らずも自分の愛読書の改訂作業に携わる機会を得ました。ただし、現役の職員である私が業務時間中に原稿の執筆はできません。当時東京に単身赴任中であったため、夜間や週末に取り組むことにしましたが、なかなか作業が進まず、気がつけば約2年の月日がたっていました。

　今回の改訂にあたり、桝居さんと私が議論して決めた編集方針は、次の3点でした。

① 　赤十字の感動を与える内容とする
② 　赤十字の歴史を知り、150年に及ぶ「人道への道のり」を読み取れるようにする
③ 　赤十字の現状や課題を知り、未来に向けた道しるべとなるようにする

　以上の方針に従い、2人で原稿を執筆しました。私が主に担当したのは、国際人道法や赤十字の基本原則と、災害救護や国際活動などの「いまの赤十字」を伝える部分。その内容は、過去にいろいろな研修会でお話ししたものを、できるだけ簡潔に、最新情報も収録しながら、最後まで修正を重ねて仕上げました。

　それでも、既に最新でない情報もあるかと思います。それだけ赤十字は、常に運動体として前進を続けています。一方で、赤十字の理念に関わる部分は、150年が経過した現在でも、決して色あせることのない輝きを保ち続けています。

　最近、若い方たちの間で国際人道活動への関心が高まり、国内大学などでもゼミナール、フォーラム、ディベートなどが行われることが多くなってきました。このような中で、赤十字人のみならず、多くの方が本

書を通じて、歴史から先人の活動を学び、赤十字の現状や課題を知り、赤十字の活動にご支援をいただければ幸いです。

　本書の出版は、多くの方のお力添えがあったからこそ、実現したものです。詳しくは桝居さんのあとがきにお任せしますが、心からお礼申し上げます。また、単身赴任が終わった2013年の春以降、週末ごとにしかめっ面でパソコンに向かう私をそっと支えてくれた家族にも感謝します。

　2014年2月

森　正尚

事項索引

【ア行】

アウグスタ皇后基金	59
『アメリカ赤十字ニュース』（捕虜向け	
ニュース）	105, 106
阿波丸	104
安全講習・福祉事業	312-314
岩倉使節団	32, 54
ウインドウ・ピリオド	288, 289
ウイーン万博	29-32, 51

【カ行】

会員	181, 183
海外救援金	131, 250, 251, 253, 256, 262, 267-269
開発協力	123, 259, 270, 271, 273, 275, 277
回復力（レジリエンス）	127, 270
核酸増幅検査（NAT）	288
看護人→男性看護士	
家族の絆の回復（事業）（RFL）	133, 170
義援金	227, 240, 245-251
──配分委員会	227, 246, 249-251
協力会員	181
緊急救援	126, 127, 258, 259, 267, 268
──アピール	126, 131, 259, 263, 264
緊急出動コンセプト	129
緊急対応ユニット（ERU）	127-129, 259, 263-265, 268, 269, 277
給水・衛生災害対応キット	266
救療事業	67
クリミア戦争	9, 10, 46
結核撲滅事業	66
結核予防事業	65
血漿分画製剤	289-291
交換船	98
弘済丸	77, 79
厚生省事務次官通達	178

【サ行】（右段より続く）

行動規範	6, 133, 134
国際医療救援拠点病院	259, 275
国際救援・開発協力要員	259, 275, 276
国際刑事裁判所（ICC）	169
国際人道法	156-160, 169-172, 174, 175, 213
国際赤十字・赤新月運動（赤十字運動）	17, 121, 124, 125, 137, 138, 142, 143
国際赤十字・赤新月館（愛知万博の）	300, 301
国内型緊急対応ユニット（dERU）	225, 242
こころのケア	216, 228-230, 252, 253, 255, 256, 259
子ども兵	166, 311
五人委員会	15, 16
根基資金	78, 234

【サ行】

災害救助に関する厚生大臣と日本赤十字社	
長との協定	221, 223
災害救助法	221, 223, 224
災害対応法（仮称）	135
災害対策	125-127, 267, 270, 271
災害対策基本法	220, 222
サイクロンシェルター	273, 274
静かなる緊急事態（Silent Emergency）	131
指定公共機関	219, 220, 222, 255
児童保護事業	69
社員制度	179-181
社歌	191
社会福祉施設	315
社業整理の根本方針	78
社旨の普及	183, 184, 190
集団殺害（ジェノサイド）罪	168, 169
主導機関（Lead Agency）	130
ジュネーブ（諸）条約	14, 16-18, 33, 50, 52, 73, 83, 84, 87, 90, 93, 94, 102, 114,

事項索引　351

122, 125, 132, 135, 141, 146, 149-153,
　　155, 159-165, 168, 170-173, 180, 197,
　　　　　　　　　　　　　　　203, 204
——共通第3条　　　　　　161, 163, 174
——第1追加議定書　　　154, 162, 163
——第2追加議定書　　　　　162, 163
——第3追加議定書　152, 153, 163, 172
昭憲皇太后基金　　　　59, 60, 62, 63
職員　　　　　　　　　　　185, 186
人道支援活動　　　　　　　　　121
人道的イニシアチブ　　　　　　163
人道的価値観　　　　　　　　　175
人道的事業の補助者　　125, 144, 145
人道的対応における最低基準→スフィア・
　プロジェクト
人道に対する罪　　　　　　168, 169
人道の敵　　　　　　　　　　　147
人道の日常化　　　　　　　　　175
スフィア・プロジェクト（人道的対応にお
　ける最低基準）　　　　6, 133, 135
青少年赤十字　　　　　　　302-311
西南戦争　　　　34, 42, 44, 71, 195
成分献血　　　　　　　　　283, 287
赤十字運動→国際赤十字・赤新月運動
赤十字原子力災害情報センター　　244
赤十字国際委員会（ICRC）駐日事務所
　　　　　　　　　　103, 110, 123
赤十字国際会議（赤十字・赤新月国際会議）
　48, 54, 58-60, 65, 70, 76, 80, 82, 94, 113,
　　115, 121, 125, 135, 139, 142, 171, 172,
　　　　　　201, 203, 215, 233, 306
「赤十字通信」　　　　　　100, 101
赤十字の基本原則　　　52, 64, 122, 133,
　　　　　　137-148, 213, 295
『赤十字の諸原則』　　　64, 142, 186
赤十字奉仕団　　　　　　　296-302
セビリア合意　　　　　　　　　130
全血献血　　　　　　　　　283, 287
全国学生献血推進協議会　　　　285
戦争犯罪　　　　　　　100, 168, 169
『ソルフェリーノの思い出』　13, 20, 21, 64,

158, 170, 173
ソルフェリーノの戦い　　11, 145, 173

【夕行】

代議員　　　　　　　　　　　　184
『太平洋戦争中の国際人道活動の記録』　99
男性看護士（看護人）　　73, 195, 205
地域保健強化事業「愛ホップ」　271, 272

【ナ行】

ナイチンゲール記章　76, 83, 203, 215, 216
日赤DMAT　　　　　225, 226, 242
日本血液製剤機構（JBPO）　　290, 291
日本骨髄バンク　　　　　　　　282
日本赤十字国際人道研究センター　175
日本赤十字社社則　　51, 52, 54, 56, 233
日本赤十字社条例　　　71, 72, 176
日本赤十字社新社則　　　　　　71
日本赤十字社戦時救護規則　　　　52
日本赤十字社定款　51, 160, 178, 184, 220
日本赤十字社篤志看護婦人会　　293
日本赤十字社法　114, 176, 178, 181, 205,
　　　　　　　　　　　　　　　220
日本赤十字社令　　　　　　　　112
日本人の引き揚げ　　　　　　　113
妊産婦保護事業　　　　　　　　69

【ハ行】

売血　　　　　　　　　　280, 281
ハイデン　　　　　　　19, 20, 23
博愛慈善　　　　　　　　　　　200
博愛社　　　　　　　　　36-41, 43, 45
　——社則　　　　　　　　36, 45
　——社則附言　　　　　　　43-45
　——述書　　　　　　　　　　39
　——病院　　　　　　　　51, 54
博愛丸　　　　　　　　　　77, 79
白山丸　　　　　　104, 105, 107, 115
函館戦争　　　　　　　　　27, 28
阪神・淡路大震災　216, 228, 229, 238,
　　　　239, 246, 257, 260, 294, 295

東日本大震災　187, 188, 214, 215, 220,
　225, 227-230, 241-257, 295, 297, 298,
　　　　　　　　　　　　300, 301, 314
　——復興支援推進本部　　　　251
表示(の)標章　　149, 150, 152, 155
評議員　　　　　　　　　　　184
負傷者救護団体　　　　　　　13
復興支援　　123, 127, 253, 256, 258,
　　　　　　259, 266-269, 275, 277
俘虜管理部　　　　　　　　　96
俘虜救恤委員部　　　　94, 96, 97
フローレンス・ナイチンゲール記章→ナイ
　チンゲール記章
平時事業　56, 59, 60, 64, 65, 72, 201, 303
報国恤兵　　　45, 46, 52, 72, 200
防災ボランティア　227, 256, 297, 300
保健衛生　　　　125, 259, 271-273
保護(の)標章　　149, 150, 152, 155
母子保健　　　　　269, 273, 274
本社役員　　　　　　　　　　184

【マ行】

マリア・フョードロヴナ資金　　59
ミッション・ステートメント　186
三つの実践目標　　　　　　　307

【ヤ行】

輸血用血液製剤　　226, 289, 291

【ラ行】

レクロス広尾　　　　　　　316
ロジスティクス中継基地　244, 255, 257
路上救護事業　　　　　　　　70

【ワ行】

「わたしたちの決意」　　　　186

【欧字】

BC級戦争裁判　　　　105, 108
dERU→国内型緊急対応ユニット
ERU→緊急対応ユニット
Tutti Fratelli (皆、兄弟ではないか)　12

人名索引

【ア行】

アウグスタ皇后	56, 57
足立寛	196-199
アッピア, ルイ	15
渥美鉄三	83, 95, 113
アドール, ギュスタブ	60, 141
有賀長雄	80
有栖川宮熾仁親王	38
有栖川宮妃董子親王	196
アンベール, エーメ	33
石井正	189, 243
石黒忠悳	39, 52, 54, 58, 77, 234
石本しげる	202
伊藤博文	32, 52-54
井上圓治	304
井上なつゑ	202, 205
岩倉具視	32, 35, 37-39, 41
ヴィツシャー, マテウス	97
ウイリス, ウイリアム	28
大嶽康子	99
大山巌	48, 54
大山捨松	196
緒方洪庵	25, 29
緒方惟準	40
大給恒	35, 36, 38, 45, 51, 52
小沢武雄	36, 52, 58, 59
オルソン, エディス	205

【カ行】

陰山棨	83
笠原光雄	39
菊間義清	76
北里柴三郎	66
クローデル, ポール	192
桑田熊蔵	234
桑原かをり	83, 99

皇太子妃(現美智子皇后)	185, 192, 302
近衞忠煇	124, 184, 187

【サ行】

西郷従道	37
桜井忠興	38, 41, 52
佐野常民	24-26, 29-32, 34-36, 38, 39, 43, 45-48, 51, 52, 56, 77, 78, 198, 199
塩田広重	81, 280
寺家村和介	20
柴田承桂	48, 51
シーボルト, アレキサンダー	45, 49, 51
シーボルト、ハインリッヒ	45
島津忠承	84, 95, 96, 99, 102, 109, 111-113, 115
シュトルツェンエッカー, カタリナ	19, 20
シュトレーラー, マルゲリータ	109, 110
ジュノー, マルセル	109, 110, 112
昭憲皇太后(美子皇后)	48, 51, 52, 55-63, 80, 193

【タ行】

高木兼寛	22
高松凌雲	25-29
高山盈	73, 75
竹中文良	188, 189
貞明皇后	192
デビソン、ヘンリー	65
デュナン、アンリー	5-8, 10-16, 18-23, 26, 43, 64, 122, 140, 141, 145, 150, 158, 170
デュフール, アンリー	10, 15, 16
徳川昭武	26, 39
徳川家達	82, 84, 86, 204
徳川圀順	94, 112

【ナ行】

ナイチンゲール, フローレンス	7-10,

	20-22, 46, 75, 76, 196, 215
鍋島栄子	196
ナポレオン3世	11
新島八重	75
蜷川新	65, 123

【ハ行】

萩原タケ(子)	76, 79, 203, 215
橋本綱常	48-51, 195, 196
橋本祐子	21, 307
花房義質	25, 26, 29, 41, 51, 52
早川かつ	205
林塩	205
パラヴィチーニ、フリッツ	95-97, 102, 103, 109
東伏見宮嘉彰親王(小松宮彰仁親王)	43
ピクテ、ジャン	64, 138, 141, 142, 147, 158, 159, 186, 187
ビクトリア女王	10, 57

ヒューバー、マックス	93, 141, 142, 186
平山成信	30, 31, 36, 51, 234
ビルフィンガー，フリッツ	104, 110
フョードロヴナ皇后	57, 59

【マ行】

マッカーサー、ダグラス	110
松方正義	78
松平乗承	39, 40, 52, 54
モアニエ、ギュスタブ	15, 16, 49, 141
モノアール，テオドル	15
森林太郎(鴎外)	54
モール、オットマール・フォン	56

【ラ行】

| 李徳全 | 115 |

【ワ行】

| ワットヴィル，シャルル | 83, 84 |

著者紹介

桝居　孝（ますい　たかし）

1926年、東京に生まれる。1952年、東京大学法学部法律学科卒業。神奈川県人事委員会公平課長、鹿児島県総務部財政課長、自治省財政局調査課・交付税課、大阪府企画部企画室長・民生部長・教育長・水道事業管理者を経て、1982年、日本赤十字社大阪府支部事務局長。1992年、日本赤十字社本社参与。現在に至る。

〔教職歴〕
1983年〜2006年　大阪赤十字看護専門学校　非常勤講師（赤十字概論）
1993年〜2001年　日本赤十字愛知看護短大　非常勤講師（赤十字概論）
1993年〜2000年　大阪青山短期大学　非常勤講師（教育行政論）

〔主要著書〕
『太平洋戦争中の国際人道活動の記録』（日本赤十字社、1993年）
『ボランティアからの出発』（タイムス、1996年）
『世界と日本の赤十字』（タイムス、1999年）
『雑誌「少年赤十字」と絵本画家　岡本帰一』（竹林館、2002年）
『日本最初の少年少女雑誌「ちゑのあけぼの」の探索』（かもがわ出版、2011年）2012年度
　　日本児童文学学会特別賞受賞

森　正尚（もり　まさなお）

1968年、奈良県生まれ。1991年に関西大学法学部（国際公法専攻）を卒業、日本赤十字社に入社。赤十字ボランティア、青少年赤十字、国内救護、広報、職員研修、国際活動などを担当。日本赤十字社国際部国際救援課長などを歴任し、現在は日本赤十字社大阪府支部青少年・ボランティア課長。阪神・淡路大震災や東日本大震災などの国内救護や、イラン・パキスタン・ミャンマー・ハイチなどの国際救援を経験。2011年のニュージーランド・クライストチャーチ地震に派遣された「こころのケア」チームでは、チームリーダーを務めた。

〔教職歴等〕
2013年〜　大阪赤十字看護専門学校　非常勤講師（赤十字活動論、人権と赤十字）
2015年〜　日本赤十字豊田看護大学　非常勤講師（赤十字原論）
2015年〜　日本赤十字国際人道研究センター　研究員

〔主要著書〕
『赤十字関係者のための国際人道法普及入門』（日本赤十字社、2000年）
『赤十字標章ハンドブック』（編訳書、東信堂、2010年）
『大災害に立ち向かう世界と日本』（佐伯印刷出版事業部・第5章を担当、2013年）

第二版 世界と日本の赤十字──世界最大の人道支援機関の活動

2014年5月30日	初　版第1刷発行	〔検印省略〕
2018年3月31日	第二版第1刷発行	定価はカバーに表示してあります。
2024年3月20日	第二版第2刷発行	

著者©桝井孝・森正尚／発行者 下田勝司　　　　　　印刷・製本／中央精版印刷株式会社

東京都文京区向丘 1-20-6　　郵便振替 00110-6-37828

〒 113-0023　TEL (03) 3818-5521　FAX (03) 3818-5514

発行所　株式会社 東信堂

Published by TOSHINDO PUBLISHING CO., LTD.
1-20-6, Mukougaoka, Bunkyo-ku, Tokyo, 113-0023, Japan
E-mail: tk203444@fsinet.or.jp http://www.toshindo-pub.com

ISBN978-4-7989-1493-0 C0030　　©Masui Takashi / Mori Masanao, 2018

東信堂

宰相の羅針盤 総理がなすべき政策（改訂版）日本よ、浮上せよ！	村上誠一郎	一六〇〇円
福島原発の真実 このままでは永遠に収束しない——まだ遅くない——原子炉を「冷温密封」する！	村上誠一郎＋21世紀戦略研究所＋原発対策国民会議	二〇〇〇円
3・11本当は何が起こったか：巨大津波と福島原発——科学の最前線を教材にした暁星国際学園「ヨハネ研究の森コース」の教育実践	丸山茂徳監修	一七一四円
21世紀地球寒冷化と国際変動予測	丸山茂徳訳著	一六〇〇円
2008年アメリカ大統領選挙——オバマの勝利は何を意味するのか	吉野孝・前嶋和弘編著	二〇〇〇円
オバマ政権はアメリカをどのように変えたのか——支持連合・政策成果・中間選挙	吉野孝・前嶋和弘編著	二六〇〇円
オバマ政権と過渡期のアメリカ社会——選挙、政党、制度、メディア、対外援助	吉野孝・前嶋和弘編著	二四〇〇円
オバマ後のアメリカ政治——二〇一二年大統領選挙と分断された政治の行方	吉野孝・前嶋和弘編著	二五〇〇円
ホワイトハウスの広報戦略——大統領のメッセージを国民に伝えるために	M・J・クマー／吉牟田剛訳	二八〇〇円
「帝国」の国際政治学——冷戦後の国際システムとアメリカ	山本吉宣	四七〇〇円
アメリカの介入政策と米州秩序——複雑システムとしての国際政治	草野大希	五四〇〇円
国際開発協力の政治過程——国際規範の制度化とアメリカ対外援助政策の変容	小川裕子	四〇〇〇円
北極海のガバナンス	奥脇直也・城山英明編著	三六〇〇円
政治学入門——日本政治の新しい夜明けはいつ来るか	内田満	一八〇〇円
政治の品位	内田満	二〇〇〇円
日本型移民国家の創造	坂中英徳	二四〇〇円
新版 日本型移民国家への道	坂中英徳	二四〇〇円
戦争と国際人道法——その歴史とあゆみ	井上忠男	二四〇〇円
第二版 世界と日本の赤十字——赤十字の歴史と	井上忠男	二四〇〇円
世界最大の人道支援機関の活動	森居正尚	二五〇〇円
解説 赤十字の基本原則——人道機関の理念と行動規範（第2版）	J・ピクテ／井上忠男訳	一〇〇〇円
赤十字標章の歴史——人道のシンボルをめぐる国家の攻防	F・ブニョン／井上忠男訳	一六〇〇円

〒113-0023 東京都文京区向丘 1-20-6 　 TEL 03-3818-5521　FAX03-3818-5514　振替 00110-6-37828
Email tk203444@fsinet.or.jp　URL:http://www.toshindo-pub.com/

※定価：表示価格（本体）＋税